AF548890

Markus Krall

Freiheit oder Untergang

Für alle, die sich die Freiheit nicht für das Linsengericht vermeintlicher Sicherheit abkaufen und die sich nicht von den Panikmachern der Staatspropaganda mit Angst einschüchtern lassen.

2. Auflage 2021

Satz: VerlagsService Dietmar Schmitz GmbH, Heimstetten
Druck und Binden: Friedrich Pustet GmbH & Co.KG, Regensburg
Printed in Germany
ISBN: 978-3-7844-3578-7

www.langenmueller.de

MARKUS KRALL

FRE!HEIT ODER UNTERGANG

WARUM DEUTSCHLAND JETZT VOR DER ENTSCHEIDUNG STEHT

Morpheus: Du fühlst dich manchmal wie Alice im Wunderland, während sie in den Kaninchenbau stürzt, hmm?

Neo: Ja, so ähnlich.

Morpheus: Ich kann es in deinen Augen lesen. Du siehst aus wie ein Mensch, der das, was er sieht, hinnimmt. Weil er damit rechnet, dass er wieder aufwacht. Ironischerweise ist das nahe an der Wahrheit. Glaubst du an das Schicksal, Neo?

Neo: Nein.

Morpheus: Warum nicht?

Neo: Mir missfällt der Gedanke, mein Leben nicht unter Kontrolle zu haben.

Morpheus: Ich weiß ganz genau, was du meinst. Ich will dir sagen, warum du hier bist. Du bist hier, weil du etwas weißt. Etwas, das du nicht erklären kannst. Aber du fühlst es. Du fühlst es schon dein ganzes Leben lang. Dass mit der Welt etwas nicht stimmt. Du weißt nicht, was, aber es ist da. Wie ein Splitter in deinem Kopf, der dich verrückt macht. Dieses Gefühl hat dich zu mir geführt. Weißt du, wovon ich spreche?

Neo: Von der Matrix?

Morpheus: Möchtest du wissen, was genau sie ist?

Neo: Ja.

Morpheus: Die Matrix ist allgegenwärtig. Sie umgibt uns. Selbst hier ist sie, in diesem Zimmer. Du siehst sie, wenn du aus dem Fenster blickst oder den Fernseher anmachst. Du kannst sie spüren, wenn du zur Arbeit gehst oder in die Kirche und wenn du deine Steuern zahlst. Es ist eine Scheinwelt, die man dir vorgaukelt, um dich von der Wahrheit abzulenken.

Neo: Welche Wahrheit?

Morpheus: Dass du ein Sklave bist, Neo. Du wurdest wie alle in die Sklaverei geboren und lebst in einem Gefängnis, das du weder anfassen noch riechen kannst. Ein Gefängnis für deinen Verstand. Dummerweise ist es schwer, jemandem zu erklären, was die Matrix ist. Jeder muss sie selbst erleben. Dies ist deine letzte Chance. Danach gibt es kein Zurück. Schluckst du die blaue Kapsel, ist alles aus. Du wachst in deinem Bett auf und glaubst, was du glauben willst. Schluckst du die rote Kapsel, bleibst du im Wunderland und ich führe dich in die tiefsten Tiefen des Kaninchenbaus.

Dialog zwischen Morpheus und Neo in dem Film »Matrix«[1]

INHALT

Die Freiheit besteht in erster Linie nicht aus Privilegien, sondern aus Pflichten.

Albert Camus[2]

Prolog •
Der ewige kosmische Kampf

> Da entbrannte im Himmel ein Kampf;
> Michael und seine Engel erhoben sich,
> um mit dem Drachen zu kämpfen.
>
> **Offenbarung 12,7**

Kosmisch. »Geht es auch eine Nummer kleiner?«, werden Sie als geneigte Leser wohl bei dieser Überschrift zuerst fragen. Die Frage mag aus einem Missverständnis darüber resultieren, was mit kosmisch eigentlich gemeint ist. Hier geht es nicht um den »Krieg der Sterne«, hier geht es um eine Seinsfrage. Warum sind wir hier? Was ist unsere Aufgabe? Warum ist die Welt so beschaffen, wie sie ist? Es geht um das Grundsätzliche, das Philosophische, oder anders formuliert: um die Frage, welche Antworten wir auf die Frage nach dem Sinn des Lebens geben, was das für die Gestaltung der Gesellschaft bedeutet und welche Schlussfolgerungen *staatsphilosophischer* Natur wir daraus ziehen.

Insofern die daraus resultierende Auseinandersetzung die Sinnfrage des Lebens berührt, ist sie *kosmisch*. Sie ist eine Grundfrage unserer Existenz.

Zwei unversöhnliche Konzepte stehen sich dabei gegenüber: einerseits das Konzept der Freiheit, das sich der Suche nach der Wahrheit verschrieben hat, und andererseits das Konzept der Unfreiheit, das sich dem Konzept der Wahrheit verweigert, indem es ihre Existenz als solche schlichtweg negiert. Man könnte es auch anders formulieren: Die Anhänger der Freiheit glauben an die Wahrheit, nehmen aber nicht in Anspruch, sie alleingültig zu kennen, und billigen so jedem Menschen das Recht zu, nach ihr zu suchen. Die Protagonisten der Unfreiheit stellen die Existenz einer Wahrheit in Abrede und erheben zugleich ihren Anspruch, für alle anderen definieren zu dürfen, was Wahrheit ist. Die Suche des Individuums nach ihr ist damit verboten.

Die große philosophische Suche nach Wahrheit zerfällt in unserem Leben in unendlich viele kleine Schritte des Lernens, die uns Stück für Stück näher an die tatsächliche Struktur der Realität und damit der Wahrheit führen. Der Weg, der uns dafür in der Schöpfung zur Verfügung gestellt wird, ist der von Versuch und Irrtum. Wir probieren etwas Neues aus und egal ob es funktioniert oder nicht, wir lernen etwas daraus, und sei es nur, dass eine bestimmte Sache unter den gegebenen Umständen nicht funktioniert hat. Auch der Markt ist ein solcher Prozess von Versuch und Irrtum. Er ist sogar derjenige Prozess, der uns in unserem Alltag – jedenfalls in einer halbwegs freien Gesellschaft – am häufigsten mit dem Konzept von Versuch und Irrtum konfrontiert.

So gesehen ist der Markt nicht nur ein System zur Schaffung von Wohlstand, er ist auch eine gigantische Maschine zur Entdeckung und Erkenntnis der Realität und damit der Wahrheit. Indem er die Straße, die zur Wahrheit führt, in unendlich viele kleine Abschnitte zerteilt, ermöglicht er es jedem Individuum, unabhängig von seiner Fähigkeit zu tiefgreifender philosophischer Analyse und Debatte, an diesem Prozess der Wahrheitsfindung teilzunehmen. Ich finde, dass das ein schöner Gedanke ist, denn der Markt erzeugt so offenbar mehr Inklusion unterschiedlichster Talente, Fähigkeiten und Neigungen in das Glücksgefühl der Wahrheitssuche als jede noch so gut gemeinte Indoktrination, welche dieses Ziel vorgibt, aber nie erreicht.

Wenn also ein Handwerksmeister einen kleinen neuen Trick erfindet, wie er mit irgendeiner kreativen Leistung seinen

Kunden besser zufriedenstellen oder ein Problem für ihn lösen kann, dann stellt ihn das in der Folge nicht nur ökonomisch besser (denn er wird damit Geld verdienen), sondern er kann morgens zufrieden in den Spiegel sehen mit dem Gedanken: »Ich habe ein kleines Stück Wahrheit gefunden.«

Der gedankliche Antipode dazu ist die Idee der sozialistischen Nihilisten, dass er ein Gedankenverbrechen begangen hat. Denn er hat sich eigenmächtig auf die Suche nach der Wahrheit gemacht, anstatt mit gebeugtem Haupt die unendliche Weisheit der Planer dankbar in Empfang zu nehmen, die zwar behaupten, so etwas wie Wahrheit existiere nicht, sich aber dennoch selbst im alleinigen Besitz derselben wähnen.

Es ist auf den ersten Blick klar, wie und warum dies im Kern eine Auseinandersetzung um die menschliche Freiheit ist.

Wir müssen für das Verständnis dieses Problems unterscheiden zwischen der Natur des Menschen und der Natur des Systems, in dem der Mensch lebt. Führt man diese Trennung nicht durch, so führt dies in der Debatte zu allerlei begrifflichen und logischen Verwirrungen.

Der Satz, der beide Fragen vereint und somit vermischt, lautet: »Der Mensch ist entweder frei oder unfrei.« Ist er frei, so kann sich das sowohl auf die Natur des Menschen als auch auf das System, in dem er lebt, beziehen, ebenso, wenn er unfrei ist.

Die Frage nach der Natur des Menschen lässt sich mit dem Satz »der Mensch ist entweder ein freies Wesen oder ein unfreies Wesen« stellen. Es ist diese Frage nach der Natur des Menschen, die die Auseinandersetzung im philosophischen wie auch im religiösen Sinne kosmisch macht. Die amerikanischen Gründerväter haben ihre Überzeugung über die Natur des Menschen in einen Satz ewiger Schönheit gegossen:

»Wir halten diese Wahrheiten für ausgemacht, dass alle Menschen gleich erschaffen worden sind, dass sie von ihrem Schöpfer mit gewissen unveräußerlichen Rechten ausgestattet worden sind, worunter sind Leben, Freiheit und das Streben nach Glück.«

Die Verfasser dieses Textes geben sich damit als Anhänger des Menschen, als Resultat göttlicher Schöpfung und göttlicher Beseelung zu erkennen. Das »*Cogito ergo sum*« (lat. »Ich denke, also bin ich«), die selbstbewusste Erkenntnis des Menschen für seine eigene Person, sein »Ich« als Grundlage der Freiheit, wird als göttliches Geschenk aufgefasst. Damit sind die Freiheit der Person, ihr Wert als Individuum und die Würde des Menschen nicht in das Ermessen anderer Menschen gestellt. Kein Fürst, kein König, kein Tyrann, keine Mehrheit hat das Recht, dem Einzelnen diese Eigenschaft abzusprechen. Der Mensch ist freies Wesen ohne Zubilligung dieser Eigenschaft durch Dritte.

Alles andere leitet sich dann automatisch daraus ab. Die Gesellschaftsordnung der Freiheit ist damit nach göttlichem Naturrecht die einzig zulässige Form menschlichen Zusammenlebens und damit auch staatlicher Ordnung. Aus der Anerkenntnis dieses fundamentalsten aller Menschenrechte leitet sich auch ab, welche Grundvoraussetzungen gegeben sein müssen, damit eine Gesellschaftsordnung diese Freiheit garantieren kann.

Sie muss auf den fünf Säulen ruhen, die Igor Schafarewitsch als die Grundlagen jeder freien Zivilisation identifiziert hat. Diese sind:

Individualität, also Anerkenntnis des Wertes und der Würde des Menschen als Individuum, nicht als Rad im Getriebe einer Maschine und als Teil einer amorphen Masse;

privates Eigentum als Grundvoraussetzung für die Umsetzung von freien Entscheidungen in einer materiellen Welt, im Gegensatz zur vollständigen totalen Abhängigkeit und Sklaverei eines dem Individuum entfremdeten gesellschaftlichen Eigentumsbegriffes (»Staatseigentum« oder »Volkseigentum«), der sicherstellt, dass das Individuum zum Bittsteller und Opfer der Willkür degradiert wird;

Ehe und Familie als Keimzelle und perpetuierendes Moment einer freien Gesellschaft, deren Individualität nicht Vereinzelung bedeutet, sondern Verantwortung für das Ganze sowie Fürsorge für die dem Individuum anvertrauten Menschen;

Religion als Basis der Erkenntnis des Wertes des Individuums, für die langfristige Gewährleistung der Umsetzung des Naturrechtes, welches den Wert des einzelnen Menschen in den Mittelpunkt der Sinnfrage stellt;

Kunst, Kultur und Musik, deren Natur und Wesen die einer Korrespondenz zwischen freier Schöpfung und freiem Schöpfer sind. Sie eröffnen einen Kommunikationskanal, der dem Menschen die Größe und Schönheit der für ihn bestimmten Schöpfung offenbart. Sie motivieren uns so zu Größerem, zum Hinauswachsen über den Utilitarismus und Materialismus und auch über unsere eigenen Grenzen.

Diese Elemente greifen ineinander, verstärken und bedingen sich gegenseitig und bilden eine Vielzahl sich selbst stabilisierender und verstärkender Regelkreise, die einer freien Gesellschaft auch in Zeiten dynamischer Veränderung Stabilität verleihen.

Das funktionierende Ineinandergreifen dieser Komponenten begründet eine Gesellschaft, in der der Mensch frei leben und so seiner Natur als freiem Wesen gerecht werden kann. Sie sind somit die Brücke, welche die beiden Bedeutungen des Diktums »der Mensch ist frei«, nämlich zum einen seine Natur und zum anderen die Gesellschaftsform, in der er lebt, miteinander verbindet.

Der Gegenpol und Gegenentwurf zu dieser Ordnung der Freiheit, wurzelnd in der Anerkenntnis des Menschen als freiem Wesen nach dem Willen Gottes, ist die radikale Ablehnung beider Konzepte. Die Verweigerung der Anerkenntnis des Menschen hat dabei zwei Stämme, die aus der gleichen Wurzel ihren Lebenssaft ziehen.

Um das zu erahnen, müssen wir – auch im kosmischen Sinne – sehr weit zurückgehen.

Die Theologie macht nur spärliche Andeutungen über die Geschichte, die zum Abfall Lucifers (lat. »Bringer des Lichtes«)

von Gott geführt hat. Es ist von Eifersucht die Rede. Die Frage stellt sich: Eifersucht worauf eigentlich?

Eine mögliche Antwort ist die wiederkehrend beschriebene Motivation des Teufels, Gott von der Sinnlosigkeit, ja Dummheit des Geschenkes der Freiheit an den Menschen zu überzeugen.

Letztlich geht es darum, Gott vorzuführen, ihm zu demonstrieren, dass nicht er, sondern Satan Recht hat mit seiner Einschätzung der Sinnlosigkeit, ja Falschheit dieses Geschenks.

Die Verführung des Menschen zu bösen Taten, in freier Entscheidung begangen, ihre Steigerung ins schier Unermessliche im Völkermord ist dabei das präferierte Mittel der Wahl. Dabei ist – das zeigt die Geschichte – klar, dass der mit freiem Willen ausgestattete Mensch umso größere Verbrechen begeht, desto unfreier das Gesellschaftssystem ist, in dem er lebt. Unfreie Gesellschaften beruhen auf der Lüge und müssen daher ein System der Lüge und propagandistischen Manipulation errichten, das die Menschen als unsichtbarer Käfig daran hindert, an ihren realen Gitterstäben rütteln zu wollen.

Schafarewitsch und andere haben dies erkannt, zuerst als religiöse Inspiration, später jedoch empirisch untermauert durch das Studium des Sozialismus als Grundmuster des Systems der Unfreiheit. Der Sozialismus ist so gesehen der irdische Sendbote der diabolischen Intention, die Freiheit ad absurdum zu führen.

Daraus folgen zwei Strategien, die sich ebenfalls auf die beiden Ebenen des Satzes »der Mensch ist frei« beziehen: Die erste Ebene schaut auf die Natur des Menschen. Es wird über einen – spätestens mit Entdeckung der Quantenmechanik widerlegten – physikalischen Determinismus (das Weltall als Uhrwerk) in Abrede gestellt, dass der Mensch überhaupt frei sei. Er sei nicht frei geschaffen, sondern eine Maschine aus Physik und Chemie, der freie Wille eine Einbildung und Illusion. Das Bemerkenswerte an dieser These ist allerdings ihre Contradictio in Adjectio, ihr logisch unauflösbarer innerer Widerspruch: Wenn der freie Wille eine Illusion ist, wessen Illusion ist er denn dann? Und wie könnte dieser jemand sich als »Ich« wahrnehmen, wenn die These stimmte? Das hindert aber die Proponenten dieser schwachen Theorie nicht, sie in schlichteren Gemütern, selbst solchen mit naturwissenschaftlicher Vorbildung, immer wieder zu verankern.

Dort, wo diese Argumentation versagt, wird quasi als Rückzugsgefecht die zweite Ebene herangezogen, um die Freiheit zu negieren. Ja, es wird eingeräumt, dass es wohl so etwas wie menschliche Freiheit gebe, aber ihr Charakter als göttliches Geschenk wird negiert. Damit wird insinuiert, dass sie nur das Resultat physikalischer Prozesse sei und somit auch keine Begründung für die unverletzliche Würde des Menschen als Individuum.

In einem logischen Salto mortale wird dann gefolgert, dass der Mensch seine Würde nicht als Einzelner von Gott erhalte, sondern dies erst durch sein Aufgehen in der Masse Mensch geschehe. Seine Würde, seine Rechte, seine Existenz werden nur durch Beschluss anderer Menschen überhaupt begründet und anerkannt. Das kann die Mehrheit sein, das kann aber auch – nach sozialistischer Manier – eine winzige revolutionäre Elite sein, die sich zum Herrn über alle anderen aufschwingt und die Macht usurpiert.

Das Resultat ist die Rechtfertigung einer Gesellschaftsordnung der Unfreiheit, in der sich der freie Mensch einzugliedern, der er sich zu unterwerfen habe. Wahlweise darf er akzeptieren, dass er gar kein freies Wesen ist, damit ihm die Versklavung leichter fällt.

Um dies ins Werk zu setzen, müssen die Vertreter der Sklavengesellschaft die oben genannten fünf Säulen der freien Zivilisation angreifen. Sie verneinen die Individualität, ihr Ziel ist nichts weniger als die Auslöschung des Individuums. Mit der Entwicklung der Schnittstelle zwischen Menschen und Maschinen wähnen sie sich diesem Ziel näher als je zuvor in der Geschichte der Menschheit. Sie ist das neue Instrument, dass alle früheren Mittel der Propaganda, Manipulation, Verführung und Irreführung ablösen, sie in den Schatten stellen und ihnen die Krone aufsetzen soll.

Der so kontrollierte Mensch muss nicht mehr um sein Eigentum beraubt, also »enteignet« werden, er wird es freiwillig und mit Freude abstoßen. Er wird selbst zum Eigentum der Herrschenden, seine Existenz zur Sklaverei.

Die Zerstörung der Familie wird mit Hilfe eines hemmungslosen Hedonismus vorangetrieben, der zugleich als Vehikel der Gewöhnung der Masse an die Normalität der Tötung von Menschen dient. Der ungeborene Mensch, beraubt jeder Würde, des Rechts auf Leben und körperliche Unversehrtheit, durch Mehrheitsbeschluss entsorgt, seine Beseitigung zum Grundrecht erhoben, geht aber den anderen nur voraus. Die Gewöhnung an die Normalität der Barbarei erfolgt schleichend und schrittweise. Die Familie als Hort der Geborgenheit und der sozialen Sicherheit wird ersetzt durch die Vereinzelung, die Einsamkeit des Egoisten, der sich selbst zum Objekt der Abhängigkeit durch die staatliche Maschinerie der Bevormundung degradiert. Auch sein Lebensrecht wird in Frage gestellt, sobald er nicht mehr nützlich ist.

Die Gewöhnung der Masse an die Verfügbarkeit des menschlichen Lebens, die Hinnahme der massenhaften Tötung und Beseitigung von Menschen ebnet der Mentalität des Genozids, des Völkermords den Weg. Der ultimative Völkermord, die Vernichtung der Menschheit ist das eigentliche Endziel des Sozialismus. Die Misanthropie von Marx und Engels, von der ihr Schriftwechsel zeugt, würde der Wissenschaft auf Grundlage der redaktionell später »gereinigten« gesammelten Werke durch Kautsky gar nicht zur Verfügung stehen, wenn nicht Igor Schafarewitsch eine ganze diesbezügliche Zitatensammlung in sein Werk »Der Todestrieb in der Geschichte« eingebaut hätte.[3]

Die Religion, für die Kommunisten »Opium für das Volk«, muss für die Durchsetzung dieses Programms natürlich beseitigt werden, sofern sich ihre Sprecher und Würdenträger nicht für die Entmenschlichung alles Menschlichen vereinnahmen lassen. Dieser Prozess erfolgt durch Unterwanderung, Ausdünnung, Verfremdung, Entkernung und stellt sich durch die Anpassung an den hedonistischen Zeitgeist von ganz alleine ein.

Kunst, Kultur und Musik ereilt das gleiche Schicksal, aus den gleichen Gründen. Missbrauch und Verflachung oder Verbot sind die Alternativen, die die Ordnung der Unfreiheit der Kunstwelt anzubieten hat.

Die Gesellschaftsordnung der Unfreiheit ist aber für die Sozialisten und ihren satanischen Spiritus Rector keineswegs ein Selbstzweck und Zielbahnhof ihrer Reise.

Der unfreie Mensch, der seine eigene Würde nicht mehr erkennen kann und sich selbst auf seine Rolle als Teil der Masse reduziert, wird im Namen und Auftrag dieser Masse zu jeder Tat bereit sein. Er wird, und die Geschichte des 20. Jahrhunderts ist voller Beispiele hierfür, in der vollen Überzeugung, für das Wahre, Gute und Richtige zu kämpfen, unvorstellbare Verbrechen gegen die Menschlichkeit begehen, ohne mit der Wimper zu zucken.

Da die Gesellschaft der Unfreiheit den wirtschaftlichen Kollaps naturgesetzlich zur Folge hat, müssen ihre herrschenden Eliten ebenso zwingend Sündenböcke finden, um den Zorn der Masse auf diese zu lenken. Der Völkermord ist die ebenso unausweichliche Folge. Deshalb hat Schafarewitsch den Sozialismus als Todestrieb bezeichnet. Der dämonisch gewollte Gipfel des Bösen, die gegenseitige massenhafte Vernichtung des Menschen, anstelle des aus der Freiheit resultierenden harmonischen Zusammenlebens, ist die Endstation der Ordnung der Unfreiheit. Es ist der Untergang der Zivilisation im Genozid.

Der Zug der Unfreiheit hat also eine Endstation: Genozid und Untergang der Zivilisation.

Vor dieser Wahl stehen unsere Völker also heute wirklich: Freiheit oder Untergang.

Es ist diese Auseinandersetzung, durch die dieses Buch den Leser navigieren oder ihm wenigstens bei der Orientierung helfen will. Teil I (»Die Wirtschaft«) mit den Kapiteln 1 und 2 (»Die Krise« und »Wann kommt die Inflation«) sollen ihm daher zunächst einen Überblick über unsere aktuelle wirtschaftliche und damit auch gesellschaftliche Lage geben. Insbesondere wird sich Kapitel 2 auch mit der Frage der Wirkung der sogenannten »Corona-Politik« auf die wirtschaftliche Gesamtlage auseinandersetzen. Diese Politik ist der Brandbeschleuniger der Katastrophe und hat die Verschwendung unserer knappen Ressourcen durch die Politik auf ein Niveau gehoben, das sonst nur ein Krieg erreicht hätte. Kapitel 3 (»Die Marktwirtschaft im Kreuzverhör oder: Die 25 dreistesten Unwahrheiten und Legenden über den Markt«) wird anhand alltäglicher und den meisten Menschen bekannter Beispiele erläutern, warum nur die Wirtschaftsordnung der freien Marktwirtschaft unseren Wohlstand und damit auch unser Gemeinwesen retten kann. Das wird demonstriert durch die Entlarvung der sozialistischen Lügen über die freiheitliche Marktwirtschaft anhand der bekanntesten Beispiele und Mythen, die von ihren Propagandisten verbreitet werden.

Teil II (»Die Freiheit«) baut zunächst mit Kapitel 4 (»Die fünf Säulen der Freiheit«) darauf auf. Denn freie Marktwirtschaft entsteht nicht von alleine, sie ist das Resultat von Institutionen und Werten, die die Gesellschaft sich gibt und die sie prägen. Schafarewitsch hat die weiter oben bereits erwähnten fünf entscheidenden Wertesäulen identifiziert, die dies leisten. Nicht durch positive Theorie, sondern durch Analyse der sozialistischen Experimente, die versuchten, diese tragenden Institutionen zur Schaffung einer sozialistischen Ordnung zum Einsturz zu bringen. Die Wesensmerkmale dieser Institutionen, ihre Unverzichtbarkeit für eine freie marktwirtschaftliche Ordnung und ihre ineinandergreifenden Mechanismen werden beleuchtet und herausgearbeitet.

Kapitel 5 (»Die sieben Todsünden wider die Freiheit«) analysiert die sozialistischen Konzepte, die das Wertegerüst einer freien Gesellschaft unterminieren und zerstören. Es zeigt auf, dass es das menschliche Laster in Gestalt der bereits im Mittelalter von Theologen identifizierten und so genannten »sieben Todsünden« ist, die dieser Zerstörung durch individuelles wie auch kollektives Handeln den Weg ebnen. Es wird dargelegt, wie das Ausleben der Todsünden Prozesse in Gang setzt, die logisch und zwingend von einer Zivilisation der Freiheit und des Wohlstandes zu einem gescheiterten Gemeinwesen der Unfreiheit, Armut und Gewalt führen.

Das führt uns schließlich in Teil III (»Die Ordnung«) auf direktem Wege zu der Frage, wie eine Ordnung beschaffen sein muss, die diesem zerstörerischen Treiben mit mehr Aussicht auf Erfolg Einhalt gebietet.

Kapitel 6 (»Prinzipien einer freiheitlichen Verfassung«) und Kapitel 7 (»Entwurf einer freiheitlichen Verfassung«) unternehmen daher nichts Geringeres als den Versuch, eine freiheitliche Verfassung zu konzipieren, bestehend aus 106 Artikeln in 18 Abschnitten zu den Komplexen (1) der Grundwerte in der Präambel, (2) der Grundrechte, (3) der Familie, (4) des Eigentums und der Vertragsfreiheit, (5) der Marktwirtschaft und der Begrenzung des Staates, (6) der Währungsordnung, (7) der Subsidiarität, (8) der Regelung des Wahlrechts, (9) der Definition von vier Gewalten (Legislative, Exekutive, Judikative, Vetomacht), (10) der Kontrollfunktion des Verfassungsgerichts, (11) der Funktion der Bundesländer, (12) der Rolle der Kommunen als Hauptträger der öffentlichen Haushalte unter direkter Bürgerkontrolle, (13) der Geschichte und Identität des Landes als Basis seiner auswärtigen Beziehungen, (14) der Regierung unter dem Recht, (15) dem Recht auf Plebiszite, (16) der Abschaffung der Rolle von Parteien, (17) der Sicherung von Meinungsfreiheit und -vielfalt und (18) den Regeln für eine Änderung der Verfassung.

Kapitel 8 (»Die ordnende Kraft der Subsidiarität«) setzt diesen Entwurf einer freiheitlichen staatlichen Ordnung in Bezug zur deutschen Geschichte. Es zeigt auf, warum die Dezentralität des Heiligen Römischen Reiches Deutscher Nation Vorbild sein kann für das hier skizzierte freiheitliche Utopia und wie seine heiligen Werte nachwirken und Wirkung entfalten können für eine dauerhafte und stabile Freiheitsverfassung.

Der Epilog (»Notstand im Klima- und Seuchensozialismus«) führt uns zurück ins Deutschland von 2021, in ein Land, das durch die Untertanenmentalität seiner Bürger der Tyrannei einer entgrenzten politischen Klasse zum Opfer fällt. Die Corona-Krise ist keine Gesundheitskrise. Sie ist vielmehr die finale Krise unserer sterbenden Demokratie. Die wilde Entschlossenheit unserer Regierung, den Rechtsstaat mit Hilfe sophistisch-rabulistischer linker Juristen auszuhebeln und zu beseitigen, trifft auf keinen nennenswerten Widerstand der Bürger. Die freie Fahrt für inkompetente Politiker wird aber nicht nur die Ordnung des schon ausgehöhlten Grundgesetzes und unsere Wirtschaft zerstören. Sie wird vielmehr einen wirtschaftlichen Notstand erzeugen, bei dem Stillhalten für den Bürger keine funktionierende Überlebensstrategie mehr darstellt.

Dann ist sie da, die Katharsis, die notwendige Rebellion der Leistungsträger. Sie kann die Geburtsstunde der stalinistischen Tyrannei oder der freien Republik werden. Dazwischen gibt es nicht viel Auswahl. Das Land, seine Bürger, seine Eliten müssen dann eine Wahl treffen: Freiheit oder Untergang, Marktwirtschaft oder Sozialismus, Individualität oder Masse, Wohlstand oder Armut, Gold oder Papier, Verantwortung oder bevormundende Tutelage.

Dieses Buch plädiert leidenschaftlich für die Wahl der Freiheit, um den Untergang abzuwenden.

I •

DIE WIRTSCHAFT

1. Die Krise

> Und wenn du lange in einen Abgrund blickst,
> blickt der Abgrund auch in dich hinein.
>
> **Friedrich Nietzsche**

Jetzt ist sie da.

Die Krise bricht mit der Wucht und dem Überraschungsmoment über die Welt herein, die die Textur unserer sozialen Existenz zerreißen werden. Eine biologische Gefahr, die wir erst unter- und dann, in einem Anfall politischen Größenwahns, überschätzt haben, bringt die Maschinerie unserer globalisierten arbeitsteiligen Wirtschaft mit einer Vollbremsung zum Stehen, die in der modernen Geschichte der Menschheit in Friedenszeiten keinen Vergleich findet.

Was manche als besseren Schnupfen bezeichnen, hätte normalerweise niemals die zerstörerische Kraft gehabt, deren Zeugen wir jetzt werden. Dafür waren zwei weitere Zutaten erforderlich: die atemberaubende Inkompetenz der politischen Klasse, nicht nur in Deutschland, sondern in vielen Ländern, bei der Bewältigung des Problems und die in Jahrzehnten durch falsche Geld- und Wirtschaftspolitik angestauten Ungleichgewichte in der Finanz- und in der Realwirtschaft. Es sind dies die Ungleichgewichte, die ich in meinen früheren Publikationen beschrieben habe und die nunmehr ihren schwarzen Schwan, ihren Auslöser in der »Corona-Krise« gefunden haben.

Die Finanzmärkte kollabierten zu Beginn der Krise vor unseren Augen mit einem Tempo und einem Verlust an Bewertungen (wenn nicht an Werten), wie dies zuletzt im großen Crash von 1929 geschah. Zwar ist es der Geldpolitik mit einer Druckbetankung ohne Beispiel gelungen, die Aktienkurse künstlich in ihrer Blase zu halten, doch wissen alle, dass den Kursen keine auch nur halbwegs realitätsnahe Wertgrundlage in Form künftiger Gewinne gegenübersteht. Selbst wer glaubt, dass die unvermeidliche Inflation die Aktienkurse am Ende der Krise wieder nach oben treiben werde, bewegt sich auf schwankendem Grund, denn niemand kann sagen, welche und wie viele Unternehmen die Krise überhaupt überleben werden. Aktien von Unternehmen, die pleitegehen, können sich jedoch auch in der Geldentwertung als Sachwerte nicht mehr erholen.

Die Erschütterung der Finanzmärkte ist die unvermeidliche Begleiterscheinung der deflatorischen Phase, in die die Weltwirtschaft mit ihrer massiven Schrumpfung seit Januar 2020 eingetreten ist. Alleine im zweiten Quartal ist die Wirtschaft Deutschlands – und wahrscheinlich ganz Europas – um mehr als zehn Prozent geschrumpft. Das sind vierzig Prozent pro Jahr. Ein großer Teil des Mittelstands, des Rückgrats unserer Volkswirtschaft, steht vor dem politisch verschuldeten Ruin.

Ein Ende ist nicht absehbar, denn die zerstörten Lieferketten sind auf zweierlei Weisen unwiederbringlich verloren: Sie sind zwischen China und dem Westen de-synchronisiert, weil Angebot nicht mehr Nachfrage trifft, und sie sind innerlich beschädigt, weil wohl mindestens zehn bis zwanzig Prozent der Teilnehmer hochkomplexer globaler und extrem arbeitsteiliger Lieferketten nach ihrer Pleite gar nicht mehr existieren. Bedenkt man, dass schon ein einziges fehlendes Fünfzig-Cent-Teil eines Pkw dessen Fertigstellung und Auslieferung verhindern kann, und hält man sich die Fälle von Zulieferstörungen der Kfz-Industrie aus der Vergangenheit vor Augen, dann kann man erahnen, dass die Reparatur dieser Lieferketten wohl Jahre in Anspruch nehmen wird. Ob dazu der Atem der Hersteller von Autos, Maschinen, Flugzeugen, Hightech-Elektronik und vielen anderen komplexen Produkten ausreichen wird, ist eine ganz andere Frage.

Die Regierungen und Notenbanken stellen sich dem entgegen mit allem, was sie haben, und da intelligente Analyse nicht dazugehört, ist dieses »Alles« vor allem das Drucken unvorstellbarer Mengen neuen Geldes. Die Droge gedrucktes Geld wird in solcher Menge unter die Menschheit gebracht, dass man von einem kollektiven Vollrausch sprechen kann.

Die Politik sieht den Übergang zur Planwirtschaft als einzigen Lösungsansatz in dieser Krise an, denn sie hat die Wirkungsweise und die Heilkräfte des Marktes entweder schlicht nicht begriffen oder sie leugnet sie aus politischen Gründen, weil die Planwirtschaft die beste Voraussetzung bietet, eigene Träume von der sozialistischen Umverteilungsdiktatur zu realisieren. Ein großer Teil der politischen Klasse ist sich dessen nicht bewusst. Sie glauben allen Ernstes, mit dem Drucken von Geld, mit dem Tanz um das goldene Kalb der keynesianischen Nachfrage auf dem Boden einer marktwirtschaftlichen Ordnung zu stehen, sehen sich gar als »staatlicher Reparaturbetrieb« der Marktwirtschaft.

Diese Fehlwahrnehmung ändert leider nichts an der Tatsache, dass wir uns in Europa in einer zu über siebzig Prozent staatlich gesteuerten, reglementierten und planwirtschaftlich manipulierten Wirtschaftsform befinden. Wo der Staat nicht direkt die Ressourcen usurpiert und verteilt, schreibt er den privaten Unternehmen bis ins Detail vor, was sie mit ihrem Eigentum an Produktionsmitteln tun und lassen dürfen.

Diese Planwirtschaft manifestiert sich nicht nur in der bereits seit Langem entgleisten, weil für allzu ständig erklärten Geldpolitik. Sie greift auch in die anderen institutionellen Voraussetzungen der Marktwirtschaft ein. Das sind die Vertragsfreiheit, die Durchsetzung von Verträgen, die Pflicht zu Transparenz und Wahrheit im Geschäftsleben und der Zwang zur Korrektur falscher Wege durch das Insolvenzrecht.

In jedem dieser institutionellen Felder hat die Politik der europäischen Staaten unter der Führung von Angela Merkels Wahnrepublik Deutschland die Axt an die unverzichtbaren Grundlagen unseres Wohlstands gelegt.

Die Bilanzwahrheit wurde zuerst bei den Banken als Grundprinzip abgeschafft.

Banken müssen, assistiert von Politik und Bankenaufsicht, ausgefallene Kredite nicht mehr abschreiben. Kredite, bei denen weder Zins noch Tilgung vertragsgemäß bedient werden, stehen mit voller Werthaltigkeit in den Bilanzen, dort gehalten von einem Gummidekret, das es den Banken nicht nur erlaubt, sondern sie sogar auffordert, intensiv zu prüfen, ob der Kunde nach dem zeitlich nicht absehbaren Ende der politisch missbrauchten »Corona-Krise« vielleicht, unter Umständen, eventuell, bei gutem Willen und mit Glück und überhaupt diese Zahlungen wieder aufnehmen könnte.

Bereits lange vor diesen dem Prinzip »Not kennt kein Gebot« huldigenden Maßnahmen der Verschleierung haben Praktiken in die Bilanzierung und Risikosteuerung der Banken Einzug gehalten, die mit dem Wort »Selbstbetrug« des Bankenmanagements nur unzureichend beschrieben werden können. Denn die Wahrheit ist leider, dass die Folgen dieser Praktiken vor allem Dritte treffen wird, die Sparer, die bei den Banken ihr Geld angelegt haben im Vertrauen auf solide kaufmännische Prinzipien, und die Steuerzahler, die ohnehin nie gefragt werden, wenn sie zur Erfüllung der ersten Bürgerpflicht unserer Tage herangezogen werden: der Bürgschaft für das Kartenhaus des geldsozialistischen Finanzsystems.

Die seit Beginn der Finanzkrise stetig fallenden Unternehmenspleiten, ausgelöst durch die Subvention des Nullzinses, erwiesen sich dabei als einer der Hauptmotoren. Wie von mir schon in früheren Veröffentlichungen seit 2014 dargelegt, führt der Nullzins dazu, dass Unternehmen, die eigentlich schon lange in Konkurs gehen sollten, weil sie kein Geld verdienen, künstlich am Leben erhalten werden. Auf diese Weise haben sich in den letzten 15 Jahren mehr als 15 Prozent aller Unternehmen als »Zombies« angesammelt, die unter normalen, will sagen: marktwirtschaftlichen Umständen der kreativen Zerstörung zum Opfer gefallen wären. Sie mussten ihre Kapitalkosten nicht mehr verdienen und binden auf diese Weise ungeheure Ressourcen an Kapital, Arbeitskraft, Talent und Humankapital, welche sich sonst eine produktivere, effizientere Verwendung in den aufstrebenden Unternehmen der Hightech-Industrie gesucht hätten. Das ist der tiefere Grund für die Tatsache, dass wir in Europa keine Venture-Capital-Kultur haben und dass Israel mit 7 Millionen Bürgern mehr Unternehmen an die New Yorker Technologiebörse bringt als ganz Europa mit 500 Millionen Einwohnern.

Dieser Motor der Zombifizierung hat mit der Corona-Politik einen doppelten Turbolader erhalten: die Abschaffung des Insolvenzrechts durch die Abschaffung der Pflicht zur Insolvenzanmeldung, also die staatlich gewollte, ermunterte und beförderte Aufforderung zur Straftat der Insolvenzverschleppung, und parallel dazu die Quasi-Abschaffung der Bilanzwahrheit bei den Banken, die Zahlungsausfälle solcher Unternehmen nicht mehr zum Anlass nehmen müssen, diese Kredite in ihrem Wert zu berichtigen. Stattdessen dürfen sie darüber kontemplieren, ob der Zahlungsausfall vielleicht, unter Umständen, möglicherweise nach dem Ende von Corona (oder sollte man besser sagen: dem Ende des kollektiven politischen Wahns einer Pandemie) wieder zu Ende gehen könnte, das vom Eigenkapital und vom Cashflow befreite Unternehmen auf mirakulöse Weise von den Toten auferstehen.

Diese Kombination von Maßnahmen macht die Bilanzen der Banken zu einem Lügenkonstrukt ohne Aussagekraft. So stößt sich die Kreditwirtschaft mit dem stumpfen Pfeil der Bürokratie das rechte Auge aus.

So viel Konjunktiv war nie in der Bilanzierung der Banken. Gleichzeitig werden die Kapitalanforderungen aufgeweicht, die Messsysteme des Risikos als Nebenwirkung weiter in die Irre geführt. Mit der Pflicht zur Bilanzwahrheit wird auch gleich das Risikomanagement abgeschafft. Denn Kreditverluste, die zwar eintreten, aber nicht mehr bilanziert werden, bereichern auch nicht mehr die Pleitenstatistik der Banken. Diese Pleitenstatistik bildet jedoch die Grundlage für die ständige Rekalibrierung der Risikomesssysteme der Banken, die dazu dienen, jedes einzelne Kreditrisiko in seiner Ausfallwahrscheinlichkeit und seiner Verlusterwartung zu bewerten. Diese Daten sind zwingend erforderlich für ein Risikomanagement, welches dafür sorgt, dass Bankbilanzen möglichst nur solche Risiken enthalten, die die Bank auch tragen kann.

Indem dies zerstört wird durch die Verfälschung der primären Eingangsdaten, stößt sich die Kreditwirtschaft auch das linke Auge aus. Sie ist damit blind. Das Rückgrat unserer Finanzen wird also im Gesundheitszustand der vollständigen Erblindung gesteuert. Denken Sie daran, wenn Ihnen das nächste Mal ein Bankvorstand sagt, dass man alles im Griff habe und Sie sich keine Sorgen machen sollten. Die Wahrheit wird in dieser Industrie nur noch ausgesprochen, wenn die Türe zu ist oder der Vorstand pensioniert. Das muss man verstehen, denn die Wahrheit auszusprechen heißt in dieser Republik der Lüge, die Konsequenzen einer Bankenkrise heraufzubeschwören.

Die Politik und die Banken werden allerdings in Bälde feststellen, dass die einzige Alternative zum Risikomanagement das Krisenmanagement ist, denn die Krise und ihre Steigerung zur Katastrophe ist die zwingende Folge der Unterlassung von Risikomanagement.

Der zahlungsunwillige oder zahlungsunfähige Schuldner wird durch die Notstandsgesetzgebung nicht nur ermächtigt und ermutigt, fällige Zahlungen, die das Ergebnis geschlossener Verträge sind, nicht mehr oder nur noch nach eigenem Gutdünken zu leisten. Das verstärkt die Wirkung der Regelung, dass er auch bei Überschuldung seines Unternehmens nicht mehr zum Gericht schreiten muss, um Konkurs, vulgo die Pleite, anzumelden. Der Straftatbestand der Insolvenzverschleppung, der dem Schutz gutgläubiger Geschäftspartner vor der Ansteckung mit dem Virus der Zahlungsunfähigkeit dient, ist damit erst mal ausgesetzt. Wir dürfen fest davon ausgehen, dass dieses »erst mal«, dieses »vorübergehend« und »zeitweise« sich als Dauerzustand verfestigen wird.

Denn wie alles, was uns die Politik als vorübergehende Lösungsmaßnahme verkauft, beginnt auch dieses verdreckte Pflaster aus dem Genlabor der Planwirtschaft sich zu verfestigen und die Wunde am Körper der Volkswirtschaft sich mit dem Eiter zu infizieren, der zum Tod des ehrbaren Kaufmanns führt.

Abbildung eins zeigt, wie die Insolvenzen trotz der größten Wirtschaftskrise aller Zeiten nicht nur im Trend, sondern beschleunigt fallen. Willkommen im Land der Sinnestäuschung.

In Wirklichkeit geht es natürlich nicht um den Schutz des angeblich oder tatsächlich so unschuldig in Not geratenen Schuldners. Es geht um Größeres. Es geht um die Vermeidung oder doch wenigstens Verschiebung des Offenbarungseides der fundamental und total gescheiterten Politik der sozialistischen Großkoalitionäre. Deshalb wird nun, da ich diese Zeilen zu Papier bringe, im September Anno Domini 2020 die Aufhebung der Pflicht zur Insolvenzanmeldung nach dem Willen der Bundesjustizministerin (!) von September auf März nächsten Jahres verlängert. Warum, so frage ich mich da, machen wir nicht gleich Herrn Madoff zum deutschen Justizminister? Der wusste wenigstens, was er tat.

Wir dürfen jede Wette riskieren, dass die nächste Verlängerung bis zu den Wahlen im Herbst 2021 abgemachte Sache ist, denn der Machterhalt ist für die Regierenden wichtiger als der künftige Wohlstand des Volkes.[4]

So entzieht man der Wirtschaft immer mehr lebenswichtige Informationen, die die Märkte für die Ingangsetzung des so dringend erforderlichen inneren Heilungsprozesses benötigen.

Abb. 1: Insolvenzanträge in Deutschland 2020

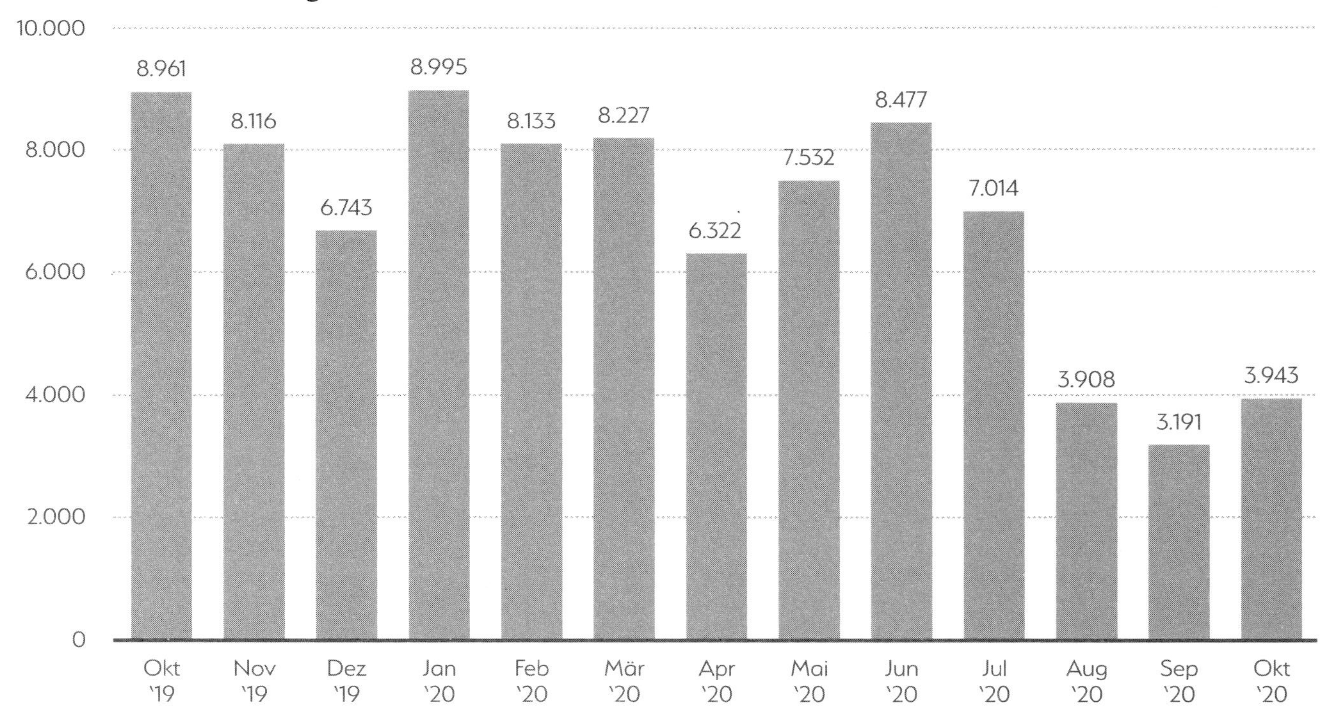

Quelle: Statistisches Bundesamt © Statista 2021

Man könnte es eine Lügenwirtschaft nennen, denn die Informationen werden bewusst verzerrt und verfälscht, damit wir uns der Realität nicht stellen müssen. Diese Lügenwirtschaft ist die Brücke von der Marktwirtschaft zur Planwirtschaft, denn der Sozialismus kann nur auf einer Lüge errichtet werden.

Wir dürfen uns also darauf einstellen, dass die finale und große Auseinandersetzung zwischen Freiheit und Sozialismus auf der Tagesordnung steht, und zwar jetzt, nicht irgendwann in den späten Zwanzigerjahren. Wir werden es angesichts der noch gültigen realen Machtverhältnisse nicht schaffen, die Fortsetzung dieses katastrophalen Wegs der Politik und Geldpolitik bis zum bitteren Ende des wirtschaftlichen Kollapses, des simultanen Multiorganversagens unseres Staatswesens zu verhindern. Die Frage, ob wir das tun sollten, wenn wir es könnten, stellt sich also nicht.

Wenn dieses Buch im Sommer des Jahres 2021 erscheinen wird, dann dürfte der deflatorische Teil der Krise sich nach aller Wahrscheinlichkeit bereits allmählich dem Ende zuneigen. Die durch das ungeheure Überschießen der Geldproduktion angefachte Inflation wird sich dann zur Jahreswende ihren Weg in die Kaufkraft der Bürger brennen. Sie wird sich bereit machen zum Aufgalopp in zweistellige, dann dreistellige Raten pro Monat. Die Koordinationsleistung des Geldes für die Allokation produktiver Ressourcen wird sich in einem Amoklauf der Finanzspekulation und dem Abschließen immer riskanterer Wetten der Marktteilnehmer komplett verabschieden. Unternehmen und Bürger werden mit dem täglichen Kampf um das finanzielle und physische Überleben vollauf beschäftigt sein. Wie bereits 1923 endet dieser Prozess in einer finalen Kontraktionsphase der Wirtschaft, einer ökonomischen Stunde Null. Nur wird das dieses Mal keine deutsche Erfahrung sein, sondern eine europäische, wahrscheinlich sogar eine globale.

Das wird ein Novum sein in der Menschheitsgeschichte: eine globale Inflation, die die Ersparnisse der Menschen auffrisst, endend mit einer finalen Kontraktion und ohne Aussicht auf den rettenden Kredit einer noch intakten wirtschaftlichen Supermacht.

Der von den sozialistischen Instinkten einer früheren Propagandareferentin der kommunistischen Jugendorganisation der SED vorgezeichnete Kurs macht diesen Zusammenbruch für Deutschland und Europa unvermeidlich. Oskar Lafontaine hat ihre Geisteshaltung und geistige Herkunft bereits 2009 korrekt beschrieben, als er den beleidigt dreinschauenden Unionsgranden nach der Kanzlerwahl von Frau Merkel in der Sendung »Anne Will« auf den Kopf zu sagte: *»Sie haben eine Jungkommunistin, eine überzeugte Jungkommunistin zur Kanzlerin gewählt.«*[5] Hegt sie die Hoffnung, auf den Trümmern des konkursreifen Deutschlands ihre vergrößerte DDR aus dem Mumiengrab auferstehen zu lassen? Unsere Aufgabe wird es sein, sie daran zu hindern und das Scheitern der sozialistischen Politik zum Anlass für die Errichtung einer Republik der Freiheit zu nutzen.

Deshalb ist es notwendig, eine Vision zu entwickeln, wie dieser freiheitliche Staat aussehen soll. Auf welchen Werten soll er gegründet werden? Welche Institutionen braucht er, um die Freiheit sicherzustellen? Kurz: Wie sieht die freiheitliche Ordnung aus, die unserem Land den Wiederaufstieg ermöglicht und die zugleich die Geister des Sozialismus für viele Generationen draußen vor der Türe hält?

Die Suche nach und die Schaffung dieser Ordnung ist der historische Sinn und Zweck dieser zivilisatorischen Krise.

2. Wann kommt die Inflation?

> Was du weißt, kannst du nicht erklären, aber du fühlst es. Du hast dein ganzes Leben lang gespürt, dass mit der Welt etwas nicht stimmt. Du weißt nicht, was es ist, aber du weißt, es ist da, wie ein Splitter in deinem Verstand, der dich zum Wahnsinn treibt.
>
> **Morpheus, Filmcharakter in »Matrix«[6]**

Keine Diskussion über die Folgen der entgleisten Geldpolitik wird geführt ohne den unvermeidlichen Hinweis, dass die EZB »ihr Pulver noch lange nicht verschossen« habe und sie »die Dose noch die Straße herunterkicken« könne. Schließlich passiere das jetzt schon so lange ohne inflationäre Folgen, dass selbst die größten Skeptiker der Geldpolitik erstaunt und überrascht seien, »wie lange das gut geht«.

Die EZB kickt die Dose weiter die Straße hinab. Sie wird damit auch nicht aufhören. Aber wie lang ist die Straße?

Ich darf sagen: Ich gehöre nicht zu den Erstaunten dieser Erde. Jedenfalls nicht beim Thema Grenzen der Geldpolitik. Vielmehr bin ich ein Anhänger der Hypothese, dass man ziemlich genau sagen kann, wann der Wahn, man könne mit frisch gedrucktem Geld die Welt retten, an sein Ende kommt, und wann es den Wirtschaftssubjekten dämmert, dass »Ende Gelände« ist. Und man kann auch sagen: Die Geldpolitik wird den beschrittenen Weg des Gelddruckens so lange als alternativlos erklärt weiter beschreiten, bis das Geld in der Inflation wirkungslos verpufft. Auf diese Damen und Herren ist Verlass. Dieser Punkt ist erreicht, wenn die Zentralbank das Konto ihres *Seignioragekapitals* aufgebraucht hat. Der Begriff der Seigniorage ist alt und bezeichnet den durch Geldschöpfung erzielten Gewinn einer Notenbank, der Begriff des Seignioragekapitals ist bisher allerdings gar nicht in Verwendung. Aber das macht nichts. Ich führe ihn in Ermangelung eines besseren Terminus zur Beschreibung des Sachverhaltes in die Debatte ein.

Was ist darunter zu verstehen?

Das Seignioragekapital ist der Geldwert des Geldmonopols der Zentralbank. Was genau ist dieser Wert?

Ich definiere (preisniveauneutrale) Seigniorage zunächst als den Gewinn, den die Zentralbank durch Ausnutzung ihres Geldschöpfungsmonopols erzielen und dem Staat zur Verfügung stellen kann, ohne dass es zu einer Steigerung des Preisniveaus in der Gesamtwirtschaft kommt.

Bei einer konstanten Umlaufgeschwindigkeit des Geldes entspricht dieses Gewinnpotenzial inflationsfreier Geldschöpfung dem durch technischen Fortschritt und verfeinerte Arbeitsteilung erzielten Wirtschaftswachstum in dem betreffenden Währungsraum. Nehmen wir an, dieses Wachstum betrage drei Prozent, so kann die Zentralbank jedes Jahr drei Prozent des Bruttosozialproduktes inflationsneutral »abgreifen«. Wir wissen natürlich dank der Einsichten der Österreichischen Schule, dass dies zu anderen Verzerrungen der Güterallokation (Zuweisung) und so zu einer Fehlallokation und zu nicht zu rechtfertigenden Umverteilungseffekten kommt, aber Inflation als Strafe folgt nicht notwendigerweise auf dem Fuße.

Betrachten wir die Zentralbank wie eine Aktiengesellschaft, so ist dieser Abschöpfungsgewinn vergleichbar mit der jährlich auszuschüttenden Dividende. Es ergibt sich ein über viele Perioden reichender Zahlungsstrom, der nach dem Vorbild der Aktienbewertung herangezogen werden kann, um zu schätzen, wie hoch der abgezinste Barwert aller künftigen Seignioragezahlungen an den Staat ist. Die Zentralbank wird damit zu so etwas wie einer im Staatseigentum befindlichen Aktiengesellschaft, deren Wert sich als Summe der Barwerte künftiger Seigniorage-Dividenden bemisst. Dieser Wert ist der Expropriations(=Enteignungs)wert des Geldmonopols, und zwar, weil er eigentlich dem Bürger weggenommen wird, der durch seinen Fleiß, seinen Erfindergeist und seine Innovationskraft das Wachstum der Wirtschaft überhaupt erst ermöglicht.

Das Interessante daran: Um dann den Wert der Zentralbank schätzen zu können, müssen wir weder die Ziffer des langfristigen Wachstums noch die Ziffer des für die Abzinsung relevanten Zinsfußes kennen. Es genügt zu wissen, dass natürliches Wachstum und natürlicher Zins langfristig identisch sind. Liegt der Zins über dem Wachstum, so wird die Rendite von Kreditportfolios durch Pleiten nach unten gezogen, weil die notwendigen Erträge zur Bedienung der Zinslast nicht erwirtschaftet werden können. Liegt der Zins niedriger als das Wachstum, so wird ihn die Nachfrage nach investiven Mitteln nach oben ziehen, weil bis zu diesem Punkt bei dem gegebenen Wachstum Investitionsopportunitäten ungenutzt sind.

Da der Barwert einer Zahlungsreihe sich aus dem Bruch aus Dividende und Zins ergibt, können wir bei einem Wachstum von zum Beispiel drei Prozent folgern, dass der Barwert der Seigniorage-Zahlungsreihe auch mit drei Prozent abgezinst wird, woraus folgt:

Seignioragekapital = (3 % × Bruttosozialprodukt)/3 % = 1 × BSP

Beträgt das Wachstum nur zwei Prozent, so fällt auch der natürliche Zins auf zwei Prozent und das Ergebnis ist das gleiche.

Das ist eine erstaunliche Identität, denn sie besagt: Das Seignioragekapital ist aufgebraucht, wenn die bilanztechnische Überschuldung der Zentralbank das Bruttosozialprodukt überschreitet. Das passiert, wenn die Zentralbank mit frisch gedrucktem Geld wertlose Vermögenswerte erwirbt, also objektiv mehr dafür bezahlt, als sie wert sind. Die Zentralbank erleidet dann beim Kauf einen ökonomischen Verlust. Dieser zehrt ihr Seigniorageкapital auf.

Schauen wir uns nun das Bruttosozialprodukt der Eurozone im Vergleich zur Bilanzsumme der EZB an (Abbildung 2[7]), so können wir feststellen, dass das BSP vor Beginn der Krise ca. zwölf Billionen Euro betragen hat. Mit Glück und Fantasie dürfte es jetzt nach sechs Monaten Missmanagement der nach einem unschuldigen Virus getauften Krise durch eine planwirtschaftlich größenwahnsinnige politische Klasse noch 9,5 bis zehn Billionen Euro betragen, vielleicht auch weniger.

Bei ihrer Gründung 1999 betrug die Bilanzsumme der EZB weniger als 700 Milliarden Euro. Mit der Krise 2007 und der folgenden Staatsschulden- und Eurokrise stieg sie auf über vier Billionen Euro. Seit Beginn der »Corona«-Krise im März stieg sie im Schweinsgalopp auf über sieben Billionen Euro Anfang Januar 2021. Unterstellen wir, dass die EZB über rund eine Billion Euro werthaltiger Vermögenswerte verfügt (ihre Staatsanleihen dürften angesichts der wahren Bonität der Mitgliedsländer mit dem Begriff »Zahlungsausfall« am besten beschrieben sein), dann kann sie mit der aktuellen Kauforgie wertloser Assets ihre Bilanz noch auf 10,5 Billionen Euro ausdehnen, bis ihr Kartenhaus kollabiert.

Bei der aktuellen Geschwindigkeit ihrer Gelddruckwut wird sie die fehlenden 3,5 Billionen Euro in etwa neun Monaten in Umlauf gebracht haben. Wenn die unvermeidliche Bankenrettung vorher notwendig wird, dann dürfte es auch schneller gehen.

Abbildung 3[8] zeigt den exponentiellen Verlauf. Er ist nicht dem Zufall geschuldet, sondern das Ergebnis der Tatsache, dass jede Gelddruckorgie die Grundlage für die nächste Krise schafft, deren »Lösung« oder vorübergehende Verschiebung einen vielfach größeren Betrag erfordert als die letzte »Rettung«.

Die geschichtliche Erfahrung in Deutschland, Zimbabwe und Venezuela zeigt, dass die Stimmung bei Erreichen des

Abb. 2: Bilanzsumme der EZB vs. Bruttosozialprodukt der Eurozone

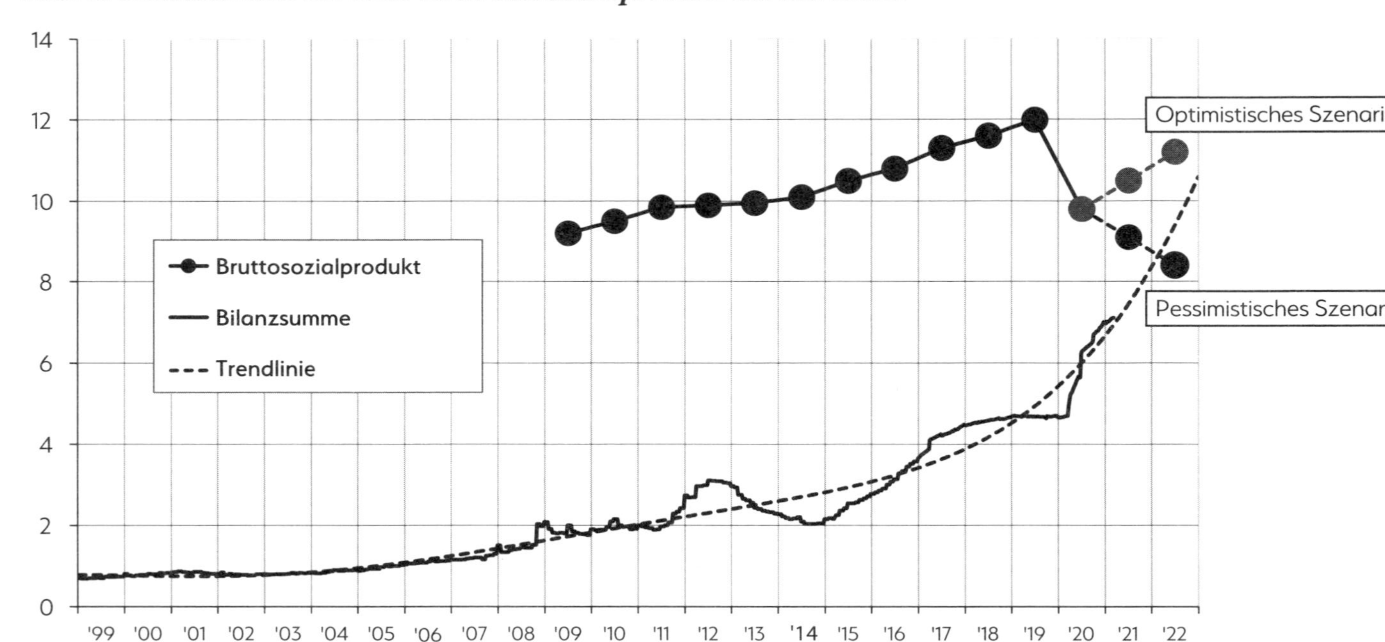

Die hier dargestellten Zahlen weichen von den offiziellen Zahlen etwas ab, da ich diese aufgrund der gesamtwirtschaftlichen Situation anzweifle. Ich gehe davon aus, dass sie später korrigiert werden müssen.

Quelle: Bilanzsumme der EZB: European Central Bank Statistical Data Warehouse (ILM.W.U2.C.T000000.Z5.Z01)

Abb. 3: Bilanzsumme der EZB seit ihrer Gründung 1999

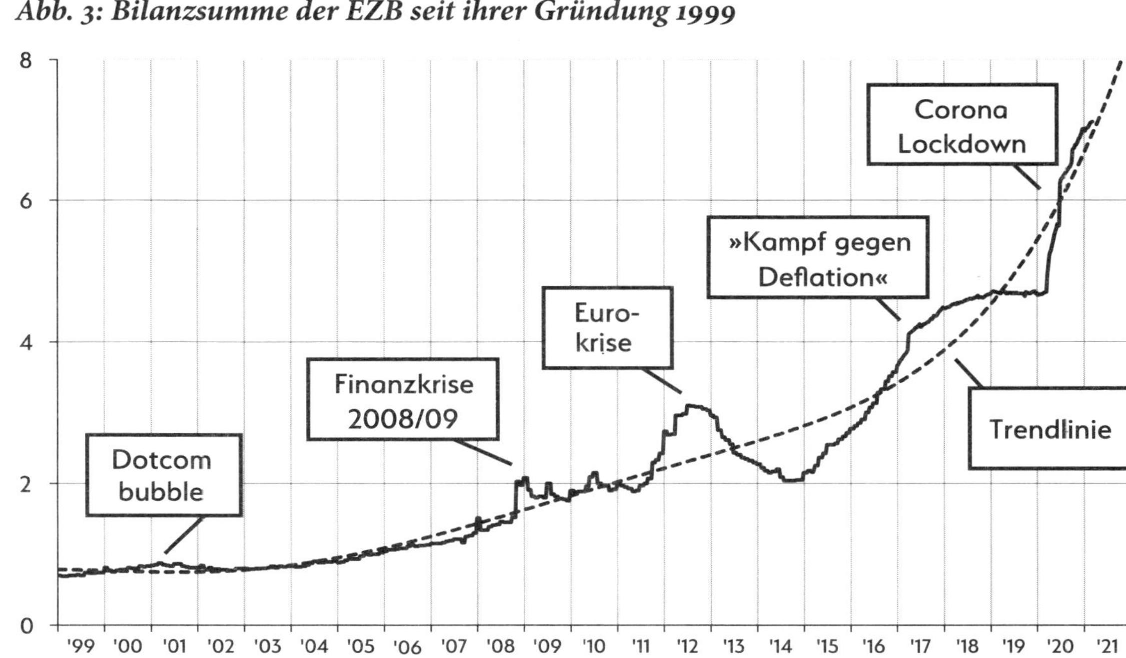

Quelle: Bilanzsumme der EZB: European Central Bank Statistical Data Warehouse (ILM.W.U2.C.T000000.Z5.Z01)

Kipppunktes sehr schnell überkocht. Die Unternehmen und Bürger treten die Flucht aus dem Geld an, sie geben es sofort nach Erhalt aus für irgendetwas, dem sie einen größeren Werterhalt zutrauen als dem Geld, und das ist in der heraufziehenden Hyperinflation fast alles. Die Umlaufgeschwindigkeit des Geldes explodiert, das Preisniveau erklimmt in immer schnellerer Folge immer lichtere Höhen. Bald sind wir alle Millionäre, kurz darauf Milliardäre und eine Woche später schon Billionäre oder gar Trillionäre. Nimm das, Gates!

Aber wer jetzt schadenfroh in die USA schaut, um festzustellen, dass die FED die Dollars noch schneller druckt als die EZB ihre Euronen, der wird in seiner Hoffnung, dass der Dollar noch schneller scheitert, enttäuscht werden. Der Grund ist einfach: Der Währungsraum des US-Dollars ist durch seine Leitwährungsfunktion weit größer als die USA. Sein Seigniioragekapital beträgt wahrscheinlich mindestens das Doppelte, vielleicht sogar das Dreifache des Bruttoinlandsproduktes der Vereinigten Staaten. Er wird daher erst deutlich später als der Euro scheitern und noch als Fluchtwährung dienen, wenn der Euro schon im schwarzen Loch der Hyperinflation versinkt. Der aktuelle Dollar-Euro-Wechselkurs ist eine Bullen- oder Bärenfalle, je nachdem, auf welcher Währungsseite man agiert. Das Einzige, was dieses Argument kippen könnte, wäre ein plötzlicher Zusammenbruch der Leitwährungsfunktion des US-Dollars als solchem, was jedoch angesichts der Alternativen Euro und Yuan nicht sehr wahrscheinlich erscheint. Das einzige Medium, das dies leisten könnte, ist nach meiner Überzeugung das Gold, jedoch erst nach dem hier prognostizierten Kollaps der Post-Bretton-Woods-Währungsordnung.

Das ist der Grund, warum ich dem Euro nicht zutraue, das Ende des Jahres 2021 zu erleben oder zumindest, es allzu lange zu überleben. Er wird bei Ausschöpfung des Seigniioragekapitals in der Hyperinflation explodieren. Wie ein türkisches

Sprichwort treffend feststellt: Jeder Hammel wird an seinen eigenen Beinen aufgehängt. Der Euro wird zu Tode gerettet worden sein: Whatever it undertakes.

Ändert ein digitaler Euro das Inflationsszenario?

Während ich an diesem Kapitel im Oktober 2020 schreibe, kommt die – nicht unerwartete – Meldung, dass die EZB ein Digitalgeld auf Basis der Blockchain-Technologie, also ein amtliches, staatliches Gegenstück zu Bitcoin, in die Testphase bringt. Die Absicht dahinter ist leicht durchschaubar, die Analyse der Wirkung auf den Zeitablauf und die Entfaltung von Deflation und nachfolgender Inflation ist jedoch viel weniger trivial.

Der Zweck dieser Technologie ist es, die Menschen vor der Flucht aus der Matrix des für politische Zwecke und Umverteilung nach oben missbrauchten Projekts Euro zu hindern, wenn der Inflationsdruck so hoch wird, dass das Vertrauen in den Euro bei den Bürgern kollabiert.

Die EZB macht mit diesem Projekt nach, was die chinesische Regierung schon seit sechs Jahren testet: eine auf Blockchain-Technologie basierende Währung, die das Bargeld elektronisch nachäfft, aber in Wahrheit ganz andere Eigenschaften aufweist als dieses. Der Wurm an diesem Angelhaken unserer »Währungshüter« ist die Möglichkeit des direkten Bezahlens »wie mit Bargeld«. Zahlungsverkehrsysteme wie Banküberweisungen, Kreditkarten und Ähnliches können so theoretisch überflüssig werden.

Dass es nicht Aufgabe der EZB ist, in Konkurrenz zu privaten Zahlungsverkehrdienstleistern und Banken zu treten (die dadurch wohl final ruiniert werden dürften) und dass ein solches Geld daher Vollgeldcharakter bekommt, aber nicht im Sinne des Goldstandards, sondern der totalen monetären Planwirtschaft, ist angesichts der Gefahren dieser Pläne fast schon ein Nebenkriegsschauplatz.

Eilfertig betont die von einem französischen Gericht rechtskräftig verurteilte Straftäterin Christine Lagarde[9], dass dieses neue Digitalgeld das Bargeld nicht ersetzen, sondern nur ergänzen solle und dass niemand die Absicht habe, das Bargeld abzuschaffen.

In Abwandlung eines römischen Sprichwortes möchte ich dazu sagen: Traue keinem Zentralbanker, und wenn er mit Geschenken kommt. Denn dieser Wurm kommt mit einem Haken daher, der uns allen die wirtschaftlichen Eingeweide herausreißen und unserer Freiheit und Marktwirtschaft den Todesstoß versetzen wird. Ganz nebenbei werden wir zu gläsernen Objekten des totalitären Überwachungsstaates degradiert.

Um das zu verstehen, müssen wir ein paar Eigenschaften dieses »Digitalgeldes« verstehen, das nicht umsonst auch »Kryptowährung« genannt wird. Crypto bedeutet »verborgen, geheim«, weil bei der Konstruktion dieses Geldes zwei unterschiedliche mathematische Verschlüsselungstechnologien zum Einsatz kommen: die Adressen, also Konten, die das Geld enthalten, werden durch die gleiche Zwei-Wege-Verschlüsselungstechnik geschützt, die auch bei elektronischen Überweisungen nach dem PIN- und TAN-Prinzip heute schon zum Einsatz kommt und die daher zumindest als Anwender jeder kennt. Und die Kette der alten Transaktionen, also die eigentliche Blockchain, wird durch sogenannte Hash-Verschlüsselungen in ihrer Integrität gesichert, die nur in eine Richtung gehen und die gar keinen Schlüssel für eine Entschlüsselung haben.

Diese Form der Verschlüsselung dient allein der Verifikation und Integrität der Datenbank.

Eine Information, die einmal in einen sogenannten Hash-String transformiert ist, kann daher mit keiner noch so ausgefeilten Entschlüsselungstechnik wieder dechiffriert werden. Genau da liegt die Crux.

Denn die Blockchain ist aufgrund dieser Technik eine Art unauflösbares Logbuch aller früheren Transaktionen, die in dem System von Beginn seiner Inbetriebnahme an getätigt worden sind. Jeder Cent, jeder Euro kann durch die gesamte Kette zurückverfolgt werden, wann er wem gehört hat, was derjenige damit eingekauft hat und bei wem. Nichts davon geht je verloren. Die von der EZB geplante Digitalwährung ist das für den Staat lesbare Tagebuch unseres ganzen Lebens.

Ob Sie mit sechs Jahren eine Tüte Gummibärchen für dreißig Cent oder mit 16 Ihre erste Packung Kondome erworben haben, das weiß der Staat auch noch, wenn Sie achtzig sind. Alles, was Sie je gekauft haben, Ihre Präferenzen, Ihr Geschmack, Ihr bevorzugter Handelspartner, Ihre sexuellen Vorlieben, kurz: Sie ist das Logbuch Ihres Lebens und Ihrer Privatsphäre. Ihr ganzes Leben wird in dieser Blockchain gespeichert für die Ewigkeit. Sie sind dann gläsern, erpressbar, manipulierbar und werden vom bürgerlichen Subjekt zum staatlichen Objekt. Die Anonymität des Bitcoin ist nur – oder besser: war nur – möglich, weil dies in der Absicht ihrer Programmierer lag. Aber auch diese ist längst perdu: Durch Testtransaktionen und Rechenpower ist es den Geheimdiensten längst gelungen, die Eigentümer der Bitcoin-Konten in ihrer überwiegenden Mehrheit zu ermitteln. Und in den Algorithmus der Zwei-Wege-Transaktionsverschlüsselung, der sogenannten »elliptischen Kryptografie«, hat die NSA einen Bug eingeschleust, der es ihr erlaubt, diese mit relativ geringem Aufwand zu brechen. Ihre Privatsphäre ist also noch nicht einmal dann wirklich geschützt, wenn es so vorgesehen war.[10]

Das ist aber noch nicht alles: Ihr Geld ist nämlich dann nicht mehr Ihr Geld. Die EZB hat es Ihnen nur geliehen.

Die Zentralbank wird ihre Version des Digitalgeldes selbstverständlich so programmieren, dass sie stets die volle und umfassende Kontrolle über alles behält, was damit passiert. Es kostet die Mächtigen dann nur noch einen Knopfdruck, Ihr Konto zu sperren, leer zu räumen oder Ihre Verfügungsgewalt auf zwanzig Euro am Tag zu begrenzen, wenn Sie nicht artig sind und sich nicht widerspruchslos in den neuen totalitären Staat einfügen. Weniger geht auch.

Eine Vermögensabgabe von zwanzig Prozent auf »Bargeld« in der Blockchain? Kein Problem, auch davon trennt uns nur ein Mausklick hinter einem Fenster der allmächtigen EZB.

Ein Negativzins von zehn Prozent, dem Sie nicht mehr dadurch ausweichen können, dass Sie Ihr Bargeld abheben und in einen Tresor packen? Noch ein Mausklick.

Eine Totalenteignung um hundert Prozent gefällig, damit Herr Scholz nicht rechnen lernen muss? Warum eigentlich nicht? Ist doch nur ein Mausklick.

Die EZB weiß, dass ihre Gelddruckorgie ultimativ zur Hyperinflation führen muss. Sie weiß auch, dass diese dann einsetzen wird, wenn die Menschen dem Euro nicht mehr vertrauen und damit anfangen, aus diesem Geld zu fliehen. Das passiert, indem sie Dinge erwerben, von denen sie glauben oder hoffen, dass sie ihren Wert behalten oder wenigstens ihren Wert nicht so schnell verlieren wie das Geld, das ihnen als einziges gesetzliches Zahlungsmittel aufgezwungen wird. Am Anfang sind das Gold, Silber, Immobilien und substanzstarke Aktien. Wenn das ausgereizt ist, kommen langlebige Konsumgüter wie Autos an die Reihe, dann Haushaltsgeräte, dann handelbare Güter wie Schnaps, Rum und Whisky, Kerzen, Zigaretten, Paraffin, Diesel oder Benzin, haltbare Lebensmittel und ganz am Ende ist selbst ein Salatkopf noch haltbarer im Wert als der 500-Millionen-Euro-Schein, mit dem er erworben wurde.

Aber was, wenn die Zentralbank uns zwingen kann, das Geld nicht auszugeben? Wenn sie einfach unsere Verfügbarkeit über unser eigenes Geld einschränkt? Dann werden wir merken, dass es gar nicht unser Eigentum ist, sondern dass es Staatseigentum ist und der Staat in Form der EZB damit macht, was er will.

Die Geldentwertung, die die EZB mit dieser Methode gerne aufhalten möchte, um ihr totales Versagen nicht eingestehen zu müssen, bricht sich dann allerdings über einen anderen Mechanismus Bahn, denn diese Mittel entsprechen in ihrer Wirkung den Preiskontrollen, mit denen schon die sozialistische Regierung Venezuelas versucht hat, die Dose noch ein paar Meter weiter die Straße hinab zu kicken. Denn man kann die Menschen zwar daran hindern, aus dem Geld zu fliehen, indem sie es nicht mehr ausgeben können, aber man kann sie nicht daran hindern, aus dem Geld zu fliehen, indem sie es nicht mehr annehmen als Gegenwert für Arbeit und Produkte. Das Ergebnis ist der totale Kollaps der Produktion, das Schrumpfen der Wirtschaft um neunzig Prozent oder mehr. Das Bruttosozialprodukt pro Kopf fällt dann in Deutschland von heute knapp unter 40 000[11] Euro auf unter 4000 Euro (nach aktueller Kaufkraft).

Was sich in diesem Szenario ändert, ist also nicht der Ablauf von Deflation und Inflation, sondern es ist die Substitution der Inflation durch den totalen Produktionszusammenbruch, der normalerweise erst an ihrem Ende steht.

Aus dieser Falle kann der Bürger nur noch entfliehen, wenn er alles zurücklässt und aufgibt, was einmal seins war, weil er dafür gearbeitet hat. Der Raub wird total.

Eine Vision wahrhaft apokalyptischer Natur, erinnert sie doch an den Text der Offenbarung des Johannes 13,16: »*Die Kleinen und die Großen, die Reichen und die Armen, die Freien und die Sklaven, alle zwang es (das Tier, Anm. des Verf.), auf ihrer rechten Hand oder ihrer Stirn ein Kennzeichen anbringen zu lassen. Kaufen oder verkaufen konnte nur, wer das Kennzeichen trug …*«

Dann steht er wieder, der antikapitalistische Schutzwall. Dieses Mal nicht aus Beton, Wachtürmen, Tretminen und SM-71-Selbstschussanlagen, sondern aus einer unsichtbaren Kette kryptografisch verwobener Bits und Bytes, die man uns als Geld verkaufen will, die uns aber nur tiefer in die unsichtbare Matrix der Beraubung durch das Fiat-Geldsystem[12] hineinführen soll.

Damit ist der Totalitarismus des Digitalgeldes aber noch keineswegs zu Ende gedacht. Verknüpft der Staat es mit einem sozialen Scoring (auch Rating genannt!) des Bürgers, dessen technische Grundlage man uns mit der Corona-App schon schmackhaft gemacht hat, so hat die Zentralbank oder der Rest der staatlichen Bürokratie jederzeit die Möglichkeit, uns auch anderweitig zu sanktionieren. China macht es vor.[13] Wer dort nicht spurt, kann plötzlich kein Zugticket mehr erwerben, kein Flugticket, er kann nicht mehr Taxi fahren oder die öffentlichen Verkehrsmittel nutzen. Verbietet man ihm den Schuhkauf, dann ist seine Immobilität perfekt und er praktisch unter Hausarrest gestellt. Künftig könnte für diese Sanktion schon eine unliebsame Meinungsäußerung ausreichen, denn alles, was der Obrigkeit widerspricht, ist in unserem Land ja bekanntermaßen Hassrede und rechte Hetze, wahlweise eine Verschwörungstheorie oder Antisemitismus. Es muss nicht real sein, es genügt, wenn die Mächtigen es dazu erklären.

Sie sehen, verehrter Leser: Auch mit einem Geldsystem können sie eine Tyrannei errichten, und was für eine!

3. Die Marktwirtschaft im Kreuzverhör oder: Die 25 dreistesten Unwahrheiten und Legenden über den Markt

Jeder Advokat des Wohlfahrtsstaates und der Planwirtschaft ist ein potentieller Diktator.

Ludwig von Mises[14]

Es ist immer wieder erstaunlich, wie wenig die meisten Menschen, egal ob Unternehmer, Arbeitnehmer, Bürger, Steuerzahler, Journalisten und selbst die meisten Hochschullehrer, über die Zusammenhänge der Marktwirtschaft wissen. Es ist dieses Unwissen, das den falschen Phrasen der Freiheitsfeinde Tür und Tor in die Gedankenwelt der Menschen öffnet. Nach fünfzig Jahren Bildungskatastrophe und dem propagandistischen Dauerfeuer linker, planwirtschaftlicher und marktfeindlicher Akteure in den staatlichen und gleichgeschalteten privaten Medien ist die intellektuelle Verwüstung in dieser Hinsicht total.

Selbst einfachste und offensichtliche wirtschaftliche Zusammenhänge werden nicht mehr verstanden. Unsere Gesellschaft ist in dieser Hinsicht auf den Stand eines Kindes zurückgeworfen, dem man das Lernen durch Wissenstransfer verweigert, dem man zugleich die Angst vor dem Unbekannten als Lebensgefühl tief einpflanzt und es so daran hindert, die notwendigen Lernerfahrungen durch Versuch und Irrtum selbst zu machen.

Deshalb machen wir zunehmend die Beobachtung, dass wir von einer Gesellschaft der Inkompetenz zu einer der Infantilität transformiert werden.

Zugleich ist diese Gesellschaft aber Gegenstand des ganz großen Experiments, der Entschlossenheit, den Versuch zu unternehmen, sie planerisch, quasi wie durch einen Sozial-Ingenieur, nach dem Willen einer selbsternannten freiheits- und marktfeindlichen linken Elite umzugestalten.

Aufgrund der Erfahrungen des 20. Jahrhunderts können wir bereits heute mit Sicherheit sagen, dass dieses Experiment in Tränen enden wird, dass es ein Irrtum ist. Insofern muss es verbrecherisch genannt werden, denn im Gegensatz zu den russischen Kommunisten von 1917 können sich die modernen Sozialingenieure nicht auf Unwissenheit berufen. Das Experiment wurde bereits vielfach unternommen, sein Ausgang ist bekannt. Wer es dennoch wieder versucht, ist ein Verbrecher.

Es ist das Meer der Unkenntnis über die Zusammenhänge von Markt, Freiheit, Wohlstand und über die Gefahren von Planwirtschaft, Unfreiheit und Umverteilung, die es diesen Leuten überhaupt erst ermöglicht, diese Untat zu verüben.

Vorurteile sind der Hauptgrund für unberechtigte Feindschaft. Das gilt für Menschen wie für Systeme. Gegen nichts gibt es annähernd so viele falsche und unbegründete Vorurteile wie gegen die Marktwirtschaft.

Daher ist es zwingend notwendig, die Phrasen, Vorurteile, die Lügen und Propaganda, die Verzerrungen und Verleumdungen, die durch ständiges Wiederholen in die Köpfe der Menschen gepflanzt werden, zu benennen und durch die Klarheit logischer Argumente für jedermann nachvollziehbar und verständlich zu widerlegen. Das beginnt bei der Definition der Begriffe, denn oft genug werden wohlklingende Worte mit Inhalten aufgefüllt, die leer sind und die von diesen Begriffen niemals erfüllt werden können. Wir werden sehen, dass viele dieser von den Linken gegen die Ordnung der Freiheit ins Feld geführten Begriffe in Wahrheit orwellianisches Neusprech sind, Wieselworte, die sich in Nichts auflösen, sobald man anfängt, sie mit Hilfe der Logik zu sezieren.

Solche Worte sind insbesondere »soziale Gerechtigkeit«, »Verteilungsgerechtigkeit«, »Nachhaltigkeit«, »Moral«, »Werte«, ja selbst eigentlich solche in den Köpfen der Menschen über jeden Zweifel erhabene Begriffe wie »Demokratie« und »Menschenrechte«.

In vielen Diskussionen habe ich zudem beobachtet, mit welchen Taktiken die freiheitlich denkenden Menschen in die Defensive, in eine Verteidigungshaltung gedrängt werden, obwohl sie die weitaus besseren Argumente auf ihrer Seite haben. Der Erfolg dieser Taktiken hat etwas mit der Toleranz und Liberalität der freiheitsliebenden Menschen zu tun. Sie suchen im Widerstreit von These (Freiheit) und Antithese (Planwirtschaft, Knechtschaft) immer nach der Synthese, dem »dritten Weg«, dem Kompromiss, nach dem Fünkchen Wahrheit und Berechtigung im sozialen Beraubungskonzept der Sozialisten. Das ist eine grundfalsche Herangehensweise aus zwei Gründen: Erstens kann man keinen Kompromiss mit einer Lüge schließen. Die ganz große Lüge der Sozialisten ist es, dem Staat einen Beraubungsauftrag zuzubilligen, um das herzustellen, was Einzelne freihändig und willkürlich als »soziale Gerechtigkeit« definieren.

Jeder Mensch, soweit er nicht an einer narzisstischen, psychopathischen oder soziopathischen Störung erkrankt ist, denkt und fühlt immer auch sozial, und man hat der Gesellschaft nach vielen Jahrzehnten des Umverteilungsstaates die einzig wahre Caritas und soziale Ader, nämlich das freiwillige Teilen, weitestgehend ausgetrieben. Deswegen kann er dem Beraubungspostulat oft kein schlüssiges Nein entgegensetzen. Der Freiheitsliebende hat daher oft keine Alternative anzubieten, wenn er gefragt wird, was in einer reinen Marktwirtschaft mit denen passiert, die von Geburt an nicht in der Lage sind, für sich zu sorgen. Dass das im 19. Jahrhundert einmal völlig anders war, entzieht sich der Kenntnis der meisten, ja es übersteigt ihre Vorstellungskraft, weil man ihnen die Lüge vom angeblich menschenverachtenden »Manchester-Kapitalismus« lange genug ins Hirn gepflanzt hat. Dieser hat nie existiert, sondern ist ein propagandistisches Trugbild der Sozialisten, eine Meisterleistung der Lüge und Realitätsverfälschung.

Der zweite Grund, warum diese Kompromisshaltung grundfalsch ist, liegt darin, den Streit unter falschen Voraussetzungen und falschen Annahmen zu führen. Roland Baader sprach in diesem Zusammenhang vom »Denken in falschen Systemen«. Wenn die Grundannahmen und die Begriffsdefinitionen eines Denksystems korrumpiert sind, so können aus ihnen mit noch so viel Logik keine korrekten Schlüsse gezogen werden. Weil wir mit diesen falschen Systemen aufgewachsen sind, fällt es den meisten von uns unendlich schwer, ihren sicher geglaubten Grund zu verlassen und sich auf die darunter liegende Ebene der Realität zu begeben. Dort ist der Grund zwar fester, aber er ist unbekannt, und es ist das Unbekannte, das uns mit einem intellektuellen Unwohlsein ängstigt.

Auf dem Humus der Wieselworte, falschen Systeme und der intellektuellen Trägheit gedeihen dann die Phrasen, die sich mit dem Anspruch unfehlbarer Wahrheiten, Brandzeichen gleich, in die Gehirne der Menschen drängeln. Ohne Anspruch auf Vollständigkeit möchte ich hier einige auflisten und meinen Lesern helfen, durch das Labyrinth der gedanklichen Verführung zu finden, das von diesen Wieselworten und Phrasen kunstvoll gebaut wird.

Hier nun meine Auswahl der 25 dreistesten Unwahrheiten und Legenden über die Marktwirtschaft:

1. »Die Marktwirtschaft entfremdet den Menschen von sich selbst.«
2. »Der Mensch ist egoistisch. Der Markt und der Kapitalismus fördern das, und das Gemeinwohl bleibt auf der Strecke.«
3. »Der Kapitalismus ist Sozialdarwinismus. Die Schwachen bleiben auf der Strecke.«
4. »Schrankenlose Freiheit ist Freiheit, andere zu berauben oder Verbrechen zu begehen.«

5. »Die Marktwirtschaft (wahlweise der Kapitalismus) verarmt die Menschen.«
6. »Der Kapitalismus führt zu immer größerer Ungleichheit. Das ist ungerecht.«
7. »Die Marktwirtschaft ist schuld an der Klimakatastrophe (wahlweise: an allen Umweltproblemen, an denen der Planet krankt).«
8. »Die Marktwirtschaft übt Konsumterror aus.«
9. »Es ist ungerecht, wenn fünfzig Menschen die Hälfte des Weltvermögens haben. Wenn jemand Milliarden hat, dann ist das obszön und unmoralisch.«
10. »Der Kapitalismus beutet andere Völker aus und führt Kriege.«
11. »Der Staat muss die Auswüchse der Marktwirtschaft korrigieren.«
12. »Das (was auch immer) ist die Folge von Marktversagen, zum Beispiel bei der Bereitstellung von Wohnraum, das muss der Staat regeln.«
13. »Arbeit ist zu wichtig, um sie dem kalten Markt zu überlassen.«
14. »Wir brauchen doch den Staat für die Förderung von Investitionen, von Forschung und Entwicklung. Sonst gibt es keinen Fortschritt.«
15. «Alle Werte sind das Ergebnis von Arbeit, der Kapitalist beraubt den Arbeiter um diesen Mehrwert.«
16. »Hat nicht die Finanzkrise bewiesen, dass der reine Markt nicht funktioniert, sondern in die Katastrophe führt?«
17. »Der Markt erzeugt Boom und Krise. Dieses Auf und Ab muss der Staat durch Nachfragesteuerung korrigieren!«
18. »Unsere Politiker haben doch die besten Wirtschaftsberater. Darauf können wir vertrauen!«
19. »Ja, wir brauchen Eigentum, aber Eigentum sollte doch zum sozialen Handeln verpflichten, so steht es sogar im Grundgesetz!«

20. »Profit steht für Gier und Gier ist unmoralisch!«
21. »Ohne Staat werden die Unternehmen die Güter künstlich knapp halten und uns auf diese Weise berauben!«
22. »Die Großunternehmen kaufen doch die Politik! Daran erkennt man, wie der Kapitalismus sich auf unser aller Kosten bereichert!«
23. »Ohne staatliche Subventionen haben wir bald keine Landwirtschaft mehr.« (Wahlweise keine Kohleindustrie, keine Elektronik, keine Windkraft, keine Solarzellen, keine Häuser, keine Flugzeuge, keine Heizungen, keine »Qualitätsmedien«, die Liste dürfte endlos sein …)
24. »Die Ressourcen auf dem Planeten sind endlich. Das hat schon der Club of Rome bewiesen. Eine zweite Erde haben wir nicht, daher muss das Wachstum endlich sein!«
25. »Die digitale Revolution macht uns alle arbeitslos, der Staat muss daher die Arbeit verteilen.«

Wenn Sie, verehrte Leser, sich an Diskussionen, Talkshows, Zeitungsartikel und ganz allgemein die veröffentlichte Meinung in unserem Land erinnern, so möchte ich wetten, dass jeder von Ihnen jede dieser Legenden und noch viele andere schon dutzende Male zu hören bekommen hat. Aber es sind nur Phrasen, die entweder aus der Weigerung entspringen, eine ordentliche ökonomische Analyse des aufgeworfenen Sachverhalts oder Problems durchzuführen, oder die wider besseres Wissen von den Protagonisten des Sozialismus vorgetragen werden, um die freiheitliche Ordnung zu desavouieren, die ihrer Machtergreifung mit dem eigentlichen Ziel der Unterdrückung und Ausbeutung von Menschen im Wege steht. Es macht daher Sinn, sich einmal der Übung zu unterziehen, die in diesen Legenden wohnenden Unwahrheiten zu enthüllen, aufzuzeigen, dass jede einzelne davon auf ökonomischer Ignoranz oder Böswilligkeit beruht.

Fangen wir also an.

Legende Nr. 1: »Die Marktwirtschaft entfremdet den Menschen von sich selbst.«

Diese Behauptung hat ihre Wurzeln im Entfremdungsargument von Karl Marx, welches die Abhängigkeit des Arbeiters vom Lohnsystem des Arbeitgebers als Prozess der Entfremdung darzustellen versucht. Der Arbeiter produziert demnach die Produkte nicht mehr für sich selbst, sondern für einen anderen, er hat kein Eigentum an dem, was er produziert. Dadurch tritt eine Entfremdung von seinem Produkt ein. Er verrichtet die Arbeit deshalb auch nicht mehr zu seiner eigenen Befriedigung, entfremdet sich also von seiner ausgeübten Tätigkeit, da seine Tätigkeit selbst zur Ware wird. Da sich der Mensch wesentlich auch über das definiert, was er als Tagwerk leistet, entfremdet er sich also auf diese Weise von sich selbst.

Das Absurde an dieser erst mal einleuchtend klingenden Theorie eines »kapitalistischen Raubs unserer Seele« ist, dass dieses Entfremdungsargument wesentliche Dinge ausblendet: Zunächst verkennt es, dass in einer freien Marktwirtschaft die Unternehmen für die Arbeitskraft ebenso im Wettbewerb attraktiv sein müssen, wie das umgekehrt für den Arbeitnehmer gilt, der attraktiv für seinen Arbeitgeber sein muss. Es ist also ein wechselseitiges Konkurrenz- und Wettbewerbsverhältnis, bei dem der Arbeitnehmer die Wahl zwischen unterschiedlichen Arbeitsangeboten hat. Der Mensch kann sich also aussuchen, wo er arbeitet, und er wird sich eine Arbeit suchen, die ihn befriedigt. Das ist das Wesen der freien Berufswahl.

Historisch betrachtet ist nachvollziehbar, dass der im 19. Jahrhundert den technischen Fortschritt der Produktion mitbestimmende Taylorismus, die Zerlegung der Arbeit in kleinste Schritte, ihre individuelle Optimierung und Verfeinerung eine Distanz schuf zwischen dem einzelnen Arbeitnehmer und dem Produkt, das er herstellte. Am Fließband der Automobilindustrie ist das bis heute so. Der einzelne Arbeiter addiert nur ein winziges Teil, einen scheinbar unbedeutenden

Schritt zum fertigen Produkt. Allerdings gibt es dabei keinen unbedeutenden Schritt, denn jeder einzelne ist für die Fertigstellung des Gesamtproduktes unabdingbar.

Dennoch werden Sie feststellen, dass zum Beispiel ein Arbeiter in der Produktion bei Porsche sich sehr wohl mit dem Produkt identifizieren kann und wird, das er herstellt. Marx verwechselt im Grunde genommen das Prinzip der Arbeitsteilung mit der Marktwirtschaft. Es ist zwar so, dass die Marktwirtschaft die Arbeitsteilung quasi erfunden hat und vorantreibt, weil sie die Voraussetzung für Effizienz, Produktivitätsfortschritt und damit Wohlstand ist. Die beiden Begriffe sind aber nicht identisch.

Natürlich setzt auch der Sozialismus auf Arbeitsteilung. Denn sogar die Marxisten haben erkannt, dass ohne das vom Kapitalismus entfesselte produktive Potential das versprochene kommunistische Paradies auf Erden von vornherein als das entlarvt wird, was es in Wahrheit auch ist: ein leeres Versprechen.

Der Unterschied ist allerdings, dass die freie Berufswahl im Sozialismus nicht existiert, weil die Kommandowirtschaft jeden dahin stellt, wo die selbsternannte Führung aller Werktätigen das für richtig hält. Die Entfremdung zwischen dem Menschen und seiner Arbeit findet also nicht in der Marktwirtschaft, sondern im Sozialismus statt, wo der Mensch sich seine Arbeit nicht mehr aussucht und sich auch schon deshalb nicht mit dem von ihm hergestellten Produkt identifizieren kann, weil es in aller Regel minderwertig und am Bedarf der Menschen vorbei produziert worden ist.

Mit dem durch die Marktwirtschaft entfesselten technischen Fortschritt, der Erfindung von Biotechnologie und Digitalisierung sind zudem die zuvor in kleinste Scheiben geschnittenen Schritte der Produktion fast ausnahmslos vollautomatisiert worden. Die Wertschöpfung der Tätigkeit Einzelner besteht nunmehr über Software, Konzeption, Produktdesign, Services und Kreativität in nie gekanntem Ausmaß in der Integration dieser Produktionsschritte. Nie dürfte es leichter gewesen sein, sich eine Tätigkeit zu suchen, bei der man sich mit dem Produkt identifizieren kann, als heute, vorausgesetzt, man verfügt über Bildung und Erziehung. Bildung ist wichtiger denn je, aber da die Gesellschaft durch Arbeitsteilung eigentlich wohlhabender ist als je zuvor in der Geschichte, sollten wir sie uns doch leisten können?

Das Problem dabei: Bildung ist weitgehend staatlich monopolisiert und hält daher in Qualität und Fortschritt nicht mit dem Tempo der übrigen Welt mit. In einer Welt des globalen Wettbewerbs degeneriert die Bildung zur Nische für die langsamen Denker. Wer sich einmal eine »Fridays for Future«-Schulschwänzparty mit Lehrerbegleitung angesehen hat, der weiß, was gemeint ist.

Was den Menschen von sich selbst entfremdet, ist also nicht die Marktwirtschaft, sondern der Sozialismus in seinen Facetten, egal ob dies in einem sozialistischen Produktionsapparat von Befehl und Gehorsam geschieht oder ob es der Störfaktor des staatlichen Bildungsmonopols in einer angeblichen Marktwirtschaft ist, die sich immer mehr von ihren Wurzeln und Prinzipien entfernt.

Der Kern dieser sozialistischen Entfremdung des Menschen von sich selbst ist der Zwang, der in allen Facetten des Lebens ausgeübt wird. Es genügt den sozialistischen Systemen dabei nicht, Befehl und Gehorsam als Steuerungsprinzip des ganzen Lebens durchzusetzen. Seine Opfer werden zugleich angehalten, ihr Einverständnis, ja ihre Begeisterung für die permanente Vergewaltigung ihrer Existenz vorzuheucheln. Die Schizophrenie zwischen der privaten Innenwelt und der öffentlichen Außenwelt ist das notwendige Resultat.

Man kann daher als Fazit ziehen, dass es nicht die Ordnung der Freiheit, also die Marktwirtschaft, sondern die Ordnung der Unfreiheit, also der Sozialismus ist, der den Menschen von sich selbst entfremdet.

Legende Nr. 2: »Der Mensch ist egoistisch. Der Markt und der Kapitalismus fördern das, und das Gemeinwohl bleibt auf der Strecke.«

Was an diesem Satz stimmt, ist, dass der Mensch auch egoistische Elemente in seinem Verhalten hat, die uns evolutionsbiologisch aus gutem Grunde einprogrammiert worden sind. Egoismus bedeutet im Kern zunächst einmal, überleben zu wollen. Der Mensch will sich selbst ernähren und kleiden, bevor er es für andere tut. Er will zuerst seine Familie versorgen, bevor er an Menschen außerhalb seines Clans denkt. Der Grund ist ganz einfach: Wenn er das nicht tut, dann stirbt er aus und hinterlässt keine Nachkommen. Es liegt also in der Natur des Menschen, ein gewisses Maß an Egoismus zu haben. Daran ist nichts Falsches und nichts Verwerfliches.

Es ist aber eine unbestreitbare Tatsache, dass jede Gesellschaftsordnung die Natur des Menschen anerkennen muss. Eine Gesellschaftsordnung, die sich den Menschen schnitzen oder ihn umformen möchte, die sich einfach weigert, zur Kenntnis zu nehmen, wie er ist, die ist zum Scheitern verurteilt. Der »sozialistische neue Mensch«, edel, hilfreich und gut, wie ihn die sozialistische Propaganda gerne gemalt hat, existiert nicht, jedenfalls nicht in der Form, dass er nicht genug Egoismus im Leib hat, um zu überleben.

Am Rande lohnt es sich zu erwähnen, dass im Sozialismus nach aller historischen und empirischen Erfahrung nicht diejenigen die Richtung vorgeben, die diesem vermeintlich so edlen altruistischen Menschenbild entsprechen, sondern die Kriminellen, die Mörder, Diebe, Totschläger, KZ-Wächter, die Verschlagenen, Intriganten, Hinterhältigen und Machtgeilen. Lenin, Stalin, Mao, Pol Pot, Beria (Chef aller stalinistischen Häscher und Mordkommandos), Hitler und Himmler (auch nationale Sozialisten sind Sozialisten) waren nur die bekanntesten einer langen und tiefen Reihe von menschenverachtenden Schlächtern sozialistischer »Führungseliten«.

Unterhalb dieser bar aller Menschlichkeit entfesselten Ultra-Egoisten der sozialistischen Kader wurde natürlich vom Untertanen die totale Selbstaufgabe erwartet, sein Einfügen in das Räderwerk der staatlichen Kommandowirtschaft, seine Verleugnung der eigenen Existenz – und der Existenz seiner Familie (die notfalls zu denunzieren war).

Die angebliche Schlechtigkeit des Egoismus gilt also im Sozialismus nur für die Untertanen, nicht für die Herrscher.

Die Marktwirtschaft und die freiheitliche Ordnung hingegen gehen zunächst einmal davon aus, dass wir den Menschen so akzeptieren sollten, wie er ist, und nicht, wie er nach dem Urteil einer elitistischen Minderheit sein sollte. Der Mensch muss sein dürfen, was er ist! Die Ordnung der Freiheit beantwortet zugleich die Frage, wie diese unbestreitbar vorhandene Kraft des im Überlebenswillen wurzelnden Egoismus produktiv gemacht werden kann – in einer Weise, dass es am Ende zu einem Ergebnis führt, das für alle das Beste ist.

Der große Ökonom Adam Smith war einer der ersten, die erkannt haben, dass es der Gesellschaft dann am besten geht, wenn alle innerhalb eines gesetzlichen Rahmens der Rechtssicherheit, Vertragsfreiheit und Eigentumsordnung sich selbst optimieren dürfen. Warum sind diese drei Elemente der Schlüssel für die Maximierung der allgemeinen Wohlfahrt in einer Ordnung der Freiheit?

Auch das hat seine Wurzeln in der Natur des Menschen. Ebenso wie der Mensch mit einem gesunden Egoismus ausgestattet ist, ist er als freies Wesen geschaffen. Die Freiheit ist Teil unserer Natur aufgrund der Tatsache unserer subjektiven Selbsterkenntnis. Wir erkennen uns selbst als denkende, fühlende Wesen. Cogito ergo sum – ich denke, also bin ich. Diese Selbsterkenntnis ist wissenschaftlicher Hinterfragung aus grundsätzlichen Erwägungen nicht zugänglich. Das wiederum liegt an der Natur der Wissenschaft. Sie beruht auf sogenannter intersubjektiver Nachprüfbarkeit.

Entgegen einem weit verbreiteten Irrtum stellt Wissenschaft keine objektiven Wahrheiten fest. Diesen Anspruch stellt sie gar nicht, und das aus gutem Grunde. Wissenschaft ist der Versuch der Annäherung, der Approximation an die Wahrheit und die Realität. Deshalb gibt es, anders als zum Beispiel die Klimabewegung uns glauben machen will, auch keine »wissenschaftlichen Gewissheiten« oder den Zwang, irgendeinen tatsächlichen oder vermeintlichen wissenschaftlichen Konsens zu akzeptieren und diesen nicht mehr hinterfragen zu dürfen. Versuch und Irrtum ist eines ihrer Werkzeuge. Ein anderes ist die Nachvollziehbarkeit für Dritte. Zwei Forscher sichten die gleichen Daten und kommen zum gleichen Ergebnis. Das Ergebnis der Wissenschaft ist in diesem Sinne nachprüfbar, nicht objektiv, sondern durch zwei oder mehr Subjekte mit subjektiver Sicht auf das gleiche Phänomen.

Das also nennt man intersubjektive Nachprüfbarkeit.

Der geneigte Leser kann sofort erkennen, dass diese voraussetzt, das mindestens zwei Personen auf die gleiche Sache schauen. Das ist aber bei unserer Eigenwahrnehmung per definitionem nicht möglich. Jeder kann nur auf seine eigene Selbstwahrnehmung schauen, nicht auf die eines anderen. Im Zweifel wissen wir noch nicht mal, ob wir alle die Farbe Grün in der gleichen Weise wahrnehmen.

Diese Eigenwahrnehmung, dieses Cogito ergo sum macht uns zu besonderen Wesen, gerade weil das Ich nicht wissenschaftlich bewiesen werden kann. Es ist der tägliche Beweis unserer transzendenten Existenz, der da vor unserem eigenen inneren Auge ausgebreitet wird, denn letztlich ist dieses Ich ein göttliches Geschenk, außerhalb des Zugriffs menschlicher Wissenschaft. Die Existenz des Ich ist zugleich die Widerlegung der Behauptung, dass nur existiert, was auch wissenschaftlich beweisbar ist.

Immer wieder liest man zum Teil über großspurig vorgetragene angebliche Ergebnisse der Forschung, die das Ich, das

Selbstbewusstsein, zu erklären vorgeben. Da wird dann von »Schleifen« der Wahrnehmung, dem Ich als Illusion (wessen Illusion wäre das denn dann?) und Wahrnehmungsexperimenten schwadroniert. Alle diese Ansätze sind in der Vergangenheit nach kurzer Zeit wieder im Orkus aussortierter Sackgassen der Wissenschaft verschwunden. Hier turnen Amöben durch eine Chipfabrik und behaupten, sie erklären zu können, dabei können sie nicht mal das Türschild des Pförtners entziffern.

Wenn das Ich unsere Essenz ausmacht und zugleich die Basis für die menschliche Freiheit ist, dann ist es nur natürlich, dass jeder von uns nach einer Maximierung seiner individuellen Freiheit strebt. Daraus können wir ableiten, dass es ein vernünftiges Ziel ist, die Summe der Freiheit aller Individuen in einer Gesellschaft zu maximieren.

Diese Maximierung erfolgt logisch dadurch, dass man zwei Forderungen akzeptiert: Erstens darf es keine Einschränkung der Freiheit durch einen Dritten oder den Staat geben, die nicht begründet werden kann, und zweitens findet die individuelle Freiheit ihre Grenze nur und ausschließlich in den Rechten Dritter. Das Recht Dritter ergibt sich aus der Gleichheit aller Menschen vor dem Gesetz. Es ist dies die einzige Form der Gleichheit, die irgendeine Berechtigung vorzuweisen hätte. Alle anderen Forderungen nach Gleichheit, zum Beispiel des Einkommens, des Vermögens, des Ergebnisses unterschiedlicher individueller Lebensläufe können keinerlei logische Konsistenz vorweisen. Sie sind immer und ohne Ausnahme Verstöße gegen die Gleichheit aller Menschen vor dem Gesetz.

Das führt uns zurück zu der Frage, warum Rechtssicherheit, Vertragsfreiheit und Eigentumsordnung den Rahmen unserer sinnvollerweise egoistischen Selbstoptimierung vorgeben. Sowohl unsere Freiheit als auch unser körperliches Wohlergehen lassen sich am besten realisieren, wenn wir über ein Wirtschaftssystem verfügen, welches die Menge und die Qualität von Gütern maximiert, die wir auch haben wollen, die also unseren Bedürfnissen entsprechen. Es ist eine empirisch beobachtbare Tatsache, dass die dafür notwendigen Produktionsmittel und Verfahren eine hochgradig verfeinerte Arbeitsteilung voraussetzen. Arbeitsteilung wiederum hat eine Koordination zwischen den daran teilnehmenden Individuen zur Voraussetzung.

Die Teilnehmer dieser Arbeitsteilung müssen also in Beziehungen untereinander treten. Damit diese Beziehungen funktionieren können, müssen sich die Beteiligten auf Regeln verständigen. Das ist die *Rechtssicherheit*. Damit das System der arbeitsteiligen Koordination flexibel auf sich ändernde Umstände (die einzige Konstante im Leben ist die Veränderung) reagieren kann, müssen die Teilnehmer untereinander frei sein, Vereinbarungen, die die Zusammenarbeit regeln, stets neu zu schließen. Das ist die *Vertragsfreiheit*. Und damit der Einzelne überhaupt etwas zu diesem Prozess beisteuern kann, muss er über Ressourcen verfügen, deren Einsatz er selbst bestimmen kann. Da Ressourcen in der Regel knapp sind und nicht mehrere Personen die gleiche Ressource zur gleichen Zeit für den arbeitsteiligen Prozess nutzen können, muss ihre Verfügungsgewalt exklusiv sein. Das ist das *Eigentum*.

Diese drei Voraussetzungen führen dazu, dass der arbeitsteilige Prozess so gestaltet wird, dass jedes Individuum versucht, seine Vorteile zu maximieren. Um das zu erreichen, muss es etwas in den Prozess einsteuern, was es den anderen erlaubt, sich ebenfalls zu optimieren. Mit anderen Worten, es entsteht ein automatischer Zwang für jeden, nur solche Produkte, Zwischenprodukte und Dienstleistungen anzubieten, die den Nutzen der anderen maximieren, weil er sie sonst im Zuge der Vertragsfreiheit nicht verkaufen kann. Es kommt sonst nicht zu einem Vertrag.

Das ist eine ungeheuerliche Schlussfolgerung: Um in einem freien System von Rechtsstaat, Vertragsfreiheit und Eigentum den eigenen Egoismus zu bedienen, muss man den Egoismus aller anderen **zuerst** bedienen. So schafft der Egoismus Wohlstand für alle. Das tut er aber nur in der Marktwirtschaft. Im Sozialismus besteht für niemanden eine Notwendigkeit, die Bedürfnisse anderer an die erste Stelle zu setzen, um sich selbst zu optimieren. Das ist in einer Kommandowirtschaft nicht erforderlich. In ihr optimiert sich der Einzelne dadurch, dass er anderen etwas wegnimmt. Dafür instrumentalisiert er das Zuteilungssystem des Staates. Diejenigen, die das mangels Beziehungen nicht können, gehen leer aus. Die Korruption wird so zur allgemeinen Tauschwährung. Die Wirtschaft degeneriert zum Nullsummenspiel.

Zusammenfassend können wir sagen: Die Marktwirtschaft akzeptiert den Menschen, wie er ist, und lenkt seinen Egoismus durch geniale Verknüpfung in die Maximierung des Wohls aller. Im Sozialismus ist Egoismus verboten (außer für die da oben), wird aber ausgelebt auf Kosten aller. Welches System ist also besser?

Legende Nr. 3: »Der Kapitalismus ist Sozialdarwinismus. Die Schwachen bleiben auf der Strecke.«

Kaum ein Argument gegen die freie Marktwirtschaft wird so oft selbst von vermeintlichen Liberalen vorgetragen wie der Unsinn, dass der Markt nicht sozial sei. Wer nicht leistungsfähig sei, wer in dem oben beschriebenen arbeitsteiligen Prozess nicht ausreichend beisteuern könne, der falle durch den Rost, gehe unter, verhungere im Zweifel sogar.

Es stellt sich die Kernfrage nach dem richtigen und vertretbaren Maß an sozialer Sicherheit und im zweiten Schritt die Frage, welches System diese Sicherheit am besten herzustellen in der Lage ist. Was an dieser Stelle nicht diskutiert werden soll, ist die Frage einer vermeintlichen »sozialen Gerechtigkeit«, denn diese ist nur ein Wieselwort, bei dem das Anspruchsdenken auf die Früchte anderer Leute Arbeit das Mäntelchen des Anstands umgehängt bekommt. Vielmehr geht es hier nur um die Frage: Fällt in einer freien Marktwirtschaft jemand durch den Rost?

Die Antwort ist ganz klar Nein, und zwar im Gegensatz zum Sozialismus und zum Sozialstaatsmodell aktueller Prägung, welches sich völlig zu Unrecht soziale Marktwirtschaft nennt. Denn unser aktuelles System ist weder sozial noch eine Marktwirtschaft. Zunächst müssen wir eine wichtige Trennung im Kopf vornehmen, nämlich zwischen dem Sozialen als Hilfe für die Hilflosen und dem Sozialstaat als Versicherung gegen alle Unbill des Lebens.

Betrachten wir das Sozialbudget der Bundesrepublik Deutschland, welches ca. 1,04 Billionen Euro groß ist[15] (das sind 1040 Milliarden oder über eine Million Mal eine Million), dann stellen wir fest, dass nur der allerkleinste Teil davon den wirklich Bedürftigen zugutekommt. Diese 1040 Milliarden sind mehr als 39 Prozent des Bruttoinlandsproduktes, also des Wertes aller hergestellten Güter und Dienstleistungen. Von den knapp 5 Millionen Angestellten im öffentlichen Dienst arbeiten mehr als die Hälfte im sogenannten Sozialversicherungssektor, also gut 2,5 Millionen.[16] Das entspricht 5,5 Prozent aller Beschäftigten[17] in Deutschland, die auch in etwa diese Größenordnung des BIP für sich im Wege der Bezahlung aus den Sozialkassen in Anspruch nehmen dürften. Dazu kommen 1,3 Millionen Angestellte der Kirchen, deren weitaus größter Teil in der Sozialindustrie tätig ist und deren verschwindend geringer Teil sich der Seelsorge widmet. Gewerkschaften, Arbeiterwohlfahrt usw. kommen oben drauf.

Nun ist es natürlich nicht so, dass es in diesem Land dreißig Prozent Bedürftige gäbe. Es ist auch nicht so, dass der Sozialversicherungsteil für die Kranken- und die Rentenversicherung nicht kostengünstiger, effizienter und besser von privaten Anbietern bereitgestellt werden könnte, und es ist auch nicht so, dass die in der Sozialindustrie tätigen Angestellten die wirklich Bedürftigen im Betreuungsverhältnis vier zu eins betüddeln.

Man kann davon ausgehen, dass selbst von den wirklich Bedürftigen nur ein sehr kleiner Prozentsatz nie die Chance hatte, für sich selbst zu sorgen. Die überwiegende Mehrzahl der wirklich Bedürftigen wurde durch äußere Umstände in diese Lage gebracht, gegen die man sich privat hätte versichern können, sofern man sich das hätte leisten können. Und warum kann man es sich nicht leisten? Weil der Staat uns mehr als ein Drittel unseres Einkommens für tatsächliche oder auch nur vermeintliche soziale Zwecke wegnimmt. Für die private Vorsorge bleibt den meisten gar nichts mehr übrig. Anschließend wird dann behauptet, die Menschen seien so unreif, dass sie nicht privat vorsorgten, und deshalb müsse der Staat sie dazu zwingen. Das ist eine dreiste Verdrehung von Ursache und Wirkung.

Schaut man beim statistischen Bundesamt nach, so stellt man fest, dass es 7,9 Millionen schwerbehinderte Menschen in Deutschland gibt. Nur bei 4,1 Prozent von ihnen ist diese Behinderung angeboren, bei allen anderen waren Krankheiten und Unfälle, also versicherbare Ereignisse, die Ursache der Behinderung und damit der Bedürftigkeit.

Wir sprechen also von ca. 320 000 Menschen, die sich von Anfang an nicht selbst helfen konnten. Setzen wir diese Zahl zu den Mitarbeitern der Sozialindustrie ins Verhältnis, so kommen auf einen von Anfang an Bedürftigen 19 Sozialarbeiter, die ihn verwalten.

Und dennoch kommt die Hilfe nicht bei den Bedürftigen an. Wie sonst sollte man es sich erklären, dass in Deutschland Flaschen von alten Menschen gesammelt werden müssen, die in unserer ach so grandiosen Sozialstaatlichkeit durch die Maschen des Systems gefallen sind? Wie es scheint, sind die einzigen, die nie durch die Maschen des sozialen Netzes fallen, seine eigenen Protagonisten, die Vertreter der Sozialindustrie, der verteilenden Klasse im Land.

Eigenverantwortung für die soziale Sicherheit sollte stattdessen unser Zielbild sein. Diese folgt einem einfachen Subsidiaritätsprinzip: Zuerst ist das Individuum für sich verantwortlich. Es muss arbeiten, Vorsorge treffen, sich privat gegen Risiken versichern und sparen, damit es in Zeiten der Not Reserven hat und so durchhalten kann. Die zweite Verteidigungslinie der sozialen Sicherheit ist die Familie. Die Kern- und die Großfamilie sind zwei vom Aussterben bedrohte Arten in Deutschland, ja in Europa. Der Hauptgrund dafür ist die Substitution der Familie durch den Sozialstaat. Die Menschen scheuen die Pflicht und die Verantwortung einer Familiengründung, weil der Sozialstaat ihnen vorgaukelt, dass sie das nicht mehr bräuchten. Der Staat kann sich aber ohne Familien auf Dauer nicht mehr finanzieren, weil die Single- und Spaßgesellschaft nur eine demografische Katastrophe produziert. Wenn der Sozialstaat absehbar zusammenbricht, müssen wir uns auf die Verteidigungslinie Familie neu besinnen.

Die dritte Verteidigungslinie der sozialen Sicherheit ist die Gemeinde, das unmittelbare Lebensumfeld der Menschen. Es besteht gleich aus zwei Linien der sozialen Sicherheit: Die erste und wichtigste ist die Bereitschaft ihrer Mitglieder zur karitativen Hilfe. Mit anderen Worten: Gutes Menschentum statt Gutmenschentum. Im wirtschaftlich freiesten Abschnitt der Menschheitsgeschichte, dem 19. Jahrhundert, erreichte die freiwillige karitative und ehrenamtliche soziale Tätigkeit einen historischen Höhepunkt. Es gehörte praktisch für jeden, der es sich leisten konnte, zum guten Ton, etwas für die Vernachlässigten der Gesellschaft zu tun. Diese Hilfe war in aller Regel aber keine Almosenveranstaltung zur Beruhigung des sozialen Gewissens, sondern sie war als Hilfe zur Selbsthilfe konzipiert. Ihre Wirksamkeit übertraf diejenige unseres heutigen Sozialsystems um Längen. Hierzu machte Roland Baader in fast allen seinen Publikationen interessante Ausführungen, auch zu dem ethischen Gerüst, das die Marktwirtschaft dem freiwilligen Teilen verleiht.[18]

Erst wenn diese drei Linien versagen, wird das Soziale zu einer Gemeinschaftsaufgabe der Gesellschaft. Das Sozialbudget sollte von der Gemeinde verwaltet und in seiner Höhe von der Bürgerversammlung bestimmt werden. Nach Schweizer Vorbild sollten die Bürger darüber abstimmen, wie viel von ihrem eigenen Geld sie der Gemeinde hierfür zur Verfügung stellen wollen. Das heißt: Die Leistungsträger bestimmen darüber, und sie sind nach aller Erfahrung sozial eingestellt. Immerhin bezahlen 18 Millionen Leistungsträger in Deutschland seit Jahren den gesamten Sozialstaat und auch die Fülle der anderen staatlichen Ausgaben, ob sinnvoll oder nicht, mit der Hälfte ihres Einkommens, sie tun das klaglos, oder besser: Sie taten es klaglos, bis die Gier der Umverteilungspolitiker jede Grenze ihrer Belastbarkeit gesprengt hat.

Die Bürger werden in den Gemeinden durch direkte Abstimmung über alle Budgets, also auch das Sozialbudget, das richtige Gleichgewicht finden zwischen Finanzierbarkeit und sozialem Gewissen. Der Grund ist einfach: Sie müssen selbst mit den Folgen ihrer Entscheidung leben. Geben sie zu viel Geld für soziale Zwecke aus, spüren sie das im Geldbeutel, ist es zu wenig, so werden sie das Elend auf der Straße ertragen müssen. Für die Berliner Zentralstaatsplaner gilt das nicht. Sie entscheiden weit weg und abgehoben von den Nöten der Menschen und sie müssen es nicht ausbaden, dass sie es die ganze Zeit schon falsch machen.

Fazit: Die Marktwirtschaft ist aus sich heraus sozial. Deshalb heißt sie soziale Marktwirtschaft. Sie heißt nicht so, weil sie von gierigen und inkompetenten Politikern zurechtgestutzt und ihre Leistungsträger beraubt werden müssten, um sozial zu sein.

Legende Nr. 4: »Schrankenlose Freiheit ist Freiheit, andere zu berauben oder Verbrechen zu begehen.«

Der Satz ist richtig. Nur der Kontext, in dem er meistens benutzt wird, ist falsch. Denn schrankenlose Freiheit hat nichts mit Marktwirtschaft und Kapitalismus zu tun. Eine Freiheit, die schrankenlos ist, macht nicht halt vor dem Diktum, dass die

Freiheit des Einzelnen dort endet, wo die Freiheit und die Rechte anderer bedroht sind. Die Maximierung der Gesamtfreiheit erfolgt eben nicht auf der Ebene des Einzelnen, sondern für alle gleichermaßen. Eine nur individuell maximierte Freiheit, die das nicht beachtet, ist in Wahrheit nicht Freiheit, sondern Tyrannei.

Die Verfechter eines großen Staates benutzen dieses Argument gegen eine schrankenlose Freiheit in aller Regel in dem Sinne, dass sie unterstellen, die Marktwirtschaft und der Kapitalismus würden genau darauf beruhen. Es wird dann gerne von Raubtierkapitalismus, Manchestertum oder dergleichen Dingen gesprochen. Außer dem Wunsch der Verfechter solcher Schlagworte ist an diesen Begriffen kein Gramm Wahrheit zu finden. Es gibt keinen Raubtierkapitalismus, weil der Kapitalismus eine Ordnung des freien Wettbewerbs und der Rechtsstaatlichkeit ist. Kommt es zu Machtkonzentrationen, bei denen zum Beispiele Großkonzerne die politische Richtung vorgeben, so spricht man nicht von Kapitalismus, sondern von Oligarchie. Oligarchien sind aber ausnahmslos in der Geschichte das Ergebnis der Verfilzung von Staat und Konzernen gewesen, sie setzen einen fetten, großen Staat für ihre Entstehung voraus.

Auch das Manchestertum beziehungsweise der sogenannte und vielgescholtene »Manchesterkapitalismus« ist eine Erfindung der sozialistischen Propaganda. Es ist natürlich richtig, dass es im 19. Jahrhundert in den aufstrebenden Industrienationen eine weit verbreitete Armut gab. Sie war aber nicht das Ergebnis des Kapitalismus, sondern das Erbe des Feudalismus. Bis zum Ende des 18. Jahrhunderts, also zum Beginn der industriellen Revolution, war die absolute Armut der Normalzustand für 99 Prozent der Menschheit. Nur der Adel, die damalige »Classe distributif«, die verteilende Klasse, konnte sich über diesen Zustand der Armut erheben. Die Marktwirtschaft, die industrielle Revolution, die sie ermöglichte, und die Freiheit von Handel und Gewerbe, die zu Beginn des 19. Jahrhunderts erkämpft wurde, führten zu einer Explosion der Produktion in zuvor nie gekanntem Ausmaß. Die Zuwanderung vom Land in die Städte hatte ihre Ursache doch nicht in der Aussicht auf die dort angeblich endemische Ausbeutung und Armut, sondern sie hatte ihre Ursache in der Hoffnung auf ein besseres Leben. Dieses bessere Leben lieferte die Marktwirtschaft auch, sonst wäre der Zustrom schnell ausgetrocknet.

Innerhalb weniger Jahrzehnte katapultierte die Marktwirtschaft diese Länder vom Lebensstandard des Mittelalters in den Lebensstandard des 20. Jahrhunderts, der in vielen bereits früh industrialisierten Regionen schon in den 1880er-Jahren erreicht wurde. Die großen Rückschläge, Armut, Elend, Hunger und Not waren dann im 20. Jahrhundert die Folge des Sozialismus.

Die Apologeten des Sozialismus taten genau das, was sie dem Kapitalismus vorwarfen: Sie führten ein System der Beraubung, ja des Massenmordes ein. Der bis heute andauernde Angriff der sozialistischen Strömungen auf den Rechtsstaat schafft dafür die Voraussetzungen.

Es war die schrankenlose Freiheit der sozialistischen Tyrannen, die usurpierte Freiheit zu Raub und Mord, die den Satz wahr machte, den man der freien Ordnung zum Vorwurf macht, die aber in Wahrheit das Markenzeichen der sozialistischen Tyrannei ist.

Legende Nr. 5: »Die Marktwirtschaft (wahlweise der Kapitalismus) verarmt die Menschen.«

Die Behauptung, dass die Menschen in der Marktwirtschaft verarmen, ist nicht nur eine Lüge. Sie ist auch an Dreistigkeit schwer zu überbieten angesichts der unbestreitbaren Tatsache, dass die Marktwirtschaft die einzige Wirtschaftsform ist, die es geschafft hat, die Armut der Menschheit zu besiegen. Sie wird auch nicht dadurch zur Wahrheit, dass die Feinde der Freiheit sie ständig wiederholen und die schlecht Aufgeklärten und Indoktrinierten sie permanent nachplappern.

Dennoch hält sich diese Lüge in den Köpfen vieler Menschen. Die Sozialisten haben sie im Zuge der »Manchesterkapitalismus«-Lüge erfunden und selbst wohlmeinende, aber schlecht informierte Menschen glauben, dass der Kapitalismus durch Gewerkschaften und Sozialstaat »gezähmt« werden müsse, um Massenelend und Massenarmut zu verhindern.

Sie verwechseln dabei die Phänomene, die die Marktwirtschaft geerbt hat und die sich oft am Beginn einer marktwirtschaftlichen Entwicklung finden, mit dem Charakter des Kapitalismus. Das reicht von Niedriglöhnen über Kinderarbeit bis zu untragbaren hygienischen Zuständen in Arbeitervierteln und Fabriken.

Es ist richtig, dass im frühen 19. Jahrhundert auch in den Städten ein teilweise enormes Elend geherrscht hat – in absoluten Kategorien und betrachtet aus der Perspektive des ungeheuren Wohlstands unserer Tage, den uns die Marktwirtschaft beschert hat. Es ist auch richtig, dass in vielen Ländern der Welt bis zum heutigen Tag Armut und Elend an der Tagesordnung sind. Die entscheidende Frage ist jedoch: Was ist die Ursache dieser Armut? Und hier zeigen sowohl der zeitliche Vergleich entwickelter Gesellschaften wie auch der Querschnittsvergleich von Gesellschaften untereinander, wie es sich empirisch betrachtet wirklich verhält. Beginnen wir mit der Betrachtung der Phase der Industrialisierung in der hochkapitalistischen Ordnung des 19. Jahrhunderts.

Der Startpunkt dieser Entwicklung, die Aufklärung des 18. Jahrhunderts, war davon geprägt, dass das Pro-Kopf-Einkommen sich seit der Antike nicht wesentlich erhöht hatte und dass es sich noch im 17. Jahrhundert für die Masse der Bevölkerung auf dem Niveau des Frühmittelalters bewegte. Der Grund dafür war sehr einfach: Das Pro-Kopf-Einkommen kann sich nur erhöhen, wenn die Produktivität steigt, wenn jeder Einzelne mehr produzieren kann als zuvor. Die Grundlage dafür sind der technische Fortschritt und seine Übersetzung in den produktiven Prozess, ein Vorgang, den man heute als Innovation bezeichnet.

Es genügt nicht, wenn jemand eine tolle Erfindung macht, sie muss auch Eingang in die Welt der Produktion finden. Die Griechen der Antike verfügten, wie wir seit dem Fund des Astrolabiums von Antikythera[19] wissen, bereits über eine bemerkenswerte Feinmechanik, wie sie erst wieder mit der Uhrmacherkunst der Renaissance erreicht wurde. Dazwischen lagen 1600 Jahre, in denen eine simple Hebelvorrichtung wie die in der eisernen Faust des Götz von Berlichingen als Ultima Ratio der Hightech galt. Die Kombination dieser in der Renaissance wiederentdeckten Kunst mit der Entschlüsselung der Gesetze der Mechanik durch Newton und andere schuf die Voraussetzungen für den Maschinenbau, der die wissenschaftliche und technische Grundlage der ersten industriellen Revolution bildete.

Warum haben nicht bereits die Griechen das geschafft? Das Hebelgesetz, eine der wichtigsten Erkenntnisse der Mechanik, war ja schließlich schon Archimedes eingefallen.

Die Antwort ist einfach: Die Antike hatte keinen Kapitalismus. Die Griechen waren dem technischen Fortschritt beziehungsweise seiner Anwendung in der Produktion gegenüber feindlich eingestellt, weil sie glaubten, dass er die Menschen arbeitslos mache, die Sklaven untätig und damit rebellisch und dass ihre Lebensweise sowieso von den Göttern genau so gewollt sei, wie sie sich damals darstellte. Manchmal scheint es, als habe sich an diesem Irrglauben bis heute bei vielen nicht so viel geändert.

Wird der technische Fortschritt neuer Erfindungen aber nicht durch Innovation in den Produktionsprozess umgesetzt, so gerät er aufgrund mangelnden praktischen Nutzens schnell wieder in Vergessenheit. Das technische Wissen tritt so auf Dauer auf der Stelle.

Damit die Innovation stattfinden kann, müssen zwei Anreizbedingungen erfüllt sein:

Wer etwas erfindet, wer Zeit und Mühe und auch Geld dafür aufwendet, neue Wege des technischen Fortschritts zu finden, der will für diesen Aufwand entlohnt werden. Er benötigt einen Anreiz, der aus mehr besteht als dem Schulterklopfen der anderen Bärtigen um das Lagerfeuer vor der Höhle: nämlich einen überproportionalen Anteil an den Früchten dieser Erfindung. Das geht aber nur mit einer Eigentumsordnung am Wissen, weswegen das Patentwesen so wichtig ist, um Anreize für den Fortschritt zu setzen.

Es muss zweitens Anreize und auch institutionelle Voraussetzungen geben, die Erfindung in die Produktion einzuführen. Denn wer das tut, muss etwas investieren. Er benötigt daher Eigentum an Dingen. Ein unzureichender Schutz des Eigentums verhindert hingegen, dass Menschen sich der Mühe unterziehen. Sie müssen außerdem in der Lage sein, Dinge zu kaufen, zu verkaufen und somit in Vertragsbeziehungen mit Dritten einzutreten. Diese Vertragsbeziehungen müssen Rechte und Pflichten definieren, die durchsetzbar sind. Das nennt man Rechtsordnung, oder in einem staatlichen Rahmen Rechtsstaat.

Im Feudalismus des Mittelalters und der frühen Renaissance galten diese Regeln nur für den Adel, dessen Anteil an der Gesamtbevölkerung nur weniger als ein bis zwei Prozent betrug. Der Rest war durch Leibeigenschaft und andere Formen der Dienstbeziehung wie Militär und Beamtentum von solcher Tätigkeit ausgeschlossen. 98 Prozent des Talents der Gesellschaft für Erfindung und Innovation waren damit institutionell gelähmt. Der Adel selbst hatte wenig Interesse am Unternehmertum, denn er war mit Politik, Kriegführung, Repräsentieren und Intrige bereits mehr als ausgelastet. Die Inseln des Wissens und der Forschung waren die Klöster, die aber durch die geführte Lebensweise eher am Status quo als an der Veränderung interessiert waren. Auch die Handwerksstände waren Advokaten des Status quo.

Renaissance, Aufklärung, die Abschaffung der Leibeigenschaft im 18. Jahrhundert und die Umformung des Feudalismus in ein System aufgeklärter und konstitutioneller Monarchien nach dem Wiener Kongress (und in Großbritannien und Holland schon zuvor) ebneten den Bedingungen den Weg, die es unzähligen Menschen ermöglichten, am Prozess der Produktion eigenständig teilzunehmen. Die Abschaffung der Leibeigenschaft schuf dazu die wichtigste Form des Eigentums, nämlich das Eigentum des Menschen an sich selbst. Das Eigentum an Dingen musste nicht neu erfunden werden, denn der Adel hatte es in den Jahrhunderten zuvor schon für sich reklamiert, und auch das städtische Bürgertum hatte es durch diese Erfindung zu gewissem Wohlstand im Vergleich zur Landbevölkerung gebracht. Nicht umsonst sagte man früher: »Stadtluft macht frei.«

Mitte des 18./Anfang des 19. Jahrhunderts koinzidierten so historisch die Bedingungen für die Etablierung einer freien Marktwirtschaft. Die schnelle Explosion des Wohlstands, die dem folgte, führte auch erstmals dazu, dass sich Ökonomen systematisch mit den Quellen dieses Erfolgs befassten. Adam Smith ragte unter ihnen als Solitär heraus. Er erkannte wesentliche Wirkmechanismen und fasste sie in seinem epochalen und in seiner intellektuellen Größe gar nicht zu überschätzenden Werk »The Wealth of Nations« zusammen. Viele der Mechanismen, die er postulierte, aber nicht final nachweisen konnte, wurden später von den großen Köpfen der Österreichischen Schule, insbesondere von Mises und von Hayek, detaillierter herausgearbeitet und in ein Konzept der Sozialphilosophie von Gesellschaften weiterentwickelt.

Diese Erkenntnisse führten dann in der ersten Hälfte des 19. Jahrhunderts zur Gründung liberaler Parteien, die Reformen im Sinne einer kapitalistischen Marktwirtschaft durchsetzten. Der folgende Anstieg der Produktivität und die Industrialisierung in den Städten setzte eine Völkerwanderung der bettelarmen Landbevölkerung in die Städte in Gang. Ja, sie waren auch in den Städten für unsere Maßstäbe noch arm, aber im Vergleich zu den Bedingungen auf dem Lande, wo Bevölkerungswachstum auf stagnierende landwirtschaftliche Produktion stieß, waren die Bedingungen in den frühkapitalistischen Städten unglaublich verlockend.

Trotz des sich beschleunigenden Bevölkerungswachstums schaffte es dieser Kapitalismus dann innerhalb eines Menschenalters, die Armut weitgehend zu beseitigen, bevor die sozialistischen und kommunistischen Experimente des 20. Jahrhunderts vieles davon wieder zunichtemachten (siehe dazu Abbildung 4[20]).

Es ist auch nicht wahr, dass die Kapitalisten die Früchte dieses neuen Wohlstands nur deshalb mit den Arbeitern teilten, weil Gewerkschaften oder sozialistische und sozialdemokratische Parteien sie dazu gezwungen hätten. Die ersten großen Projekte des sozialen Wohnungsbaus, medizinische Versorgung, Gemeinschaftseinrichtungen wurden ausnahmslos von großen Industriekapitänen initiiert und vorangetrieben. In Essen zeugt heute noch ein ganzes Stadtviertel davon. Der Grund war nicht Altruismus oder Gutmenschentum oder ein schlechtes Gewissen. Der Grund war viel einfacher: Das ungeheure Wachstum der Produktion und der Investitionen in immer neue Fabriken und andere Produktionsmittel hatte das zu Beginn des 19. Jahrhunderts noch unerschöpflich erscheinende Arbeitsangebot zuströmender Massen der Landbevölkerung absorbiert. Es setzte ein Wettbewerb um Arbeitskraft ein. Die relative Knappheit des Kapitals nahm ab, die relative Knappheit der Arbeit nahm zu.

Dieser Wettbewerb bedeutete nicht nur bessere Bezahlung, sondern auch bessere Arbeitsbedingungen, besseren Arbeitsschutz, bessere Infrastruktur und Versorgung. Soziale Leistungen von Betriebsrenten über Gesundheitsversorgung und -versicherung bis Unfallschutz und allgemeine Daseinsvorsorge, Immobilienentwicklung für Arbeitersiedlungen und Förderung des Vereinswesens für die Arbeiter, Angestellten und deren

Abb. 4: Entwicklung des Volkseinkommens pro Kopf in Deutschland, Großbritannien und den USA zwischen 1850 und 1910 in USD von 2010

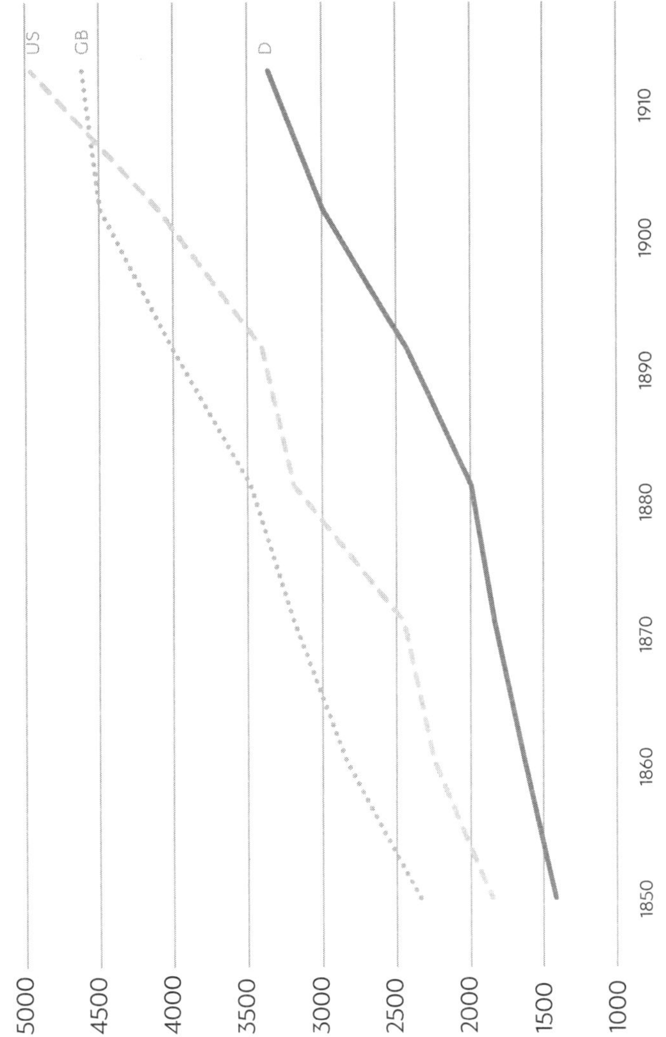

Quelle: Wikipedia
https://de.wikipedia.org/wiki/Liste_der_Länder_nach_historischer_Entwicklung_des_Bruttoinlandsprodukts_pro_Kopf

Familien wurden zur Verfügung gestellt. Als Bismarck die Sozialversicherung erfand, waren ihm die großen Unternehmer in den boomenden Zentren des Ruhrgebiets längst vorausgeeilt, und in anderen Ländern lief es nicht anders. Das Ergebnis war, dass das Kaiserreich und die anderen großen europäischen Nationen zu Beginn des 20. Jahrhunderts wohlhabend und mittelständisch geprägt waren und ohne die unsinnigen Zerstörungen und Verwerfungen des Krieges auch die sozialen Spannungen weiter reduziert worden wären. Der Markt reduziert in Wahrheit die Ungleichheit in Einkommen und Vermögen, nur nicht über Nacht, man muss ihn halt wirken lassen.

Verarmt hat die Menschen dann ab 1914 ganz sicher nicht der Markt, sondern die staatliche Kriegstreiberei, die sozialistische Kriegswirtschaft (das Kriegswaffenbeschaffungsamt des deutschen Kaiserreiches diente der Sowjetunion als Vorbild bei der Organisation ihrer Zentralplanungsbehörde Gosplan) und die nach der Revolution einsetzenden sozialistischen Experimente.

Die Wahrheit ist also: Die Marktwirtschaft macht die Menschen wohlhabend, der Sozialismus verarmt die Menschen.

Legende Nr. 6: »Der Kapitalismus führt zu immer größerer Ungleichheit. Das ist ungerecht.«

In diesem Satz stecken gleich zwei Irrtümer. Erstens, dass der Kapitalismus, also die Marktwirtschaft, Ungleichheit schafft, und zweitens, dass Ungleichheit ungerecht ist.

Die Produktion von Gütern benötigt stets beides: Kapitalgüter und Arbeit. Selbst eine immer weiter automatisierte Produktion als Ergebnis einer langen Zeit des technischen Fortschritts kommt nicht ohne menschliches Zutun aus. Was sich verändert, ist immer nur der Charakter dieses menschlichen Zutuns. Je geringer die technologische Basis der Produktion von Gütern, desto mehr manuelle Tätigkeiten sind erforderlich. Betrachtet man die Produktionsfaktoren, die die immer weitere verästelte Arbeitsteilung bestimmen, so haben wir im Prinzip drei Dinge:

Kapital, Arbeit und Wissen. Wissen muss immer im Kopf von Menschen stattfinden, damit es überhaupt zum Einsatz kommen kann. Das gilt auch in der digitalen Welt, denn selbst ein Computer, der sich selbst programmieren könnte (was es noch nicht gibt), bräuchte einen menschlichen Anstoß der Entwicklung. Aus diesem Grund spricht man von Humankapital, welches durch Bildung, Training und Praxis erworben wird. Der Mensch sammelt im Laufe seines Lebens Humankapital an und erhöht dadurch seinen Wert im Produktionsprozess. Je verästelter der Prozess der Arbeitsteilung und je komplexer damit der Prozess der Produktion, desto mehr Humankapital ist erforderlich, seine relative Knappheit steigt also ständig an, solange technischer Fortschritt stattfindet, während Bildung sein Angebot erhöht.

Die zweite Frage ist: Wie verhält sich die relative Knappheit von Kapital und Arbeit zueinander? Was knapper ist, wird einen höheren Preis erzielen. Das bedeutet: In einer Situation der Kapitalknappheit im Sinne produktiver Mittel wird Kapital besser bezahlt, während es sich in einer Situation relativer Knappheit von Arbeit umgekehrt verhält.

Aus diesem einfachen Zusammenhang können wir erkennen, wie die Früchte der Arbeit im Zuge der Entwicklung einer Marktwirtschaft unterschiedlich verteilt werden. Das entspricht auch dem historischen Bild, das wir vom Beginn der industriellen Revolution um das Jahr 1800 bis heute beobachten können.

Zu Beginn befanden wir uns in einer Situation extremer Kapitalknappheit und extremen Arbeitskräfteüberschusses. Die Aufhebung der Leibeigenschaft setzte die erste Wanderungsbewegung in die Städte in Gang. Erfindungsreiche Unternehmer entwickelten neue Wege der Arbeitsteilung und neue Produkte. Insbesondere in Bezug auf die Montanindustrie, also die Herstellung von Stahl, war das 19. Jahrhundert von gewaltigen Sprüngen des Fortschritts geprägt.

In der anfänglichen Situation des Arbeitskräfteüberschusses waren die Löhne sehr niedrig, kaum über dem Existenzminimum, und die Kapitalvergütung war sehr hoch. Die Unternehmer, denen diese Kapitalvergütung zufloss, waren nach allen Maßstäben ihrer Zeit reich, ihr Lebensstandard hoch, jedoch war auch ihre Sparquote extrem hoch, sodass es in ihren Händen zu einer gewaltigen Kapitalakkumulation kam. Das Geld wurde in neue Fabriken und Erfindungen investiert, was die Kapitalakkumulation noch beschleunigte, aber auch die Nachfrage nach Arbeitskräften erhöhte.

Trotz des hohen Bevölkerungswachstums im 19. Jahrhundert war die Rate der Kapitalakkumulation so hoch, dass sich die relative Knappheit von Kapital im Verhältnis zur Knappheit des Arbeitsangebotes verringerte. Das logische Ergebnis war ein Anstieg der Löhne und ein Rückgang der Kapitalverzinsung, ein Prozess, den Karl Marx durchaus korrekt beobachtet hatte. Fälschlicherweise leitete er aber aus dieser Beobachtung ab, dass dieses Phänomen den Kapitalismus in Krisen stürzen müsse, die zu seiner »Überwindung« durch die sozialistische Revolution führen würden. Sein statischer Blick auf die Dinge erlaubte ihm weder die Bedeutung des Konsums und die Macht der Konsumenten in einer entwickelten Marktwirtschaft noch die Rolle der technischen Innovation zu antizipieren. Entsprechend falsch waren seine gezogenen Schlussfolgerungen.

Das Ergebnis war das erstmals in der Geschichte zu beobachtende Phänomen des Massenwohlstands im 19. Jahrhundert. Die Gesellschaft war von einem starken Mittelstand geprägt, der Lebensstandard der Arbeiterklasse stieg im Vergleich zum Mittelstand langsamer an, in historischen Vergleichen jedoch geradezu sprungartig.

Das Humankapital als immer besser vergüteter Faktor einer auf Innovation und Wachstum aufbauenden Wirtschaft war dabei der Motor, der die Durchlässigkeit sozialer Grenzen erhöhte. Sozialer Aufstieg war nicht nur möglich, er war die Norm, denn der bei Weitem größte Teil des Mittelstandes am Ende des 19. Jahrhunderts war das Ergebnis eines solchen Aufstiegs, was sich schon allein durch seinen steigenden Anteil an der Gesamtbevölkerung schlüssig beweisen lässt.

Das Humankapital und seine Akkumulation in der breiten Bevölkerung waren aber nicht das Ergebnis sozialistischer Umverteilung, sondern das Ergebnis von Bildung, deren wirtschaftliche Erfolgsaussichten durch die Marktwirtschaft erzeugt worden waren. Dieses Muster wiederholt sich grundsätzlich in jedem Land, das den Markt als Basis seiner Wirtschaft akzeptiert. Das jüngste Beispiel ist China, wo die Einführung der Marktwirtschaft vor nur vierzig Jahren fast eine Milliarde Menschen aus absoluter Armut in den Mittelstand katapultiert hat. Einige waren dabei erfolgreicher als andere, nicht allein aufgrund von Talent, Begabung und – häufig in China – auch besseren Verbindungen, sondern vor allem durch Entschlossenheit, Erfindergeist, Fleiß und harte Arbeit. Sie trieben die Entwicklung voran, die alle anderen mit nach oben gezogen hat. Dass sie mehr verdienten, kann man daher durchaus als gerecht empfinden.

Lässt man den Markt also arbeiten, so erreicht er das, was die Sozialisten nur versprechen: abnehmende Ungleichheit von Einkommen und Vermögen. Er muss dafür keinen Gerechtigkeitsbegriff benutzen und überdehnen. Der Markt bringt das Einkommen zu dem, der etwas anbietet, was andere brauchen. Das Einkommen des Einzelnen ist damit das Ergebnis der Nutzenmaximierung der anderen und daher gerecht. Ungerecht hingegen ist es, dem, der leistet, im Namen einer nur vermeintlichen, erfundenen Gerechtigkeit durch Einkommensgleichheit den Lohn seiner Mühe zu stehlen.

Legende Nr. 7: »Die Marktwirtschaft ist schuld an der Klimakatastrophe (wahlweise: an allen Umweltproblemen, an denen der Planet krankt).«

Um es gleich vorweg zu sagen: Umweltprobleme sind real. Die Umwelt zu schützen ist ein gutes Anliegen, weil wir alle in ihr leben, und es ist selbstverständlich, dass der Schutz unserer

Lebensgrundlagen eine notwendige Voraussetzung dafür ist, dass wir überhaupt wirtschaften und Wohlstand schaffen können.

Es ist jedoch falsch, dass die Marktwirtschaft schuld sei an realen – oder oftmals auch nur wahrgenommenen oder maßlos übertrieben dargestellten – Umweltproblemen, an denen der Planet krankt. Dieses Vorurteil speist sich aus der scheinbaren Gleichzeitigkeit von Wirtschaftswachstum und Umweltzerstörung in der Vergangenheit. Seit den späten Siebzigerjahren ist jedoch auch diese Beobachtung obsolet.

Dennoch stelle ich folgende Behauptungen auf und werde sie in der Folge auch begründen:

1. Die größten Umweltschäden entstehen nicht durch den Markt, sondern durch den Mangel an Markt.
2. Die Marktwirtschaft ist die einzige Ordnung, die Wohlstand und Umweltschutz gleichzeitig erreichen kann.
3. Die von den Linken und Grünen angestrebte ökosozialistische Planwirtschaft wird den Wohlstand zerstören und dabei der Umwelt noch zusätzlichen Schaden zufügen.
4. Warum gibt es Umweltzerstörung und Raubbau an natürlichen Ressourcen? Die Antwort darauf ist verblüffend einfach: Weil es einen Anreiz für die Menschen gibt, es zu tun. Wie sieht so ein Anreiz aus? Wie wir bereits gesehen haben, ist der Egoismus auch ein Teil der menschlichen Natur. Er ist uns durch Hunderte Millionen Jahre Evolution fest einprogrammiert. Wenn wir vor die Wahl gestellt werden, etwas für unseren Essenskonsum zu verbrauchen, das uns gehört, und als Alternative ein kaltes Büfett winkt, dann entscheiden wir uns in aller Regel für das Letztere.

Das führt dazu, dass das Büffett ganz schnell abgeräumt wird. Nirgends wird so gedrängelt wie an der Freibiertheke.

In den Wirtschafts- und Sozialwissenschaften ist das Phänomen als die »Tragik der Allmende« bekannt. Wenn es in einer Region landwirtschaftliches Privateigentum gibt und zugleich bestimmte Felder für die Allgemeinheit zur Nutzung freigegeben sind (»Allmende«), dann kann man regelmäßig beobachten, dass diese öffentlichen Grundstücke total übernutzt, überweidet und bis auf den letzten Strunk abgewirtschaftet werden. Sie gehören allen, damit gehören sie niemandem. Was einem nicht gehört, das pflegt der egoistische Mensch nicht, sondern er beutet es aus.

Woran es in dieser Situation offensichtlich also mangelt, ist die Festlegung von Eigentumsrechten an einer Sache. Überführt man die Allmende in Privateigentum, dann wird der Eigentümer nicht wollen, dass sie übernutzt und heruntergewirtschaftet wird, weil er dadurch einen Vermögensverlust erleidet. Ganz ähnlich verhält es sich mit den meisten Umweltproblemen. Wir nutzen die natürlichen Ressourcen Luft, Wasser, Böden mit mehr Verantwortungsbewusstsein, wenn sie uns gehören.

Umso größer eine scheinbar freie und für unsere Wahrnehmung praktisch unbegrenzte Ressource ist, desto später bemerken wir, wenn sie übernutzt und falsch gebraucht wird. Beim gemeinschaftlich genutzten Weideland ist das in der Regel schon für jedermann nach der ersten Saison sichtbar. Bei der Verschmutzung eines Flusses dauert es meistens schon etliche Jahre, manchmal Jahrzehnte, bis jemand bemerkt, dass es die Trinkwasserversorgung gefährdet, wenn der Nachbar seinen ganzen Abfall in den Fluss kippt und ihn so als billige Müllabfuhr missbraucht.

Noch länger dauert es bei den gewaltigen natürlichen Ressourcen der Meere und der Atmosphäre.

Diese Diagnose zeigt uns das Problem, warum Umweltzerstörung und Ressourcenübernutzung überhaupt stattfinden. Jedoch liegt darin zugleich auch die Lösung des Problems. Sie lautet schlicht und einfach: Die Gesellschaft muss Eigentumsrechte definieren, damit sich jemand für eine Ressource verantwortlich fühlt. Ihre Nutzung darf nicht kostenlos und frei für alle sein. Vergleicht man die Entwicklung der Allmende mit der des privaten landwirtschaftlich genutzten Landes, egal ob Acker, Wald oder Weideland, dann stellt man fest: Land im Privateigentum wird gehegt und gepflegt, die Eigentümer, also die Bauern, denen es gehört, haben einen natürlichen Anreiz dafür, das zu tun, denn sie wollen, dass auch die ihnen nachfolgenden Generationen das Land noch für Ernährung und Einkommen nutzen können. Die Übernutzung, der Raubbau macht dies aber unmöglich.

Ein ähnliches Phänomen sehen wir bei der Überfischung der Meere. Die Meere sind zwar in Lizenzsektoren für die Fischerei aufgeteilt, die von den Küstenländern verwaltet und zugeteilt werden, aber es gibt kein Privateigentum daran. Viele Küsten vor afrikanischen und südamerikanischen oder Pazifikstaaten werden von korrupten Politikern fremden Fischereiflotten zur Ausbeutung überlassen. Diese Fischer haben kein Interesse am Erhalt der Population, und wenn sie es hätten, wäre es für sie kein Vorteil, weil dann andere die Überfischung betreiben. Wären diese Sektoren dagegen im Privatbesitz, so könnten wir schnell beobachten, dass sie den gleichen Weg gehen wie die Allmende, die man zu Privatland gemacht hat. Plötzlich funktioniert es!

Dabei wird der künftige Privateigentümer diese Nutzungsrechte am Meer nicht geschenkt bekommen, sondern sie werden im Zuge der Privatisierung meistbietend versteigert. Der Erlös kann dann an die Bürger und Steuerzahler durch Steuersenkungen verteilt oder für die Finanzierung von Rentenansprüchen genutzt werden. Wenn der Meistbietende zum Zuge kommt, ist sichergestellt, dass die Privatisierung nicht die Form einer Beraubung annimmt, und so werden alle maximal an der neuen, besseren und produktiveren Struktur teilhaben können.

Das Beispiel der EU macht darüber hinaus deutlich, wie die Intervention des Staates die Überfischung sogar noch befördert und begünstigt. Fischereiflotten, die dafür verantwortlich und eigentlich dennoch unwirtschaftlich sind, werden von der EU subventioniert, damit sie mehr fischen, als überhaupt an Bedarf zu marktgerechten Preisen abgesetzt werden kann. Es sind die gleichen Politiker, die uns dann erzählen, dass es sich hierbei um Marktversagen handelt, die diese Subventionsschemata erfunden oder sich durch Lobbyisten beim Hummeressen haben aufschwatzen lassen.

Betrachten wir das globale Klimathema, so können wir gleich mehrere bemerkenswerte Beobachtungen machen. Da ist zum einen die Frage der wissenschaftlichen Validität von Klimamodellen. Wenn man derart viel Wind um sein Anliegen macht wie die Klimabewegung und dabei auch so massiv in das Leben und die Freiheit der Menschen eingreifen will wie diese, dann sollte man in der Lage sein, dafür wissenschaftlich valide und gute Gründe vorzutragen. Es ist eigentlich indiskutabel, eine globale Politik mit derart einschneidenden Folgen für das Leben der Menschen zu fordern, eine Politik, die das Wachstum abwürgen und den Planeten deindustrialisieren und damit Milliarden Menschen zu fortgesetzter Armut verurteilen würde, wenn das Problem, das man damit zu lösen vorgibt – der menschengemachte Klimawandel –, nicht wissenschaftlich als existent bewiesen wurde.

Denn wenn diese Forderung nach einem wissenschaftlichen Beweis nicht erfüllt ist, dann kann man alle möglichen Arten von politischen Maßnahmen für die Lösung anderer wahrgenommener oder auch nur erfundener Probleme verlangen.

Ich möchte an der Stelle nicht wiederholen, was eine umfassende Forschung und Publikationen zur Frage des menschengemachten Klimawandels durch CO_2 an Einsichten zur Verfügung stellen, sondern hier nur auf entsprechende Publikationen verweisen. Ihr Studium macht deutlich: Es gibt Klimawandel, es gab ihn aber schon immer in der Geschichte des Planeten Erde. Die Frage, ob die derzeit beobachtbaren Veränderungen menschengemacht sind, ist derzeit nicht zu beantworten, jedoch gibt es starke empirische Indizien, dass der Einfluss des

Menschen auf das Klima minimal ist und nur einen sehr kleinen Erklärungsbeitrag zu den beobachteten Veränderungen beiträgt.

Zudem sind selbst die Daten der postulierten Klimaveränderung fehlerhaft und mit größter Vorsicht zu genießen. Wir stochern also eher im Nebel.

Dennoch kann man aus einer Betrachtung der Risiken zu der Auffassung gelangen, dass es keine gute Idee ist, die Atmosphäre mit CO_2 aus menschlicher Produktion anzureichern. Es stellt sich dann die Frage, was der richtige Weg wäre, um die globalen Emissionen aus der Verbrennung fossiler Energien zu begrenzen oder zu kontrollieren. Und man darf dabei unterstellen, dass Wege, die eine kostengünstige Reduzierung der Emissionen ermöglichen, gegenüber solchen zu bevorzugen sind, die teuer und ineffizient sind.

Damit kommen wir zu des Pudels Kern der gesamten Klimadebatte: Wie kann man in der Weise Eigentumsrechte schaffen, dass für alle ein Anreiz besteht, möglichst kosteneffizient Emissionen zu reduzieren? Hierfür lautet der Königsweg: Eigentumsrechte durch Handel mit Emissionszertifikaten. Allerdings waren die bisherigen CO_2-Zertifikate ein Vehikel zum Umsatzsteuerbetrug. Zudem haben die ständigen politischen Eingriffe in die Energiewirtschaft, zum Beispiel durch aktive Förderung der Windräder und politisch erzwungene, planwirtschaftliche Stilllegung von Kohlekraftwerken, dazu geführt, dass insbesondere in Deutschland die Nachfrage nach CO_2-Zertifikaten stark gesunken ist. So stark, dass sich die Nachbarländer billig damit vollsaugen und so ihren CO_2-Ausstoß problemlos erhöhen konnten.

Hier zeigt sich, dass man nicht beides haben kann: eine marktwirtschaftliche Lösung durch Schaffung von neuen Eigentumsrechten und eine planwirtschaftlich interventionistische Politik linksgrüner Art. Die staatliche Intervention führt dann zu Marktverzerrungen, die dem ursprünglichen Ziel der

Verminderung tatsächlicher oder vermeintlicher »Klimagase« diametral entgegenwirken. Dann kann man es gleich ganz lassen. Diese unlogische Kombination von sich gegenseitig aufhebenden Maßnahmen in Verbindung mit der davon induzierten Ressourcenverschwendung von Hunderten Milliarden Euro pro Jahr hat der deutschen Energiepolitik zu Recht die Bezeichnung »dümmste Energiepolitik auf dem Planeten« eingetragen. Und nein: Das ist kein Marktversagen, es ist Staatsversagen.

Im Übrigen könnte man an dieser Stelle ja eigentlich auch einfach mal die Grundsatzfrage stellen. Im 19. und 20. Jahrhundert stand die Menschheit vor der Aufgabe, ein gewaltiges Menschheitsproblem zu lösen: die Versorgung der Menschen mit Gütern und die Überwindung der Armut. Zwei Systeme standen zur Wahl: die freiheitliche Ordnung mit der Marktwirtschaft auf der einen Seite und die planwirtschaftliche Diktatur des Sozialismus auf der anderen Seite.

Dieser Wettbewerb hat einen eindeutigen Sieger hervorgebracht: die Marktwirtschaft. Der Sozialismus ist auf ganzer Linie gescheitert, und das übrigens nicht nur bei der Versorgung der Menschen mit Gütern, sondern auch beim Thema Umweltschutz. Tschernobyl und der berüchtigte »Silbersee« in Bitterfeld, ein Endlager für hochtoxische chemische Abfälle unter freiem Himmel, waren nur zwei der bekanntesten Beispiele für das ökologische Desaster der planwirtschaftlichen Zwangsordnung.

Jetzt stehen wir vor einer neuen Menschheitsaufgabe: Eine industrielle Zivilisation so zu betreiben, dass sie nachhaltig mit der Umwelt und den verfügbaren natürlichen Ressourcen im Einklang steht. Und ausgerechnet das gescheiterte Modell des letzten Wettlaufes soll uns hier zum Erfolg verhelfen? Das ist nicht logisch.

Legende Nr. 8: »Die Marktwirtschaft übt Konsumterror aus.« Zu den wohl absurdesten Vorwürfen, die von den Sozialisten wie auch den Protagonisten des semisozialistischen Keynesianismus gegen die Marktwirtschaft erhoben werden, gehört die Behauptung, dass sie »Konsumterror« ausübe und die Menschen zu sinn- und haltlosem Konsum animiere, ja geradezu zwinge. Der Konsument werde manipuliert, subtil zum Konsum verführt, in Abhängigkeiten gebracht und so ausgebeutet. Als Beispiele hierfür dienen in aller Regelmäßigkeit Produkte mit Suchtpotential wie Alkohol, Zigaretten, Zucker oder Videospiele. Warum die Linken gleichzeitig für die Legalisierung harter Drogen eintreten, wenn sie doch schon mit weichen Drogen so ein großes Problem haben, wird wohl auf ewig ihr Geheimnis bleiben. Vielleicht erklärt es sich auch einfach aus ihrem Wunsch, die bürgerliche Gesellschaft zu zerstören, wofür ihnen jedes Mittel recht ist.

Nun ist es natürlich in der Tat richtig, dass unreife und instabile Persönlichkeiten, dass Suchtpersönlichkeiten dazu neigen, mehr von einer Sache zu konsumieren, als für sie gut ist. In einem System des Wohlstands haben die Menschen mehr Geld zur Verfügung, auch für die Dinge, die nicht gut für sie sind.

Das gilt für die oben genannten Produkte ganz besonders. Diese Neigung entspringt einer gewissen kurzfristigen, man könnte auch sagen kurzsichtigen Nutzenfunktion des betreffenden Individuums, das seine Bedürfnisbefriedigung im Hier und Jetzt über sein langfristiges wirtschaftliches oder sogar gesundheitliches Wohlergehen stellt. Dass Menschen in einer freien Marktwirtschaft diesem Bedürfnis nachgehen können, ist ohne Zweifel richtig.

In dem Vorwurf des Konsumterrors gegen die Marktwirtschaft stecken jedoch gleich zwei große Irrtümer:

1. Der Irrtum, sich selbst zum Maß aller Dinge zu machen: Niemand hat das Recht, einem anderen vorzuschreiben, durch welche Art Leben er seinen Nutzen und sein Wohlergehen

maximieren will. Unser subjektives »das würde ich nicht tun« ist kein Maßstab für andere. Ein konsumorientierter Mensch könnte mit der gleichen – ebenso wenig nachvollziehbaren – Berechtigung einem pflichtbewussten, sparsamen Zeitgenossen vorwerfen, ein »freudloses« und »tristes« Leben zu führen, dem er sich nie unterwerfen wollen würde. Wenn wir damit anfangen, unsere eigene Nutzenfunktion zum Maß aller Dinge zu machen, dem andere sich zu unterwerfen haben, dann endet das in einer Verbotskultur, die die Hälfte des Weges zu einer Tyrannei schon morgens um acht zurückgelegt hat.

2. Die Annahme, dass die Marktwirtschaft die Konsumneigung mehr fördert als die staatliche Planwirtschaft, ist ein Irrtum. Die Frage ist, ob die Konsumneigung, gerade auch die kurzfristige Bedürfnisbefriedigung zulasten des langfristigen Wohlergehens, eher in der freien Marktwirtschaft erblüht, oder ob es nicht andere, marktfremde Einflüsse und Anreize sind, die dem beklagten Konsumterror Vorschub leisten. Und das ist es, was wir bei genauer Betrachtung des Phänomens auch sehen. Ich will mich im Folgenden auf die Darlegung konzentrieren, welcher Art und Natur diese Einflüsse sind.

Es ist nicht schwer zu erkennen, dass ein übertriebener, in gewisser Weise der planerischen Vernunft des Individuums widersprechender Konsum im Sinne einer kurzfristigen Bedürfnisbefriedigung zulasten des langfristigen Wohlergehens Ausdruck einer Zeitpräferenz ist. Konsum heute wird als attraktiver, nutzbringender wahrgenommen, als der Konsum morgen, in dreißig Jahren oder erst für die nächste Generation. Dennoch wird niemand in Abrede stellen, dass auch künftiger Konsum, selbst für die nächste Generation, für viele Menschen ein erstrebenswertes Ziel darstellt. Niemand möchte im Alter arm sein und die wenigsten sind ihren Kindern, so sie welche haben, gegenüber gleichgültig im Hinblick auf ihr Wohlergehen auch nach dem eigenen Ableben. Es gibt also in unserer Bedürfnisstruktur starke Elemente, die uns dazu führen, heute auf Konsum zu verzichten, damit wir auch morgen noch etwas zur Verfügung haben. Dieses Bedürfnis ist die Wurzel eines Verhaltens mit dem Namen Sparen. Das Sparen ermöglicht es uns, Konsumwünsche in die Zukunft zu verschieben.

Wenn eine Gruppe von Menschen spart, dann kann das damit verfügbar gemachte Kapital zwei unterschiedlichen Zwecken zugeführt werden: Andere Menschen können es als Kredit aufnehmen, um damit entweder zu konsumieren oder zu investieren. Im ersten Fall ist ihre Nutzenfunktion derart, dass sie bereit sind, etwas dafür zu bezahlen, dass sie künftigen Konsum auf das Heute vorziehen können. Dieses Etwas nennt man den Zins.

Im zweiten Fall investieren sie das Geld in der Hoffnung, einen Gewinn zu erzielen, der den zu zahlenden Zins übersteigt und es ihnen so ermöglicht, in Zukunft mehr zu konsumieren, als sie das ohne diese Investition hätten tun können. Der Preis, den sie dafür entrichten, ist das Risiko, dass die Investition schiefgeht und nicht die Früchte trägt, die sie sich erhofften, und der zu zahlende Zins dann ihre künftigen Konsummöglichkeiten einschränkt. Diese Investoren sind als Unternehmer der Motor des technischen und damit produktiven Fortschritts, und die Tatsache, dass wir uns aus dem Mittelalter erhoben und eine technische Zivilisation aufgebaut haben, zeigt, dass die Rechnung oft genug aufgeht, um die Menschheit insgesamt nach vorne zu bringen.

An diesen einfachen drei Verhaltensmustern können wir erkennen, was die Funktion des Zinses ist: Er ist das Preisschild, das künftigen von heutigem Konsum trennt, und er bringt dadurch gleichzeitig ein Gleichgewicht zwischen Kapitalnachfrage und Kapitalangebot zustande. Je höher der Zins, desto höher ist der Preis vorgezogenen Konsums und desto höher sind die Anforderungen an die Gewinnaussichten einer Investition, die die damit verbundenen Kapitalkosten bedienen muss. Je höher der Zins, desto mehr steigt also auch das Angebot an ersparten Mitteln, was dazu führt, dass der Zins fällt und umgekehrt. Wir sehen: Die Existenz des Zinses ist essenziell dafür, dass die unterschiedlichen Nutzenfunktionen, Zeitpräferenzen und Investitionsanreize in ein Gleichgewicht gebracht werden, ohne dass der Eine dem Anderen vorwerfen muss, dem »Konsumterror« zu erliegen oder ein »Geizhals« zu sein.

Der Zins, der sich am freien Markt zwischen Sparern, Konsumenten und Unternehmer-Investoren bildet, sorgt für das Gleichgewicht der Kräfte. Er ist stets im Fluss, ändert sich, absorbiert sich verändernde Konsummuster, Alterspyramiden, Investitionsmöglichkeiten durch technischen Fortschritt, Erfindungen oder die Erschließung neuer Märkte. Seine absolute Höhe wie auch seine zeitliche Dynamik sind daher ein unverzichtbarer Generator von Information, der Konsumneigung, Sparneigung und Investitionsneigung in ein permanentes, dynamisches Gleichgewicht bringt.

Wenn man sich diese simplen Zusammenhänge vor Augen führt, dann wird es auch intuitiv sofort klar, welche Folgen es hat, wenn eine politische Instanz den Zins, den der Markt uns als Informationssignal zur Verfügung stellt, in der Weise aushebelt, dass er künstlich, durch Intervention am Markt mit frisch gedrucktem und damit marktfremdem Geld, nach unten manipuliert wird: Der Preis für den gegenwärtigen Konsum zulasten des künftigen Konsums fällt. Damit wird ein Anreiz geschaffen, weniger vorzusorgen, mehr im Hier und Jetzt zu leben, mit einem Satz: sich dem Konsumterror zu unterwerfen und ein Leben zu führen nach dem Motto »nach mir dir Sintflut«. Zugleich macht der niedrige Zins Investitionen attraktiv, die bei einem höheren Zins unattraktiv gewesen wären, und so werden gewaltige Mittel in die falschen Verwendungen gesteuert. Das geschieht nicht durch das angeblich so endemische Marktversagen, sondern durch die politische Marktintervention, also die Verzerrung durch den Staat in Gestalt der Zentralbank.

Der ultimative Ausdruck und das Kondensat des Konsumterrors ist daher der Nullzins, übertroffen nur noch vom Negativzins, der uns für das Vorsorgen bestraft und für den schnellen Konsum belohnt.

Nicht die Marktwirtschaft betreibt also Konsumterror, sondern der Geldsozialismus, die linke Planwirtschaft der Zentralbanken als verlängerter Arm des Staates.

Aber was ist mit den gesundheitsschädlichen Konsummitteln wie Zucker, Tabak und Alkohol? »Sie wollen uns doch nicht ernsthaft erzählen, dass daran auch der Nullzins schuld sei?«, höre ich meine Kritiker fragen.

Nein, daran ist ausnahmsweise nicht der Nullzins schuld. Der Staat aber schon.

Der Grund dafür liegt darin, dass wir uns ein staatliches Gesundheitssystem gegeben haben, bei dem es nicht nur leicht, sondern ein Kinderspiel ist, die Folgekosten der eigenen Unvernunft beim Umgang mit gesundheitsschädlichen Konsumprodukten auf Dritte abzuwälzen. Jeder weiß, dass Rauchen, Trinken und übermäßige Kalorienzufuhr in Form von Zucker krank machen. Und jeder weiß, dass er dafür nicht aufkommen muss, die dann später notwendigen Kosten der medizinischen Behandlung, die Folgekosten der eigenen Arbeitsunfähigkeit und die Kosten von Pflege und Reha zu bezahlen. Das tut die »anonyme« Krankenkasse, also wir alle. Dass unsere Beiträge viel niedriger sein könnten ohne diese Überwälzung, ist den Wenigsten bewusst. Die Kassen als staatliche Institutionen wissen das natürlich, aber sie haben kein Interesse daran, es zu problematisieren oder gar zu lösen. Mehr Kranke heißt mehr Krankenkassenbeiträge, mehr Macht, mehr Bürokratie und höheres Einkommen für die Chefs der Megabehörde Krankensystem.

In einem privat organisierten Gesundheitswesen wäre das definitiv anders. Dort würde der durch den Wettbewerb aufgebaute Kostendruck dafür sorgen, dass die Kassen bei den Prämien differenzieren, und zwar nach dem Risiko, das jeder Kunde darstellt. Und da ein übergewichtiger rauchender Trinker nun mal ein höheres Risiko darstellt und da auch statistisch leicht gemessen werden kann, was das kostet, würde sich sehr schnell ein höherer Beitrag für diese selbstverschuldeten Risikogruppen durchsetzen. Der Verweis darauf, dass es auch nicht verschuldete Risikomerkmale gibt, für die der Einzelne nichts kann, und man jeden davor schützen müsse, »unverschuldet« schlechter gestellt zu werden, ist dem Willen entsprungen, einzelne Lebensrisiken zu vergemeinschaften. Die Erfahrung zeigt, dass dies in unserer Superstaatsbürokratie nicht denen zukommt, die es am nötigsten haben, sondern denen, die am lautesten schreien.

Wir sehen also: Auch wenn die Marktwirtschaft nicht jede unvernünftige Entscheidung jedes Einzelnen verhindern kann (das soll sie gar nicht, denn dann sind wir nicht mehr frei!), so ist sie das bei Weitem bessere System, um falsche Anreize dafür zu verhindern. Vielmehr verhält es sich so, dass Staatsbürokratie und Geldsozialismus die wahren Treiber des Konsumterrors sind, und dabei haben wir an dieser Stelle noch nicht einmal die gewaltigen Ströme an Geld erwähnt, die durch staatliche Lenkung von den Investitionen in den Konsum gesteuert werden. Der Herr des Konsumterrors ist also eindeutig der staatliche Leviathan, nicht die Freiheit des Individuums, die ihren Ausdruck in der Marktwirtschaft findet.

Legende Nr. 9: »Es ist ungerecht, wenn fünfzig Menschen die Hälfte des Weltvermögens haben. Wenn jemand Milliarden hat, dann ist das obszön und unmoralisch.«

Es gibt viele derartige Vergleiche, die herangezogen werden, um die angeblich himmelschreiende Ungerechtigkeit der ungleichen Vermögensverteilung auf dem Planeten zu kritisieren. Das mit den fünfzig Menschen ist eine Legende, die von den Linken seit Jahren in die Welt gesetzt wird und mit der ich regelmäßig in Veranstaltungen konfrontiert werde.

Wenn sie stimmen würde, müssten die fünfzig reichsten Menschen 180 Billionen Dollar besitzen, denn das Gesamtvermögen aller Personen weltweit wird aktuell auf etwa 360 Billionen Dollar geschätzt.[21] Wir können aber bei Oxfam, einer Organisation, die in schöner Regelmäßigkeit Studien dazu vorlegt, Anfang 2020 lesen, dass die etwa 2150 (!) Milliardäre auf der Welt in etwa so viel Vermögen wie die ärmsten sechzig Prozent der Menschheit zusammen, nämlich etwa 8,7 Billionen US-Dollar[22] besitzen. Das zeigt, dass die Legende ein mathematisches Ding der Unmöglichkeit ist, denn 8,7 Billionen US-Dollar sind gerade einmal 2,4 Prozent der 360 Billionen Dollar.

Der Umstand, dass eine relativ kleine Anzahl Personen sehr viel besitzt, ist also eigentlich gar nicht das Problem. Das Problem, vor dem wir stehen, scheint doch vielmehr so gelagert zu sein, dass sechzig Prozent der Weltbevölkerung über sehr wenig Vermögen verfügen, nämlich im Durchschnitt nur über knapp 1100 US-Dollar pro Kopf.

Die Ursache dafür ist sehr einfach zu ermitteln: Es ist der Mangel an wirtschaftlicher Freiheit. Die sechzig Prozent Ärmsten auf diesem Planeten verteilen sich nämlich nicht fein über alle Länder, sondern sie konzentrieren sich in den Ländern, die im internationalen Vergleich auch das niedrigste Pro-Kopf-Einkommen haben. Das klingt wie eine absolute Binsenweisheit und das ist es auch. Es ist eigentlich unglaublich, dass man es überhaupt noch erwähnen muss, denn es wird in der Debatte um Freiheit versus Planwirtschaft geflissentlich ignoriert, dass die Länder mit dem geringsten Pro-Kopf-Einkommen auch diejenigen sind, deren Bürger die geringsten wirtschaftlichen Freiheiten genießen. Länder, die marktwirtschaftliche Reformen anstoßen, klettern in der Rangfolge nach kurzer Zeit nach oben, während Länder, die ihr Heil in Steuern, Bürokratie und Regulierung suchen, auf der Leiter unweigerlich absteigen.

Und da das Vermögen nur entstehen kann, wenn es vorher aus Einkommen angespart wird, können wir schlussfolgern, dass die ärmsten sechzig Prozent der Weltbevölkerung wohl kaum das Opfer der Milliardäre sind, sondern das Opfer ihrer

Politiker, die es vorziehen, eine Herrschaft der Bürokratie und Korruption zum eigenen Vorteil zu errichten und denen in Wahrheit ihre Völker herzlich egal sind. Die Herrscher dieser Länder sind oft ebenfalls extrem reich. Sie finden sich auf keiner Reichenliste der Welt wieder. Sie erzählen den Leuten Märchen von Antikolonialismus, Sozialismus, Gleichheit und Gerechtigkeit. Sie leben hinter hohen Palastmauern, verborgen vor den Blicken ihrer Opfer, den Bürgern dieser Länder, die schon längst reich wären ohne diese Politiker.

Die Heritage Foundation erstellt jährlich für fast jedes Land einen Index der wirtschaftlichen Freiheit, der sich aus den wesentlichen Faktoren einer freien Wirtschaftsordnung ergibt.

Er setzt sich zusammen aus den Faktoren Rechtsstaatlichkeit, Staatsquote, Regulierungseffizienz und Offenheit der Real- und Finanzmärkte[23]. Vergleicht man diesen Index mit dem Bruttoinlandsprodukt pro Kopf in den jeweiligen Ländern, so wird der

Abb. 5: Freiheitsindex der Heritage Foundation vs. Bruttoinlandsprodukt pro Kopf in USD

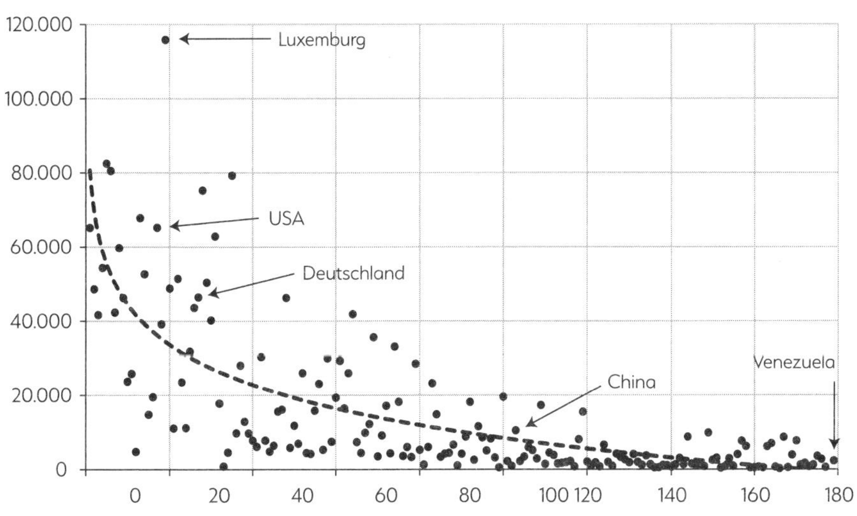

Quelle: https://www.heritage.org/index/pdf/2019/book/index_2019.pdf

Zusammenhang deutlich: Freiheit schafft Einkommen und Vermögen, Sozialismus und Planwirtschaft schaffen Vermögen ab.

Wer wissen will, woher die Streuung in diesem Diagramm kommt, dem kann geholfen werden. Länder, deren Bürger trotz eines niedrigen Freiheitsindex ein vergleichsweise hohes Einkommen genießen, sind in aller Regel solche, die früher frei waren und in denen die Politik die Freiheit gerade abbaut. Sie stehen am Anfang der Verarmung, und man kann sie einige Jahre später rechts unten finden, so wie Venezuela oder Zimbabwe. Länder, die trotz hohen Freiheitsindexes arm sind, sind meist solche, die erst kürzlich zur Freiheit gefunden haben, aber den Aufstieg gerade erst beginnen. Man kann das durch die intertemporale Analyse der Daten der Heritage Foundation leicht nachprüfen.

Wer also ein Problem mit der Ungleichverteilung von Einkommen und Vermögen hat und dabei im Weltmaßstab nach Lösungen sucht, der wird sie nur in der freien, kapitalistischen Marktwirtschaft finden.

Dann stellt sich noch die Frage, ob extremer Reichtum »obszön« ist. Der römische Kaiser Vespasian prägte den Satz *»Pecunia non olet« – »Geld stinkt nicht«*. Er tat dies in Antwort auf den Vorwurf, eine Toilettensteuer, die er für die Finanzierung der Cloaca Maxima, der römischen Abwasserkanalisation, erheben wollte, sei »anrüchig«. Dabei hielt er dem politischen Gegner ein Goldstück unter die Nase und forderte ihn auf, daran zu riechen.

Die Frage, ob ein extrem großes Vermögen obszön ist, könnte man so gesehen als Geschmackssache abtun. Damit macht man es sich auch in Verteidigung der freien Marktwirtschaft aber ein wenig zu leicht. Ob ein Vermögen anrüchig ist oder nicht, hat vielmehr mit seiner Genese, seiner Entstehung zu tun. Ein Vermögen, das zusammengeraubt und gestohlen ist, durch Betrug erlangt, ist in meinen Augen in der Tat eine Obszönität. Solche Vermögen entstehen allerdings in der Regel durch Korruption, und Korruption setzt voraus, dass der Staat und die Politik die Möglichkeit der großflächigen Beraubung haben und für sich oder ihre Günstlinge auch ausüben. Wir finden solche Vermögen daher meistens eben genau da: im Dunstkreis der Politik und des Staates.

Vermögen hingegen, die durch Erfolg im Markt aufgebaut worden sind, haben in meinen Augen überhaupt nichts Anrüchiges. Im Gegenteil: Sie sind überhaupt nur dadurch entstanden, dass ein Unternehmer unter Inkaufnahme eigenen Risikos, unter Arbeit und Mühen etwas geschaffen hat, das andere wollten. Nehmen wir das Beispiel Apple. Der Konzern, der zu meiner Jugendzeit noch nicht einmal existierte, stieg unter seinem legendären Gründer Steve Jobs zu einem der größten Unternehmen weltweit mit einer Marktkapitalisierung von knapp 1,3 Billionen USD (Stand 1. Januar 2021) auf. Alle, die bei dieser Bonanza dabei waren, wurden unermesslich reich. Und das gönne ich ihnen von Herzen!

Denn was Jobs und seine Truppe machten, war, etwas zur Verfügung zu stellen, das buchstäblich alle Menschen kaufen wollten und wofür sie bereit waren und sind, Premiumpreise zu bezahlen. Sie erhalten dafür ein Kommunikationsmittel, von dem ihre Eltern oder Großeltern noch nicht mal zu träumen gewagt hätten. Und niemand wird gezwungen, die Produkte des Unternehmens zu kaufen. Die 1,3 Billionen Dollar, immerhin 0,3 Prozent des gesamten Vermögens der Welt (!), würden ohne diese Leistung gar nicht existieren. Niemand wäre auch nur einen Cent reicher, wenn die Gründer dieses Unternehmens diesen Wert nicht geschaffen hätten. Aber unglaublich viele wären ärmer, als sie es sind, denn diese Produkte sind nicht nur als Konsumartikel begehrt, sondern bilden auch die Grundlage für unzählige neue Geschäftsmodelle, neue Unternehmen, neuen Reichtum, der sich über den Planeten verteilt.

Daran ist nichts Obszönes. Im Gegenteil: Das ist leistungsgerecht. Der Richter über diese Leistung war der Markt, also wir alle.

Legende Nr. 10: »Der Kapitalismus beutet andere Völker aus und führt Kriege.«
Auch diese Behauptung kommt direkt aus dem Glashaus. Unternehmen führen nämlich keine Kriege. Staaten führen Kriege. Politiker zetteln Kriege an. Richtig ist allerdings, dass in Ländern, in denen der militärisch-industrielle Komplex zu Macht kommt, die Freiheit systematisch erodiert wird. Der Krieg vernichtet nicht nur Menschen und Gebäude. Der Krieg zerstört vor allem die Ordnung der Freiheit. Das Kriegsrecht ist der große Bruder des Ausnahmezustands. Der Ausnahmezustand ist der Weg zur Diktatur. In ihr wird einem vermeintlich hehren großen Ziel alles andere untergeordnet. Die Menschenrechte, die Bürgerrechte und am Ende die Menschenwürde.

Die Marktwirtschaft hingegen beruht darauf, dass Menschen frei, freiwillig und ungehindert Handel miteinander treiben. Um Märkte zu erschließen, gründen Unternehmer Niederlassungen und bauen Infrastruktur in diesen Märkten. Sie verlagern Produktion und bauen globale Lieferketten und Produktionsbeziehungen. Kriege führen dazu, dass diese Investitionen entwertet, enteignet, beschlagnahmt und zerstört werden. Sie laufen den Interessen des kapitalistischen Unternehmers daher diametral entgegen. Napoleon hat diesen Zug in den Engländern erkannt, die er deshalb »Krämerseelen« schimpfte, die weniger wert seien als die militärischen Heroen. Im deutschen Kaiserreich gab es eine ähnliche politische Bewegung, die den Handel verachtete und im Krieg und Kampf das Ziel des menschlichen Daseins erachtete. Die Nazis trieben diese Ideologie dann auf ihren historischen Höhepunkt, dessen Ende bekannt ist.

Die Kriegstreiber verachten den freien Unternehmer und Händler ebenso, wie der Unternehmer Grund hat, den Krieg zu fürchten. Es kommt in der Geschichte extrem selten vor, dass freie Länder mit demokratischer Ordnung und gegenseitigen Handelsbeziehungen Kriege gegeneinander führen. Ich finde kein passendes Beispiel für so einen Vorgang. Kriege gehen in aller Regel von Diktaturen aus oder von Republiken, die sich in Imperien transformieren und auf der Wegstrecke ihre freiheitliche Ordnung verlieren.

Der Krieg ist also letztlich eine Form des Putsches gegen die freiheitliche Ordnung. Deshalb ist der Vorwurf, der Kapitalismus sei ein Kriegstreiber, grundfalsch.

Legende Nr. 11: »Der Staat muss die Auswüchse der Marktwirtschaft korrigieren.«

Diese Behauptung wird so oft, nachgerade millionenfach in die Welt gesetzt, dass sie mittlerweile sogar schon von vermeintlichen Verfechtern der Marktwirtschaft wiedergekäut wird wie ein 3000 Jahre alter Kaugummi. Ich habe sogar schon Professoren der Volkswirtschaft diesen Satz in entschuldigendem Tonfall nachschieben hören, wenn sie für mehr freien Markt und weniger Bürokratie eingetreten sind. So ganz nach der Devise »Ja, ich bin ja kein Marktradikaler, deswegen stelle ich schon mal in vorauseilender Unterwürfigkeit klar, dass es mir nicht darum geht, dem Markt alle seine Auswüchse zu erlauben, da haben wir ja immer noch den Staat dafür.«

Diese halbgaren Liberalen, von denen sich nicht wenige in der liberalen Partei und an den Lehrstühlen deutscher Universitäten herumtreiben, schaden der Sache der Freiheit und Marktwirtschaft mehr als so mancher Linksradikaler, den man ob seiner verqueren Logik ohnehin nicht ernst nehmen muss, jedenfalls nicht, wenn man mehr als drei Gehirnzellen sein Eigen nennt.

Das Problem mit diesem Satz ist aber: Bisher konnte mir noch niemand einen einzigen »Auswuchs der Marktwirtschaft« zeigen, bei dem es sich um mehr gehandelt hätte als entweder ein eingebildetes Problem der linken Gutmenschen, Umverteiler und Bürokraten oder das Problem einer Interessengruppe, die im fairen Wettbewerb schlicht unterlegen war und jetzt das Ergebnis zulasten der besseren Wettbewerber und mit Hilfe der Politik zu korrigieren suchte.

Was es aber stattdessen in Hülle und Fülle gibt, sind Auswüchse der Bürokratie, des Raubstaates, der Verschwendung von Steuergeldern durch die Regierung, des Missbrauchs der Macht, der unfairen, leistungsfeindlichen und heimlichen Umverteilung von den Leistungsträgern an die Minderleister und die Superreichen im Zuge der Geldpolitik und des fälschlich so genannten »Sozialstaates«. Wenn wir uns die tatsächlichen Entgleisungen des sogenannten »Kasinokapitalismus« ansehen, so stellen wir bei näherer Betrachtung schnell fest: Es liegt hier einiges vor, was sich aus der Verquickung von Konzernen und Staat, auch Faschismus genannt, erklären lässt. Aber Kapitalismus ist das schon lange nicht. Kapitalismus ist nämlich eine Wirtschaftsordnung, bei der freie Individuen auf der Basis guten, nicht manipulierten Geldes und im Rahmen einer Rechtsordnung, bei der vor dem Gesetz alle gleich sind, aus freiem Willen miteinander in Beziehungen treten.

Seit Beginn der Siebzigerjahre konnte und kann man über unsere Ordnung nicht mehr behaupten, dass diese Bedingungen erfüllt werden. Warum nicht? Weil …

- … unser Geldsystem ein reines Fiat-Geldsystem ist, bei dem die Zentralbank die Geldmenge und den Preis des Geldes, den Zins, beliebig manipulieren kann und das für sachfremde Zwecke auch tut;
- … der Staat mittlerweile mehr als die Hälfte unseres Bruttosozialproduktes für seine Zwecke in Anspruch nimmt;
- … die verbleibende Hälfte totreguliert, in den Eigentumsrechten der Bürger ausgehöhlt und in ihrer rechtsstaatlichen Vertragsfreiheit untergraben wurde;
- … unser Sozialsystem Vorsorge, Eigenverantwortung und individuelle Planung des eigenen Lebens systematisch entmutigt und stattdessen Verschwendung, Überwälzung der Kosten eigener Fehlentscheidungen auf Dritte und eine Vollkaskomentalität auf Kosten der Allgemeinheit begünstigt und Anreize dafür schafft;

- ... unsere individuellen bürgerlichen Freiheiten Schritt für Schritt eingeschränkt und neuerdings zu »Privilegien« erklärt worden sind, Privilegien, die die Politik nach Gutsherrenart zuerkennt und wieder wegnimmt. Die Politiker in Deutschland halten unsere Grundrechte für Privilegien und ihre Privilegien für Grundrechte. Diese Grundrechte und Freiheiten sind aber die Grundlage der Marktwirtschaft. Haben wir sie nicht, haben wir auch keine Marktwirtschaft. Dann kann also die Marktwirtschaft auch nicht an unseren Problemen schuld sein.

Besonders beliebt beim Thema »Auswüchse der Marktwirtschaft« ist die Finanzkrise 2007/2008. Das war ein süffiges Narrativ der Freiheitsfeinde, für dieses Desaster die Marktwirtschaft, die man als Kasinokapitalismus verunglimpfte, verantwortlich zu machen. Doch wie ich bereits in meinen früheren Publikationen dargelegt habe, hat die Politik durch ihre permanenten Interventionen in der Funktionsweise der Finanzmärkte dafür gesorgt, dass passieren musste, was passiert ist.

Man hat unter der Regierung Clinton in den USA den Immobilienmarkt durch immer neue Zinssenkungen angeheizt und das Risikomanagement der Hypothekenbanken beschädigt, indem man sie per Gesetz gezwungen hat, Kredite an nicht kreditwürdige Kunden auszureichen, um angeblich benachteiligten sozialen Gruppen den Hauskauf zu erleichtern. Man hat den Verbriefungsmarkt, der aus der dadurch geborenen Blase hervorging, durch die halbstaatlichen Institute Fannie Mae und Freddy Mac mit Hunderten Milliarden Dollar Aufkäufen angeheizt, man hat den Wettbewerb der Ratingagenturen, der diesem Spiel sehr schnell ein Ende hätte setzen können, durch regulatorische Maßnahmen der Wertpapieraufsichtsbehörden einen marktfremden Riegel vorgeschoben. Man hat den Banken einen Anreiz gegeben, dieses Spiel auf die Spitze zu treiben, indem man sie seit Jahrzehnten als »systemisch unverzichtbar«

erklärte und ihnen damit die staatliche Existenz- und Rettungsgarantie aussprach. Man hat staatliche Banken in Europa und anderen Ländern benutzt, um die so erzeugten toxischen Wertpapiere über den Globus zu verteilen und auf diese Weise alle anderen anzustecken.

Wo man auch hinschaut: Überall die Fingerabdrücke des Staates, der Bürokratie, der Zentralbank, der Börsen- und Wertpapieraufsicht, der Regierungen. Als dieses dann schiefging, war es aber plötzlich der Markt, der versagt haben sollte? Diese Lüge wird niemals wahr werden, nicht mit noch so viel Wiederholungen durch die staatlichen Propagandaapparate und die Mainstreammedien.

Legende Nr. 12: »Das (was auch immer) ist die Folge von Marktversagen, zum Beispiel bei der Bereitstellung von Wohnraum, das muss der Staat regeln.«

An diesem Vorwurf muss man sich eigentlich nach dem obigen Abschnitt nicht mehr abarbeiten. Wir müssen uns aber über eine Sache beim Stichwort »Marktversagen« im Klaren sein: Es gibt kein Marktversagen, sondern es gibt Bedingungen, unter denen Märkte funktionieren, und Bedingungen, unter denen sie nicht funktionieren. Sie werden jetzt fragen: Was ist denn der Unterschied zwischen nicht funktionieren und versagen? Das ist schnell erklärt: Wenn die Bedingungen für sein Funktionieren nicht erfüllt sind, kommt erst gar kein Markt zustande. Es liegt dann eine andere Form des Wirtschaftens und der Güterallokation vor, aber kein Markt. Wo der Markt nicht existiert, da kann er auch nicht versagen. Wer also von Marktversagen redet, der muss zuerst mal die Frage beantworten, ob das Versagen, von dem er spricht, überhaupt in einem Markt stattgefunden hat oder ob nicht eine ganz andere Ordnung vorlag.

Wenn zum Beispiel der Staat auf dem Immobilienmarkt eingreift, die Vertragsfreiheit beschränkt, die Vermieter durch immer neue Regeln und Gesetze systematisch benachteiligt und dann im Ergebnis das Angebot von Wohnungen schrumpft und die Versorgung mit Wohnraum nicht mehr optimal erfolgt, was liegt dann vor? Marktversagen kann es nicht sein, denn dafür hätte es vorher dort auch Markt gebraucht. Die Eingriffe des Staates haben diesen aber ausgehebelt. Was also in Wahrheit vorliegt, ist Staatsversagen. Dieses Staatsversagen ist so häufig vorzufinden, dass man die Begriffe Staat und Versagen eigentlich schon fast als Synonyme gebrauchen könnte. Es ist also so was wie Versagerversagen, ein weißer Schimmel, ein Hendiadyoin, wie die alten Griechen dazu gesagt hätten.

Liebe Leser, ich verspreche Ihnen: Jedes Mal, wenn Sie das Wort Marktversagen hören und anfangen zu forschen, ob es sich nicht doch um Staatsversagen gehandelt hat – Sie werden fündig werden. Und wenn Sie nicht fündig werden, schreiben Sie mich an und schicken Sie mir das Beispiel. Ich werde dann garantiert fündig.

Es ist so etwas wie der erste Hauptsatz der politischen Diskussionsdynamik in diesem Land, dass die Feinde des Marktes ihn dadurch aus unserem Leben wegdefinieren wollen, dass sie zwar nicht an seiner Effizienz als Allokationsmechanismus im Allgemeinen zweifeln (sie wissen, dass sie dann schnell ad absurdum geführt sind), sondern indem sie die Felder identifizieren, wo eine Ausnahme die Regel des Marktes ersetzen soll. Diese Felder sind dann nach kurzer Zeit so zahlreich, dass der Markt sein Dasein nur noch in einer ökologischen Nische fristen darf. Ein Sache nach der anderen wird als »zu wichtig« erachtet, um sie dem angeblich »kalten Markt« zu überlassen. Das gilt für die Mieten, für den Arbeitsmarkt, für Strom und Wasser, für Straßen, für Infrastruktur, für Bildung, für Medizin und Gesundheitswesen, für den Flugverkehr, die Liste ist einfach nur endlos.

Ein besonders beliebtes Beispiel dafür ist der Markt für Wohnraum. Denn Wohnraum, so müssen Sie wissen, ist ein Gut, das das »Grundrecht auf Wohnen« (gemeint scheint damit häufig nur das Grundrecht auf Wohnen für faule linke Antifanten und Gammler im teuren Berliner, Hamburger oder Münchner Szeneviertel) befriedigt.

Wir lernen also: Der kalte Markt kann das nicht. Der tiefere psychologische Grund dafür ist, dass der Linke davon ausgeht, dass alle Vermieter im Herzen Verbrecher sind, die ihre Mieter ausbeuten, schädigen, schikanieren und schädigen wollen. Der Eindruck drängt sich jedenfalls auf, wenn man sich die Rechtsprechung und Rechtssetzung in Deutschland zu diesem Thema ansieht.

Also können die Sozialisten messerscharf folgern, dass der Staat aktiv werden muss. Das macht er auch. Und weil der Staat natürlich keine Ahnung davon hat, wie Wohnraum in ausreichender Menge, Qualität und am richtigen Ort bereitgestellt werden kann, vergaloppiert er sich mit schöner Regelmäßigkeit und muss dann neue Maßnahmen ergreifen, um die schädlichen Folgen früherer Maßnahmen wieder zu kompensieren.

Eine im Mietwesen besonders beliebte Maßnahme des Staates sind Preiskontrollen. Wohnen muss schließlich erschwinglich sein. Die Preiskontrolle ist es, die dem Miethai mit seiner Preistreiberei die Zähne ziehen soll. Der Staat bedient sich dabei unterschiedlicher Mittel: Entweder deckelt er die Bestandsmieten, meistens durch einen komplizierten Mietspiegel, der allen Beteiligten Anreize zum Prozessieren bietet, bis alle schwarz sind, oder er macht es durch einen sogenannten Mietendeckel, bei dem er einfach generell Obergrenzen für die Miete pro Quadratmeter festschreibt.

Preiskontrollen haben aber noch nie funktioniert, und zwar aus einem ganz einfachen Grund: Sie geben den Marktteilnehmern falsche Informationen. Wohnen scheint durch die Preiskontrolle billiger zu sein, als die Herstellkosten des Wirtschaftsgutes Wohnraum dies implizieren würden. Die Anbieter von Wohnraum verlieren daher den Anreiz zum Bau neuer Wohnungen, was zu einer Verknappung führt. In einem normalen Markt würde jetzt eine automatische Korrektur einsetzen: Der Preis würde steigen, weil die Nachfrage das Angebot übersteigt. Dann würde wieder mehr gebaut und der Preis würde wieder sinken.

Aber wir haben ja keine freie Preisbildung (der Ironiker in mir könnte jetzt Marktversagen vermuten), sodass der Preis niedrig bleibt, die Knappheit wird also immer größer. Der freie Tausch im Markt funktioniert dann nicht mehr und wird ersetzt durch das allgegenwärtige Syndrom sozialistischer Planwirtschaft, dem Stehen in der Schlange. Auf jede Wohnung kommen bald Dutzende, manchmal Hunderte »Bewerber«. Merken Sie etwas, lieber Leser? Der Kunde, der in einem freien Markt König sein sollte, wird in der sozialistischen Wohnplanwirtschaft zum Bewerber, also zum Bittsteller. So sieht die sozialistische Hilfe für die Mieter also aus: die Degradierung vom freien Menschen und Vertragspartner auf Augenhöhe zum Bittsteller.

Wenn sie dann in Berlin leben, der Stadt in Deutschland, die den Mietendeckel gewissermaßen neu entdeckt hat (das erste Mal wurde der Mietendeckel von den Nazis in den Dreißigerjahren eingeführt, hat also beste demokratische Tradition), dann könnte man angesichts der Knappheit ja auf den Gedanken verfallen, sich zu überlegen, wie man das Angebot an Wohnraum dadurch erhöht, dass man die Kosten der Herstellung senkt. Ein Königsweg dafür bietet sich an: Schaffung von mehr Bauland und höher bauen. Aber wo denken Sie hin! Doch nicht im sozialistischen Arbeiter- und Bauernparadies Berlin der 2020er-Jahre! Nein! Dort entschließt sich die Politik lieber, die riesigen Flächen des stillgelegten Flughafens Tempelhof für alles Mögliche zu reservieren, nur nicht für den Bau von dringend benötigten Wohnungen.

Und weil die Politik so grandios versagt hat, findet sich ein sozialistischer Lautsprecher, der schrill und falsch verkündet, dass es eben immer noch zu viel Markt und zu wenig Staat im Wohnungsmarkt gebe und dass man daher die Wohnungseigentümer enteignen solle.

Doch wer in Berlin nach Enteignung und Verstaatlichung des Wohnraums schreit, für den gilt darüber hinaus die Frage: »Wollen Sie wirklich, dass Ihre Wohnung von den gleichen Leuten verwaltet und vermietet wird, die für den Berliner Flughafen zuständig sind?«

Nach dieser Diskussion ist dann der Bau von neuen Wohnungen in Berlin regelrecht kollabiert. Nietzsche sagte einmal, dass der Staat *»das kälteste aller Ungeheuer«* sei. Da hatte er Recht. Der angeblich so anonyme und »kalte« Markt ist im Vergleich dazu ein wärmendes Lagerfeuer. Für den Wohnungsmarkt gilt das ganz sicher.

Legende Nr. 13: »Arbeit ist zu wichtig, um sie dem kalten Markt zu überlassen.«

Wie schon beim Wohnraum, so ist auch der Arbeitsmarkt viel zu wichtig, als dass der Staat ihn sich selbst überlassen dürfte. Arbeit, so lernen wir, ist »ein Grundrecht«, »Grundlage der Menschenwürde«, und so weiter und so fort.

Auf wenigen Feldern jedoch hat die staatliche Regulierungs- und Vorschriftenwut mehr Schaden zulasten von Unternehmen und Arbeitnehmern angerichtet als beim Thema Arbeitsrecht. Dabei sind es zwei Hauptfelder, auf denen diesem Schaden der Boden bereitet wird: Es ist zum einen das Tarifkartell mit den zentralen Vereinbarungen von Löhnen zwischen Gewerkschaften und Arbeitgeberverbänden, und es ist zum anderen die Form des Kündigungsschutzes, der zu einer Entkoppelung von Anspruchshaltung und Leistungsbereitschaft in weiten Teilen der arbeitenden Bevölkerung geführt hat.

Diesen harten Vorwurf möchte ich begründen.

Arbeitsangebot und Nachfrage führen wie bei jedem anderen Gut zu einem Gleichgewichtspreis, bei dem das Arbeitsangebot genau der Nachfrage entspricht. Die Tatsache, dass der Arbeitsmarkt nach Qualifikationen hochsegmentiert ist, ändert an dieser Aussage nichts. Dieser Gleichgewichtspreis wird gefunden, indem jeder Anbieter von Arbeit mit jedem Nachfrager von Arbeit den Lohn und die Bedingungen derselben frei aushandeln kann. Ist das Arbeitsangebot niedriger als die Nachfrage, wird der Preis steigen, bis eine sinkende Nachfrage und ein steigendes Angebot das Gleichgewicht wiederhergestellt haben und umgekehrt.

Was passiert in einem Tarifkartell? Das Tarifkartell wirkt im Namen des »sozialen Friedens« als bilaterales Monopol der Preisfestsetzung, das diesen Marktmechanismus schlicht außer Kraft setzt. Schon die Betonung des sozialen Friedens zeigt, worauf es in dieser Verhandlungssituation hinausläuft: auf die Zerstörung des sozialen Friedens durch eine Seite der Verhandler, wenn ihrem immer bestehenden Wunsch nach Löhnen oberhalb des Marktgleichgewichts nicht entsprochen wird. Mittel der Wahl hierfür ist der Streik mit dem Ziel der möglichst schmerzhaften Störung des öffentlichen und privaten Lebens. Auf der anderen Seite des Verhandlungstisches sitzt aber nicht der prototypische mittelständische Arbeitgeber, sondern dort sitzen in der Regel Vertreter von Konzernen, die die Arbeitgeberverbände dominieren. Sie haben ebenfalls kein Interesse am marktgleichgewichtigen Lohn, denn eine Vereinbarung oberhalb dieser Marke führt zu Wettbewerbsvorteilen der Konzerne gegenüber dem Mittelstand. Der Grund hierfür sind die Kostenfunktion und die Optionen der Großunternehmen: Sie können notfalls arbeitsintensive Teile ihrer Wertschöpfung ins Billiglohn-Ausland auslagern. Je kleiner ein Unternehmen ist, desto schwieriger wird das.

Das Ergebnis ist ein Kuhhandel zulasten von Mittelstand und solchen Arbeitnehmern, die neu in den Arbeitsmarkt eintreten oder die durch die Pleite ihres Unternehmens gezwungen sind, sich neu zu orientieren. Der zu hohe ausgehandelte Preis senkt die Nachfrage, die Betroffenen finden keine Arbeit, sie werden also arbeitslos. Diese Arbeitslosigkeit ist nicht konjunktureller, sie ist struktureller Natur. Sie verfestigt sich immer mehr und wird auch im Aufschwung kaum oder nur langsam abgebaut. Menschen werden in die Abhängigkeit der Sozialsysteme gedrängt, verlernen das Arbeiten und bilden eine neue soziale Schicht, ein Prekariat, das sich in der Rolle des Transferempfängers einrichtet und vom Leben außer billigem Konsum nicht mehr viel erwartet. Je länger dieser Zustand anhält, desto schwerer wird es, diese Menschen in ein produktives Leben zurückzuführen. Das ganze Hartz-IV-System der Anreize, Strafen und Kürzungen beruht auf der Absicht, etwas zu korrigieren, das so nie hätte entstehen müssen, wenn man von Anfang an dem Markt die Angelegenheit überlassen hätte.

Erreicht eine Gesellschaft ein gewisses Stadium struktureller Arbeitslosigkeit, so setzen sich selbst verstärkende Effekte einen Prozess des Abstiegs in Gang. Das Arbeitslosengeld, die Sozialhilfe und Stütze, die Transfers und die Kosten der sozialen Betreuungsindustrie steigen ins Unbezahlbare. Diese Kosten müssen durch Sozialabgaben bezahlt werden, die angeblich hälftig zwischen Arbeitnehmern und Arbeitgebern geteilt werden. Diese Halbteilung ist, wie so vieles in unserem derangierten System, ein Lügenkonstrukt, das die wahren wirtschaftlichen Kosten beziehungsweise ihre Verteilung verschleiert. Der Arbeitgeberanteil ist aus Sicht der Arbeitgeber natürlich Teil der Lohnkosten. Genauso gut könnte er diesen in voller Höhe dem Arbeitnehmer auszahlen, der ihn dann in ebenso voller Höhe in die Sozialkasse einzahlt. Man zeigt das nicht, um die wahren Abgaben und die Steuerlast der Arbeitnehmer zu verschleiern. Wenn sie also das nächste Mal auf Ihren Gehaltszettel schauen und dort sehen, dass Ihnen von ihrem Gehalt nur die Hälfte übrig bleibt, nachdem der Staat sich bedient hat, dann ist selbst das noch schöngerechnet. Sie müssen zu ihrem Gehalt den Arbeitgeberanteil der Sozialkosten hinzuaddieren und ebenso zu den Abgaben. Dann sehen Sie, dass Sie nicht mit fünfzig Prozent ausgebeutet werden, sondern mit sechzig Prozent.

Steigt die Arbeitslosigkeit durch die falsche Tarifpolitik des Kartells immer weiter an, so erhöht das die Sozialausgaben und damit auch die Sozialabgaben vom Lohnzettel. Der Druck auf das Tarifkartell, diese Verluste durch Lohnerhöhungen auszugleichen, steigt, was das Preisungleichgewicht im Arbeitsmarkt und die Arbeitslosigkeit noch weiter erhöht. Eine Spirale steigender Arbeitslosigkeit, strukturell schrumpfender Wirtschaft und sozialer Ungleichheit kommt in Gang. Und das Ganze nur, weil irgendein politischer Rosstäuscher den Leuten einreden konnte, dass der angeblich so kalte Markt das nicht regeln könne.

Das Gegenteil ist wahr: Je wichtiger eine Sache, desto wichtiger ist es, dass ihre Allokation durch das effizienteste verfügbare Instrument geregelt wird. Das ist nicht der Staat, nicht ein Tarifkartell und nicht die Politik oder eine Behörde. Es ist der Markt.

Legende Nr. 14: »Wir brauchen doch den Staat für die Förderung von Investitionen, von Forschung und Entwicklung. Sonst gibt es keinen Fortschritt.«

Was hat der Staat jemals erfunden außer Steuern, Entmündigung und Krieg? Und wann waren der Staat beziehungsweise seine durch adverse Selektion (Negativauslese) an die Spitze einer Pyramide der Inkompetenz gespülten Politiker jemals in der Lage, Technologie besser zu verstehen als diejenigen, welche Technologie entwickeln und Erfindungen machen?

Der Staat fördert den technischen Fortschritt nicht. Das hat er nie getan, außer bei der Entwicklung von Waffen und Mitteln der Zerstörung. Das liegt in seiner Natur, das ist keine Überraschung.

Der Politiker geht in der Regel in die Politik, weil er es in der freien Wirtschaft bei seinem Können und seinen Begabungen nicht annähernd so weit gebracht hätte wie dort, jedenfalls bezüglich des Einkommens. Dennoch versteigt er sich zu der Anmaßung, besser als die Millionen Unternehmen und Konsumenten zu wissen, was wir in Zukunft brauchen werden. Er weiß es nicht besser als Sie und ich, er behauptet das nur. Er behauptet, dass er besser weiß als der Markt, welche Technologie der Gewinner der Zukunft sein wird. Hayek nannte dies zu Recht eine »Anmaßung des Wissens«.

Wenn der Staat mit Geld irgendeine Technologie fördert und damit den marktlichen Suchprozess nach der wirklich besten, zukunftsweisenden Technologie aushebelt, dann fördert er in aller Regel den Verlierer. Wer behauptet, dass der Staat beziehungsweise die Politiker sich doch den Rat von Unternehmen und Verbänden holen und es deswegen besser wissen könnten, der verwechselt guten Rat mit Lobbyismus. Wer bei diesen Veranstaltungen auf der Matte der Ministerien steht, sind die Lobbyisten und Vertreter der Großkonzerne, die dank ihrer Form als Aktiengesellschaft selbst ein Vehikel der Bürokratie und der geistlosen Management-by-Katzbuckeln-Philosophie sind.

Bis herauskommt, dass der Politiker keinen echten Gewinner identifiziert hat, ist er schon nicht mehr im Amt oder kümmert sich um ein neues politisches Fördersteckenpferd. Zugleich behindert diese Förderung, die nur eine Subvention unter anderem Namen ist, die Technologie und die Unternehmen im nicht mehr freien Wettbewerb, die die wirklich beste Lösung anbieten. Förderung von irgendetwas durch die Politik ist immer auch Wettbewerbsverzerrung. Und last not least muss der Staat die Mittel, die er für die Förderung so großzügig verteilt, zuvor jemand anderem wegnehmen.

Die Mittel, die der Staat wegnimmt, wären mit an Sicherheit grenzender Wahrscheinlichkeit in eine Verwendung geflossen, die besser ist als die, die sich der Staat ausgesucht hat. Dieses Geld fehlt bei Forschung und Entwicklung an anderer Stelle. Aber auf dem Weg vom Wegnehmen vom Besten zum Verteilen an den Zweitbesten schrumpft es auch noch, denn die verteilende Klasse anmaßender Politiker will ja von der Differenz leben, sie schöpft also den Rahm ab, und zwar so dick, dass es ein Skandal ist.

Warum bin ich so sicher, dass die Politik es den Besten wegnimmt und den Zweitbesten oder Drittbesten gibt? Ganz einfach: Die Politik nimmt es, indem sie Einkommen und Gewinne besteuert. Je höher die sind, desto mehr greift die Politik zu. Einkommen und Gewinn sind aber Maßstab des wirtschaftlichen Erfolgs in der Vergangenheit, die Besten zahlen daher mehr als die nicht so Guten.

Und die Besten sind nicht die, denen es die Politik beim Fördern dann zurückgibt. Das wäre ja auch noch schöner, denn wenn ein Politiker das behauptet, dann stellt sich doch die Frage, warum er das Geld nicht gleich dort lässt? Nein, er will es dahin steuern, wo es ihm genehm ist, wo seine Freunde und Freundesfreunde, seine Amigos und seine Freunderlswirtschaft sitzen, die sich dann beizeiten mit Parteispenden bei ihm dankbar zeigen können.

Fazit: Die ganze Förderorgie ist ein korruptes Schema. Technologie wird von Privaten entwickelt, jedenfalls die, die uns voranbringt. Und der Staat würde sie am besten fördern, indem er seine inkompetenten und gierigen Griffel aus ihr heraushält.

Legende Nr. 15: »Alle Werte sind das Ergebnis von Arbeit, der Kapitalist beraubt den Arbeiter um diesen Mehrwert.«

Zu den größten Irrtümern des Marxismus gehört die von seinem Namensgeber entwickelte »Mehrwerttheorie«. Sie postuliert, dass alle Werte quasi geronnene Arbeit sind. Umso mehr Arbeit in eine Sache hineinfließt, desto mehr müsse sie wert sein.

Das ist aus vielen Gründen grober Unfug, von denen hier nur die wichtigsten genannt werden sollen.

Zunächst erscheint es intuitiv einleuchtend, dass eine Sache, die viel Arbeit für ihre Herstellung erfordert, teurer ist als eine Sache, in die wenig Arbeit geflossen ist. Aber wie so oft in der ökonomischen Wissenschaft ersetzt nicht die erste Intuition die saubere Analyse.

Denn in Wahrheit gilt: Eine Sache ist so viel wert, wie Menschen ihr beizumessen bereit sind. Der Arbeitsaufwand, der hineingeflossen ist, kann dieses Urteil beeinflussen, oder auch die

Knappheit einer Sache, aber am Ende entscheidet nicht der Produzent, also der Verkäufer, was eine Sache auf dem Markt des freiwilligen Tausches wert ist, sondern der Käufer, der Konsument der Sache. Wenn Sie zum Beispiel auf einem Planeten leben, auf dem Pferde ausgestorben sind, dann wird ein Reitsattel auch dann wertlos sein, wenn 10 000 Arbeitsstunden in seine Produktion geflossen sind. Der Grund ist einfach: Niemand wird ihn brauchen, haben wollen oder als nützlich ansehen.

Ist die Nachfrage nach einer Sache hoch, so kann der Arbeitsaufwand für ihre Herstellung insofern eine Rolle spielen, als hoher Aufwand dazu führt, dass eine Sache knapper wird. Sie kann nicht in beliebiger Menge produziert werden. Es ist also die Knappheit, die den Preis treibt, und zwar die relative Knappheit des Angebots zur Nachfrage. Der hohe Preis der Knappheit wiederum erzeugt ein Informationssignal an die schon vorhandenen und potenziellen Hersteller der Sache, sodass es sich darüber nachzudenken lohnt, wie man durch Prozessoptimierung und technischen Fortschritt die Arbeitsproduktivität erhöht und so mehr von dem lebhaft nachgefragten Produkt mit weniger Arbeitsstunden herstellen kann.

Im Sozialismus mit seinem Glauben an die Arbeitsmehrwertlehre wird aber niemand da sein, der das Preissignal versteht, denn der Preis wird von den Administratoren der Planwirtschaft auf Grundlage ihrer Zählung der Arbeitsstunden festgelegt, und das war es. Kein Unternehmer tritt auf den Plan, der sich einen Gewinn davon verspricht, dass er die Produktion mit der gleichen Zahl an Arbeitern verdoppelt oder verdreifacht. Die Knappheit bleibt bestehen, die Signal- und Informationsfunktion des Preises findet nicht statt. Ich bin sicher, die Sozialisten würden dieses Versagen ihrer Planwirtschaft auch gerne als Marktversagen brandmarken.

Hieran können wir auch erkennen, warum der Unternehmer den Arbeiter nicht um den Mehrwert seiner Arbeit beraubt, ganz im Gegenteil. Indem der Unternehmer durch die Optimierung der Produktion die Gütermenge steigert, sinkt ihr Preis, und zwar für jedermann, auch für die Arbeiter. Die Nachfrage nach dem Produkt steigt damit mengenmäßig, der Unternehmer macht Gewinn, baut neue Fabriken und stellt mehr Arbeiter ein, deren Lohn durch die steigende Nachfrage nach Arbeitskraft ebenfalls steigt und deren Kaufkraft auf Güter trifft, deren Preis tendenziell fällt. Dies ist der Mechanismus, mit dem die »arbeitende Klasse« Wohlstand gewinnt, nicht die kommunistische Revolution, Planwirtschaft und Umverteilung des Elends, die die Marxisten sich erträumen.

Am Rande sei bemerkt, dass in einer freien Marktwirtschaft der Wert des Goldgeldes langsam, aber sicher ansteigt – jedenfalls in einer, die sich den Luxus echten Geldes leistet und nicht mit Papiergeld von zweifelhaftem intrinsischem Wert die arbeitenden Menschen bestiehlt, wie das in unserem Geldsozialismus der Fall ist. Der Grund ist das sich ständig verschiebende Verhältnis von Geldmenge zu Gütermenge. Das Geld bleibt extrem knapp, während die Menge verfügbarer Güter durch den von der Marktwirtschaft getriebenen Produktivitätsfortschritt ständig wächst. Es stellt sich eine permanente leichte Deflation ein, die die arbeitenden Menschen selbst bei konstantem nominellem Einkommen ständig wohlhabender macht.

Diese Form der Deflation ist eine gute, im Gegensatz zu der Schockdeflation kollabierender Fiatgeld-Systeme, die der Welt in Kürze bevorsteht beziehungsweise in die sie bereits eingetreten ist.

Legende Nr. 16: »Hat nicht die Finanzkrise bewiesen, dass der reine Markt nicht funktioniert, sondern in die Katastrophe führt?«

Wie bereits weiter oben angedeutet, kann der Markt nur dann an einer Sache schuld sein, wenn er vorher auch die Ansage machen durfte. Das war und ist in unserem Finanzsystem entgegen allen Schlagworten von »Casinokapitalismus« nicht der

Fall. Bereits in meinem Buch »Die bürgerliche Revolution« habe ich im Detail dargelegt, wie die Vielzahl der staatlichen Interventionen und Regulierungen im konkreten Fall der US-Immobilienblase, welche die Finanzkrise 2007 ausgelöst hat, so ineinandergegriffen hat, dass die Katastrophe unvermeidlich wurde. Einige wenige Kassandras haben bereits in den Jahren zuvor auf die Unmöglichkeit der sich auftürmenden Schulden und Bewertungen hingewiesen und wurden als Schwarzmaler, Crashpropheten und »Marktradikale« verschrien.

Die tiefere Wurzel all diesen Übels jedoch ist unser Geldsystem. Henry Ford, Begründer der gleichnamigen Automobilmarke, sagte einmal: *»Wenn die Menschen das Geldsystem verstehen würden, hätten wir morgen eine Revolution.«* Das sagte er, wohlgemerkt, nach der Abschaffung des Goldstandards im Zuge des Ersten Weltkrieges, denn bis zu diesem Zeitpunkt hatten wir ein Geldsystem, das so konstruiert war, dass es der kunstvollen Beraubung der Menschen durch gewissenlose Geldpolitiker einen goldenen Riegel vorgeschoben hatte.

Was wir vor hundert Jahren stattdessen bekommen haben, ist das wirtschaftliche Gegenstück zum Betrugs- und Sklavereimodell der Matrix, bekannt aus dem gleichnamigen Film, in dem die Menschen eines Tages aufwachen und herausfinden, dass ihnen die gesamte Realität, die sie zu kennen glaubten, über Drähte direkt ins Gehirn eingespeist und vorgegaukelt wird. Der Zweck dieser Betrugswelt ist in dem Film die unmerkliche Ausbeutung und Versklavung der Menschen, und genauso verhält es sich auch mit unserem Geldsystem. Sein Zweck ist schon lange nicht mehr die Verfügbarmachung eines effizienten Tausch- und Wertaufbewahrungssystems, sondern sein Zweck ist es, den Menschen das Geld aus der Tasche zu ziehen, ja ihnen buchstäblich das wirtschaftliche Lebensblut bis auf den letzten Tropfen auszusaugen, ohne dass sie es merken, und wenn sie es merken, ohne dass sie die Mechanismen durchschauen, und wenn sie es verstehen, ohne dass sie effektiv etwas dagegen unternehmen können.

Staaten haben ihren Bürgern immer Schutzgeld abgepresst und das Steuern genannt. Solange der Staat im Gegenzug tatsächlich einen gewissen Schutz in Form von innerer und äußerer Sicherheit sowie Rechtsstaatlichkeit herstellt, kann das sogar ein halbwegs tragbarer Deal sein, obwohl er meistens nicht auf Freiwilligkeit beruht. Es zeigt sich aber in der Geschichte immer wieder, dass die Möglichkeit, Geld per Steuern aus den Bürgern herauszupressen, begrenzt ist. Der Grund ist ganz einfach: Der Bürger bekommt es mit. Er merkt, was gespielt wird, und weil es eine ebenso historische wie empirisch nachprüfbare Tatsache ist, dass die Steuern umso sinnloser ausgegeben werden und umso korrupter veruntreut werden, je höher sie sind, kommt es beim Bürger begreiflicherweise zu Widerstand, wenn der Staat sein Blatt überreizt.

Für eine politische Klasse, die die Ausbeutung der Bürger auf die Spitze treiben will, ist es daher eine unumgängliche Notwendigkeit, einen weiteren Kanal der Beraubung zu bauen, einen, den der Bürger nicht bemerkt und gegen den er sich nicht wehren kann, selbst wenn er ihn bemerkt hat. Was böte sich da eher an als die Manipulation des Systems, das der Bürger als Maßstab, Grundlage und Orientierungslandkarte all seiner wirtschaftlichen Entscheidungen benutzt? Dieses System ist das Geldsystem. Historisch ist es entstanden, weil die Menschen ein Tauschmittel benötigten, um von der Subsistenz(Bedarfs)- und Gütertauschwirtschaft zu einer wahrhaft arbeitsteiligen Gesellschaft mit wachsender Produktivität und Wohlstand für alle, statt nur für wenige, überzugehen. Ein solches Tauschmittel muss leicht transportierbar, beliebig teilbar, wertstabil und von daher vor allem knapp sein. Ist es nicht knapp, dann taugt es nicht als Tauschmittel für knappe Güter.

Zum Glück haben die Entstehungsgeschichte und die Geologie unseres Planeten solche Tauschmittel zur Verfügung gestellt, die alle diese Bedingungen in wundersamer Weise verknüpfen und verkörpern: die Edelmetalle Gold und Silber.

Sehr früh erkannten die Menschen, dass sie Gold in eine standardisierte Form bringen konnten, um den Tauschvorgang effizienter zu gestalten. Das mündete im 7. Jahrhundert vor Christus in die Erfindung der Münze durch den legendären König Krösus von Lydien. Doch von Anbeginn der Geschichte des Geldes an versuchte der Staat in Gestalt der Herrscher, die Leute zu betrügen. Man mischte minderwertige Metalle bei, man knapste Ecken an der Münze ab in der Hoffnung, die Leute würden das nicht merken. Aber die Erfindung der Waage und die Entdeckung des spezifischen Gewichts durch Archimedes von Syrakus im 3. Jahrhundert vor Christus stellte Waffengleichheit zwischen Herrschern und Bürgern in dieser Frage her.

Erst die Erfindung des Papiergeldes im 14. Jahrhundert in China und seine Einführung in den westlichen Gesellschaften gegen Ende des 18. Jahrhunderts ebnete einer Entwicklung den Weg, die man rückblickend als Massenvernichtungswaffen der Obrigkeit gegen das Wohlergehen und den Wohlstand ihrer eigenen Bürger einstufen muss.

Der Übergang war schleichend. Ab Beginn des 19. Jahrhunderts hatte die Welt einen von Großbritannien angeführten Goldstandard, der auch Papiergeld kannte. Es gab ein unbeschränktes und niemals in Frage gestelltes Recht des Inhabers einer Banknote, diese jederzeit in physisches Gold eintauschen zu können. Diese Phase dauert bis zum Ausbruch des Ersten Weltkrieges an, jedoch war es Deutschland, das sich bereits in der zweiten Hälfte des deutschen Kaiserreiches Ende des 19. Jahrhunderts als sehr kreativ erwies beim Ausdehnen der Geldmenge mit Hilfe des Papiers. Reichsbankpräsident Havenstein, ab 1908 im Amt, war ein Verfechter des »fraktionellen« Goldstandards, bei dem nur noch ein Drittel der ausgegebenen Banknoten durch Gold gedeckt wurde. Das war schon der erste Sündenfall, und weil mieses Karma kein Zufall ist, war es derselbe Havenstein, der 1923 in der Weimarer Republik immer noch Reichsbankpräsident war und über den Kollaps der

Währung in der bis dahin größten Hyperinflation aller Zeiten wachen durfte. Glaubt man den zeitgenössischen Quellen, so hat er es nie eingesehen, dass er etwas falsch gemacht haben könnte. Schließlich hatte er nur die Leute mit Geld versorgt!

Bei Kriegsausbruch 1914 wurde der Goldstandard dann »aufgegeben«, was nichts anderes war als eine großflächige Beraubung der Inhaber von Banknoten, die sich auf die Gültigkeit und Werthaltigkeit des Versprechens der Reichsbank und der Reichsregierung verlassen hatten, diese Banknoten jederzeit in den ultimativen Wertspeicher Gold umtauschen zu können. Das Gleiche galt für die anderen Kriegsparteien. Aufbegehren gegen diesen Diebstahl galt natürlich wegen des Krieges, in den die Regierungen Europas mit einer Mischung aus Naivität, Inkompetenz, Gier und Hurra-Besoffenheit gestolpert waren, als unpatriotisch. Jede Zeit hat halt ihre politische Korrektheit. Und politische Korrektheit dient letztlich immer dem Zweck, die Beraubten mundtot zu machen. So ist es bis heute geblieben.

Seitdem löste sich das Vermögen der Deutschen zweimal in der Hyperinflation in Luft auf, das dritte Mal steht wohl kurz bevor.

In den Zwanzigerjahren trat die Welt in die erste Phase des staatlich-wirtschafts- und geldpolitischen Machtwahns ein. Die Vorläufertheorien des Keynesianismus und die sozialistischen Ideen von der heilenden Hand des Staates verführten die Politik dazu, die Nachwehen des Ersten Weltkrieges nicht dem Markt zur Bereinigung zu überlassen, sondern mit geldpolitischen Maßnahmen die Party der »goldenen Zwanzigerjahre« anzuheizen. Die Gelddruckorgie führte zur Bildung gewaltiger spekulativer Blasen an den Immobilien- und Aktienmärkten, die im Katzenjammer des Börsenkrachs vom Oktober 1929 an der Wall Street ihr Ende fanden. Kommt Ihnen das bekannt vor?

Mit dem Börsenkrach lösten sich riesige Vermögen aus Papiergeld in Luft auf, eine Pleitewelle nie gesehenen Ausmaßes schwappte über die Welt, und die ausfallenden Kredite führten zu Bankpleiten, die mit dem Konkurs der Creditanstalt in Wien 1931 ihren Anfang nahmen. Bankpleiten führen in einem Fiatgeldsystem zu einer Vernichtung von Giralgeld, weil die Einlagen der Sparer, die als Geld fungieren, nicht mehr zurückgezahlt werden können. Die mit der Krise daher einsetzende Schrumpfung der Geldmenge setzte einen deflationär-depressiven Prozess in Gang, der immer weitere Unternehmen und Banken in den sich auftuenden monetären Abgrund riss.

Seit diesen Tagen ist es in Stein gemeißeltes Gesetz, dass der Staat Banken nicht pleitegehen lässt, koste es, was es wolle. Sie werden gerettet mit brancheneigenen Versicherungssystemen, wenn das nicht reicht, mit Steuergeld, wenn das nicht reicht, mit frisch gedrucktem Fiatgeld. Und noch etwas hat sich 1929/30 in den Köpfen der Politik und der Zentralbanken festgesetzt: die Angst vor den Folgen der eigenen expansiven Geldpolitik in Form platzender Blasen. Das gilt es zu verhindern. Wenn daher eine der von der Zentralbank genährten Blasen zu platzen droht, so wird so lange mehr Geld in die Märkte gepumpt, bis die Gefahr fürs Erste gebannt ist. Die Blase wird auf dem Weg natürlich nicht kleiner, sondern größer. Mit anderen Worten: Der Brand wird mit Benzin gelöscht. So ist es nur eine Frage der Zeit, bis die nächste Erschütterung die Finanzmärkte heimsucht und die nächste Rettungsaktion notwendig wird. Diese wird natürlich mehr gedrucktes Geld erfordern als die letzte, weil die Blase weiter aufgepumpt wurde und so mehr auf dem Spiel steht.

Auch die Finanzkrise von 2007 hatte ihre Vorläuferbeben, die auf diese Weise geldpolitisch »behandelt« wurden. Die Krise um den Hedge Fond »Long Term Capital Management« LTCM in den Neunzigerjahren, die Dotcom-Blase der Jahrtausendwende, die Erschütterungen durch die Anschläge vom 11. September 2001. Aber auch davor schon folgte die Reaktion der Herren des Geldes dem immer gleichen Muster: Blasen werden aufgeblasen. Und weil sich die Teilnehmer an dem dann unvermeidlich entstehenden Supercasino auf ihre Freunde in den Top-Etagen der Fed und der EZB wie auch der Bank of Japan absolut verlassen können, hat die unverlierbare Wette, die sie auf die Rettung jedes Mal abschließen, an der Wall Street sogar einen Namen: Man nennt sie dort gemeinhin »Greenspan Put«.

Der auf diesem Mist krebsartig wuchernde sogenannte »Casino-Kapitalismus« hat mit Kapitalismus oder Marktwirtschaft rein gar nichts zu tun. In der Marktwirtschaft wird man nicht für das Versagen belohnt, sondern man wird durch die Pleite aussortiert. Ein System Marktwirtschaft zu nennen, bei dem das nicht der Fall ist, weil der Staat in Gestalt der Zentralbanken den Markt aushebelt, ist eine Lüge. Sie bleibt auch eine Lüge, egal wie oft sie von der Politik wiederholt wird.

Die Krise von 2007 war eine Blase, die geplatzt ist, weil die Zentralbanken nicht realisiert haben, wie groß sie schon geworden war. Sie waren zu Gefangenen ihrer eigenen Hybris geworden. Reagiert, und zwar wie gewohnt falsch reagiert, haben sie dann, als es schon geknallt hatte. Anstatt den Marktkräften endlich eine Bereinigung des von den Zentralbanken angerichteten Flurschadens zu überlassen, haben sie ihn wieder mit gewaltigen Mengen an frisch gedrucktem Geld übertüncht. Sie haben die nächste große, noch gewaltigere Blase geschaffen, die größte in der Geschichte der Menschheit. Sie umfasst jetzt alle wesentlichen Asset-Klassen auf dem Planeten. Sie ist die thermonukleare Massenvernichtungswaffe des Wohlstands auf der Welt. Wenn sie außer Kontrolle gerät – und außer Kontrolle geraten wird sie –, dann ist das Fiat-Geldsystem am Ende.

Und weil sich das alles so verhält, kann man auch nicht behaupten, die Krise von 2007 sei die Schuld des Marktes gewesen. Der Markt hat uns nicht in diese Katastrophe geführt, sondern der Staat. Man hat dem Markt nur nicht gestattet, sie zu verhindern.

Legende Nr. 17: »Der Markt erzeugt Boom und Krise. Dieses Auf und Ab muss der Staat durch Nachfragesteuerung korrigieren!«

Wie wir bereits beim Abschnitt über die Krise von 2007 gesehen haben, ist es nicht der Markt, der »Boom und Krise« erzeugt, sondern es sind die Verwerfungen, die durch schlechtes staatliches Geld erzeugt werden.

Dennoch müssen wir uns weitergehend mit diesem Scheinargument auseinandersetzen. Denn auch ohne die Sünden der Geldpolitik gibt es Zyklen, Phasen der Schrumpfung und Phasen des Wachstums in einer funktionierenden freien Marktwirtschaft. Es ist aber richtig, dass diese nicht annähernd so heftig und krisenhaft verlaufen wie die von der Geldpolitik ausgelösten monetären Deflationskrisen.

Sie sind vielmehr das Ergebnis von Innovationsschüben, die alte Industrien obsolet machen und dann eine Übergangskrise zwischen einer Welt der alten Technologie und einer der neuen Technologie erzeugen. Sie sind also letztlich der Ausdruck des erfolgreichen Spiels von Versuch und Irrtum im Wirtschaftsleben. Es kommt durch die erfinderischen Aktivitäten der Unternehmer permanent zu kleinen Fortschritten und damit auch zu einem stetigen Produktivitäts- und Wirtschaftswachstum. Gelegentlich jedoch führt eine technische Entwicklung einen Paradigmenwechsel herbei. Wir kennen diese Ereignisse auch als »industrielle Revolutionen«, wie beispielsweise die Mechanisierung im 19. Jahrhundert, die Entwicklung der Chemieindustrie im späten 19. Jahrhundert, die Elektrifizierung im frühen 20. Jahrhundert, die automobile Revolution und heute die Digitalisierung und Life Sciences, die alles umkrempeln.

Daneben gibt es noch kleinere Zyklen, die sich zum Beispiel durch strukturelle Verschiebungen bei Angebot und Nachfrage ergeben. Diese strukturellen Veränderungen haben in der Marktwirtschaft eine wichtige Funktion: Sie passen die Zusammensetzung der Produktion optimal an die Zusammensetzung der Nachfrage an und stellen so sicher, dass genau das produziert wird, was den sich im Laufe der Zeit dynamisch ändernden Nutzenfunktionen der Menschen entspricht. Ändert sich ihr Möbelgeschmack oder ihr Autogeschmack? Dann ändert sich in einer so dynamisierten Marktwirtschaft auch das Angebot. Ändert sich die Altersstruktur der Bevölkerung? Dann ändert sich auch der Warenkorb. Die Nachfrage nach einer Sache geht zurück, die nach einer anderen steigt.

Was passiert, wenn der Staat jetzt anfängt, sich hier mit »antizyklischer Ausgabenpolitik« einzumischen? Die Antwort ist schnell gegeben: Die Struktur der Produktion passt sich langsamer an die neuen Gegebenheiten an, weil der Staat ja nicht nur keine Ahnung von der neuen Struktur hat, sondern weil er ja gerade die beschützen will, die nicht das liefern, was der Verbraucher nunmehr braucht und will. Er macht damit den Anpassungsprozess nicht überflüssig, er macht ihn nur länger, kostspieliger, schmerzhafter und ineffizienter. Das Ganze geht auf Kosten des Wohlstands. Die Menschen sehen nur die dabei passierende riesige Verschwendung nicht, denn was nie produziert wird, wird auch nicht als direkter Schaden wahrgenommen. Er ist jedoch real und der Wohlstandsverzicht ist auch real.

Deshalb ist es eine schlechte Idee, wenn der Staat versucht, antizyklisch zu handeln. Abgesehen davon macht er das mit Schulden, die er nie zurückzahlt, und zerstört auf diese Weise das Geldsystem noch schneller, als es die Zentralbank alleine könnte.

Legende Nr. 18: »Unsere Politiker haben doch die besten Wirtschaftsberater. Darauf können wir vertrauen!«

Okay, ich gebe es zu: Die habe ich nur deshalb in diese Liste aufgenommen, damit wir gemeinsam zwischendurch was zu lachen haben. Denn seit wann zieht sich die nach dem Prinzip der Negativauslese, der adversen Selektion ausgewählte Politikerkaste Berater heran, die ihr sagen, was wirklich Sache ist?

Das wäre vielleicht der Fall, wenn die Politiker dafür einen Anreiz hätten. Den haben sie aber nicht. Im Gegenteil: Die Politik will keinen guten Rat haben, wie sie es gut oder besser machen könnte, sondern sie will Berater haben, dir ihr bescheinigen, dass ihr System des Stimmenkaufs durch Ausschütten der Umverteilungs-Gießkanne zum Machterhalt in Wahrheit eine gemeinnützige Veranstaltung ist, die das Wachstum fördert, die Menschen glücklich macht und ihnen ein Soma-Lächeln[24] ins Gesicht zaubert.

Wie sieht die Dynamik zwischen Politik und Wirtschaftsprofessoren aus? Sie wird bestimmt von der herrschenden Lehre der Wirtschaftswissenschaften, dem Keynesianismus, der nur deshalb zur herrschenden Lehre werden konnte, weil die Politik des verstaatlichten akademischen Bildungssystems seine Lehrstühle finanziert und subventioniert. Der Keynesianismus begreift Wirtschaftswissenschaften nicht als das Verhalten der Menschen, die die Wirtschaft konstituieren. Er begreift sie dementsprechend auch nicht als ein Studium der Anreize, die das Handeln der Menschen bestimmen. Der Keynesianismus ist vielmehr eine Wissenschaft der Töpfe. Wenn es ein Problem gibt, so fragt er nicht, welcher Fehlanreiz das Verhalten der Menschen so gesteuert hat, dass das Problem entstanden ist, sondern er fragt: »Wo bekomme ich den Topf mit Geld her, damit ich das Problem mit der Schaffung neuer Nachfrage übertünchen kann?«.

Im Keynesianismus gibt es keine freien Menschen, die in freiwilliger Handlung in Tauschbeziehungen zueinander treten, weil es für sie von Nutzen ist, sondern es gibt nur die großen Aggregate der Volkswirtschaft, nämlich »die Konsumenten«, »die Unternehmen«, »die Banken«, »den Staat« und »das Ausland«.

Zwischen diesen Aggregaten oder Makroeinheiten (im Gegensatz zur Mikroeinheit Mensch) fließen dann in großen Modellen gewaltige Ströme an Geld und Gütern in gegenläufiger Richtung hin und her. Die Wirtschaft wird zu einem schönen Kreislauf, gleich einem menschlichen Blutkreislauf, der immer nur schön am Zirkulieren gehalten werden muss. Wenn irgendein Problem auftritt, dann, weil einer der Sektoren nicht genug Geld ausgegeben und so nicht genug »Nachfrage« entfaltet hat. Die Nachfrage ist überhaupt der Fetisch dieses ganzen abgestürzten Zweigs der Volkswirtschaftslehre. Wenn die Menschen mehr sparen und weniger Konsumieren: »Alarm! Die Nachfrage geht zurück!« Wenn der Staat seine Finanzen konsolidiert: »Alarm! Die Nachfrage geht zurück!« Wenn das Ausland weniger Güter von uns importiert: »Alarm! Die Nachfrage geht zurück!«

Deshalb zerbricht sich die herrschende keynesianische Priesterschaft ständig den Kopf darüber, wie jeder noch so kleine Nachfragerückgang sofort kompensiert oder besser: überkompensiert werden kann. Denn Nachfrage ist Wachstum, und Wachstum – da waren wir uns bis vor Kurzem noch drüber einig – ist eine gute Sache, schon allein, weil sie die Steuerkassen füllt. Am deutlichsten wird die Schizophrenie dieses Wechselspiels zwischen Politik und den Priestern der Nachfrage, wenn man sich vor Augen hält, dass die linken Grünen, die uns ständig erzählen, dass das Wirtschaftswachstum unser Untergang sei, zu den größten Befürwortern der angeblich Wachstum schaffenden schuldenfinanzierten Ausgabenpolitik des Staates zählen. Die Wahrheit ist natürlich: Dieser »Nachfrage-durch-Schulden«-Unsinn würgt das Wachstum ab. Wenn die Grünen das zugeben würden, wäre es wenigstens nicht mehr schizophren, sondern nur noch dumm. Selbst das wäre für diese Herrschaften schon ein Fortschritt.

Und das ist genau die Eigenschaft, die die Protagonisten der keynesianischen Schule so attraktiv für die Politik macht: Die Politik lebt davon, sich immer neue Aufgaben zu suchen, immer neue Felder zu erschließen, mit denen sie die Menschen beglücken und abhängig machen kann. Dafür muss sie Geld ausgeben. Und Geld ausgeben schafft was? Sie kommen nicht drauf:

Nachfrage!

Sie erkennen die Symbiose? Die Politik braucht wissenschaftliche Berater, die ihr ständig sagen, dass sie mehr Geld ausgeben soll. Wenn einer das Gegenteil sagt, dann will das kein Mensch in Berlin oder Brüssel hören. Das Ergebnis dieses sich selbst verstärkenden Echoraums namens Fetisch Nachfrage ist, dass alle Staaten der westlichen Welt heillos überschuldet sind und dass nun, da die Verschuldung an ihre natürlichen Grenzen der Tragfähigkeit gestoßen ist, die Geldpolitik die Lücke füllen muss.

Deshalb muss die Geldpolitik durch die heruntermanipulierten Zinsen die Finanzierung und die Finanzierbarkeit der Überschuldung der Staaten sicherstellen. Deshalb kauft die EZB in Billionenhöhe Staatsschulden auf und finanziert so die Staaten direkt, obwohl das laut den europäischen Verträgen illegal ist. Der Rechtsbruch wird erst mal ohne Folgen für die Beteiligten bleiben, denn wo kein Kläger, da kein Richter. Denn laut Maastricht-Vertrag können nur die Regierungen und die Europäische Kommission die Sanktionsmechanismen für den Verstoß gegen den Vertrag in Gang setzen. Das ist ungefähr so, als wäre die Mafia gegenüber der Staatsanwaltschaft weisungsbefugt hinsichtlich der Frage, ob diese Anklage gegen sie selbst erheben darf. Aber vielleicht ist das ja in einigen Ländern der EU auch so.

Und die Herren Professoren? Sind ihren politischen Zahlmeistern nur zu gerne zu Diensten. Denn, Hand aufs Herz, es macht schon was her, wenn man als »Wirtschaftsweiser« einem fett finanzierten Institut vorstehen darf, wenn man in Berlin im Kanzleramt und den Ministerien ein- und ausgeht und überhaupt eigentlich ausgesorgt hat dank des Geldes, das die Politik unters Volk bringt, nur nicht unters gemeine solche.

Es gilt immer noch der Satz, den Grimmelshausen in seinem Buch Simplicius Simplicissimus im 30-jährigen Krieg geprägt hat: »*Wes Brot ich ess, des Lied ich sing!*« oder auf Neudeutsch: »*Wer zahlt, schafft an!*«

Legende Nr. 19: »Ja, wir brauchen Eigentum, aber Eigentum sollte doch zum sozialen Handeln verpflichten, so steht es sogar im Grundgesetz!«

Ja, das stimmt, so steht es in Grundgesetz Artikel 14, Absatz 2: *»Eigentum verpflichtet. Sein Gebrauch soll zugleich dem Wohle der Allgemeinheit dienen.«*

Ganz hart ausgedrückt gehört dieser Satz eigentlich zu den Leerformeln, die wohlklingend sind und das Herz der Leute erwärmen, aber keinerlei normative Relevanz haben. Das liegt daran, dass das »Wohl der Allgemeinheit« ein wolkiger Begriff ist. Man könnte es natürlich noch schärfer formulieren: Die Phraseologie des Artikels ist direkt bei einem Propagandaspruch der Nationalsozialisten entlehnt, der lautete: *»Gemeinnutz geht vor Eigennutz.«* So steht es wörtlich im 25-Punkte-Programm der NSDAP von 1920.[25]

Die Absicht hinter dem Artikel bestand natürlich darin, ein sozialistisches Element in das Grundgesetz aufzunehmen, das man bei Bedarf hervorziehen kann, um gegen die Institution des Eigentums als solche zu Felde zu ziehen. Der Artikel steht in einer symbiotischen Beziehung zu Artikel 15, der Enteignungen durch Gesetz ermöglicht, wenngleich der Artikel eine »Entschädigung« vorsieht, über deren Wert er sich aber wohlweislich ausschweigt. Der Artikel veranlasst neuerdings die Linken in Deutschland, über Wohnungsenteignungen zum Beispiel in Berlin laut nachzudenken.[26]

Eine freiheitliche und marktwirtschaftliche Interpretation der Forderung, dass Eigentum verpflichten soll, sieht allerdings völlig anders aus. Die Frage stellt sich doch: Wozu genau soll es denn verpflichten? Soll es mich verpflichten, es zu verschenken? Mich vom Staat darum berauben zu lassen? Es brachliegen zu lassen? In Dinge zu investieren, die nicht mir selbst, sondern anderen Nutzen stiften? Oder sollte Eigentum, also Kapital, nicht vielmehr so eingesetzt werden, dass es ein Maximum an Wohlstand für alle schafft? Wenn das das Ziel ist, dann kann es eigentlich nur einen Verwendungszweck des Eigentums geben, sofern man es nicht für den Konsum benötigt: es so zu investieren, dass seine Rendite maximal ist, mit anderen Worten, es im kapitalistischen Sinne einzusetzen. Denn so wird sichergestellt, dass der Markt die Mittel in die Verwendung steuern kann, die ein Maximum an Gütern zur Verfügung stellt, welche die Leute auch brauchen und wollen. Keine Gemeinwohls-Lyrik und kein moralintriefender sozialer Pflichtappell kann das leisten, was die Marktwirtschaft in diesem Sinne leistet. Deshalb sage ich: Wenn Eigentum zu etwas verpflichtet, dann zur kapitalistischen Selbstoptimierung und zu nichts sonst. So entsteht Wohlstand für alle. Alles andere ist Geschwurbel mit dem Ziel, uns die Freiheit im Tausch gegen wertloses Moralin abzukaufen.

Legende Nr. 20: »Profit steht für Gier und Gier ist unmoralisch!«

Die Gier ist bekanntlich eine der sieben Todsünden. Und ja, als solche steht sie im Widerspruch zu dem Wertegerüst, das die Basis einer freiheitlichen Ordnung bildet. Die Frage ist aber: Was genau ist Gier eigentlich?

Ich postuliere, dass die Gier, die die Sozialisten meinen und um derentwillen sie den Profit verteufeln möchten, gar nichts mit Gier zu tun hat. Sie hat etwas damit zu tun, dass dem Menschen ein Schaffensdrang innewohnt, Werte von Dauer herzustellen, die ihn überdauern. Wenn ein Unternehmen aus kleinen Anfängen langsam größer wird und wächst, wenn aus einem Kleinunternehmer irgendwann ein Mittelständler und schließlich ein formidables Großunternehmen unter der Führung einer Unternehmerpersönlichkeit wird, so schafft das Arbeitsplätze, soziale Sicherheit, Aufstiegschancen für viele und Produkte, die offenbar alle wollen und brauchen, sonst würde das Unternehmen nicht wachsen, sondern untergehen. Mit jedem einzelnen Cent Umsatzwachstum wächst auch das

Kapital des Unternehmens, weil die Kapitalbildung die Voraussetzung für das Wachstum ist.

Kapitalbildung und Profit sind aber identisch. Sie sind als Begriff fast synonym. Der Unterschied zwischen beiden ist nur die Steuer, die den Profit schmälert, den der Unternehmer in das Wachstum und den Erfolg seines Unternehmens reinvestieren kann.

Kein Profit heißt kein Wachstum. Kein Wachstum heißt kein Fortschritt. Und das bedeutet: keine der ganzen hübschen Spielsachen, Smartphones, Laptops, Autos, Flugzeuge, Mikrowellenöfen, die ganze endlose Liste der Dinge, die es ohne das Profitmotiv nie gegeben hätte. Und natürlich auch die ganzen schönen Unternehmen nicht, die den Menschen eine anständig bezahlte Arbeit geben und zugleich das Gefühl, dass sie an etwas Sinnvollem teilhaben.

Das soll unmoralisch sein? Das kann ich beim besten Willen nicht erkennen.

Es gibt aber eine reale Form von Gier, die unmoralisch ist und die im Widerspruch zu den Werten der freien Ordnung steht: Es ist die Gier nach dem Geld anderer Leute und die Gier nach Gewinn, der zulasten Dritter, der erzielt wird, ohne dass damit Werte geschaffen werden im Sinne der Dienstleistungs- und Güterproduktion wie oben beschrieben.

Die Gier nach dem, was andere erarbeitet haben, was einem also nicht gehört, ist die wahre Todsünde, über die zu sprechen ist. Diese Gier wird genährt und befriedigt vom Transferstaat, der im Gewand der sozialen Fürsorge daherkommt und der jedes nur erdenkliche Wehwehchen der zu kaufenden Wähler mit dem Geld anderer Leute pflastern will. Gier ist es, wenn eine vom Staat herangezüchtete Mehrheit von Minderleistern die Minderheit der Leistungsträger ausbeutet und systematisch unter dem Deckmantel des vermeintlich Sozialen um die Früchte ihrer Arbeit betrügt.

Und dann gibt es noch die Gier, die die Menschen als »Gier der kapitalistischen Finanzspekulation« ansehen, die aber in

Wahrheit ebenfalls eine Gier ist, die vom Transferstaat bedient wird. Es ist die Gier einer mit der Zentralbank verheirateten Finanzoligarchie, die ihre persönliche und institutionelle Nähe zu den Entscheidungsträgern der staatlichen Zentralbanken dafür nutzen kann, die gewaltigen Mengen frisch gedruckten Geldes dem Spekulationskreislauf zuzuführen. Die oben beschriebenen Mechanismen des »Greenspan Put« versetzen diese Leute in die Lage, eine risikolose Wette einzugehen, nämlich dass die Zentralbank sie retten wird, wenn die immer weiter aufgepumpte Spekulationsblase das nächste Mal zu platzen droht. Es ist die Außerkraftsetzung der Auslese schlechter Spekulation und der Belohnung guter Spekulation zugunsten der Belohnung fehlerhafter ökonomischer Analyse und Spekulation auf das Verhalten der Zentralbank, die diese Gier befeuert. Der Finanzoligarch unserer Tage muss nicht mehr richtig liegen. Die Zentralbank stellt ihm einen Profitautomaten zur Verfügung, an dem er sich nur bedienen muss. Das Ergebnis ist: 95 Prozent des im Umlauf befindlichen Geldes befinden sich mittlerweile im Spekulationskreislauf, nur noch 5 Prozent in der Realwirtschaft.

Diese Form der Gier, bedient vom Geldsozialismus der Notenbanken, darf zu Recht als solche angeprangert werden, denn sie enteignet hinterrücks die arbeitenden Menschen, die Unternehmer, die Handwerker, die kleinen Arbeitnehmer, kurz: die Leistungsträger.

Nur bitte nennen Sie das Ding nicht Kapitalismus oder Marktwirtschaft, denn damit hat es nichts zu tun. Und ich würde das Ergebnis auch nicht als Profit bezeichnen, sondern eher als Beute.

Legende Nr. 21: »Ohne Staat werden die Unternehmen die Güter künstlich knapp halten und uns auf diese Weise berauben!«

Der Vorstellung, dass die Unternehmen die Konsumenten durch künstliche Verknappung und damit verbundene Preistreiberei übervorteilen könnten, hat ihre Wurzeln in einem Phänomen, das in der Volkswirtschaft als Monopolpreisbildung bekannt ist. So etwas gibt es wirklich.

Es setzt aber voraus, dass für ein Produkt, für das Nachfrage besteht, entweder nur ein Unternehmen als Anbieter zur Verfügung steht, also ein Monopol vorliegt, oder dass eine kleine Anzahl von Unternehmen, die gemeinsam eine marktbeherrschende Stellung haben, sich zu einem Kartell zusammenschließt, um die Preise zu diktieren.

Dafür gibt es in der Marktwirtschaft sehr einfache Lösungsansätze: Kartelle sind, weil sie den Wettbewerb aushebeln, schlicht illegal, und es ist einfach Teil der Rechtsordnung, die die Spielregeln des Marktes festlegt, Preisabsprachen von Kartellen mit Strafen zu sanktionieren.

Bei Monopolen können wir zwei Phänomene beobachten: Erstens, dass die meisten Monopole vom Staat betrieben oder vom Staat begünstigt werden. Der Staat betreibt Monopolunternehmen wie die Deutsche Bahn oder die Deutsche Post (war früher ein Monopolbetrieb und ist es in Teilen bis heute), und er schottet Märkte gegen Wettbewerber ab, um inländischen Unternehmen den Vorteil des Monopolpreises zukommen zu lassen. Das ist in den meisten Fällen das Ergebnis von Günstlingswirtschaft und Korruption. Um diese korrupte Kumpanei zu beschönigen, spricht die Politik dann gerne von »nationalen Champions«, die es zu fördern gelte. Dieser Begriff ist eine Erfindung französischer Etatisten, die ich bei aller Liebe zu unseren gallischen Nachbarn niemals für eine gute Idee halten werde.

Dann gibt es Monopole, die tatsächlich im Zuge eines marktlichen Prozesses entstehen, und hier sind mehrere Fälle zu unterscheiden: Bildet sich ein Monopol dadurch, dass ein Unternehmen alle seine Wettbewerber aufkauft, so ist dies ein Prozess, der einer Kartellbildung wirtschaftlich nahekommt. Dafür gibt es die Monopolkontrolle in Gestalt des Kartellamtes. Auch dies ist ein rein rechtsstaatlicher Rahmen zur Sicherung des Wettbewerbs. Man könnte ihn auch ohne Behörde mit Hilfe der Rechtsprechung durchführen.

Und es gibt Monopole, die durch Innovation zustande kommen, also dadurch, dass jemand eine Erfindung macht, die so genial ist, dass alle sie kaufen wollen. In diesem Fall ist der Monopolgewinn ein Lohn für die Innovationskraft des Unternehmens, und das Patentrecht erkennt dies an und schützt den Unternehmer vor dem Diebstahl seines geistigen Eigentums. In aller Regel ruft ein sehr erfolgreiches durch Innovation entstandenes Monopol sehr schnell den erfindungsreichen Wettbewerb auf den Plan. Neue Ideen kommen auf den Markt, neue Erfindungen ergänzen oder verdrängen alte Erfindungen, und der Wettbewerb verlagert sich von der Ebene der Preisbildung auf die Ebene der Innovation. Ein bekanntes Beispiel ist der Markt für Smartphones. Hier hatte Apple zunächst ein Monopol. Apple brach mit seiner Erfindung übrigens die Dominanz eines anderen Unternehmens im Mobiltelefonmarkt. Das war Nokia. Und Apple bekam nach kurzer Zeit einen Wettbewerber aus Asien vom Markt an die Seite gestellt, der sicherstellte, dass die Konsumenten eine Wahl hatten: den koreanischen Elektronikkonzern Samsung.

Was macht uns das deutlich? Die Vorstellung, die Unternehmen würden uns durch Verknappung ausbeuten, ist eine Chimäre. Zugleich macht das Beispiel der Monopolkontrolle und des Kartellrechts deutlich, was die eigentlichen Aufgaben des Staates sind: nämlich die Setzung des Rechtsrahmens, damit alle sich im Rahmen der Marktregeln selbst optimieren können, und die Verfügbarmachung der Rechtsprechung, die jedem Bürger die Durchsetzung seiner Rechte garantiert.

Legende Nr. 22: »Die Großunternehmen kaufen doch die Politik! Daran erkennt man, wie der Kapitalismus sich auf unser aller Kosten bereichert!«

Die Symbiose von Großunternehmen und Politik ist ein leider sehr altes Phänomen. Nimmt es politische Gestalt an, so spricht man seit den Zwanzigerjahren des 20. Jahrhunderts von Faschismus.[27] Diese Symbiose ist eine ordnungspolitische Verirrung, die aber weder etwas mit Kapitalismus noch mit Marktwirtschaft zu tun hat. Sie ist vielmehr das Ergebnis zweier marktfeindlicher Entwicklungen: der Herausbildung eines fetten Staates, der sich überall einmischt (ein schlanker Staat ist als Korruptionspartner für große Unternehmen nicht interessant), und eines Aktienrechts, welches die Großunternehmen zu staatsähnlichen Bürokratien degeneriert, bei denen Eigentum und Kontrolle voneinander getrennt sind.

Unser Aktienrecht sorgt dafür, dass die Aktionäre, die eigentlich Eigentümer der Aktiengesellschaften sind, in diesen nichts mehr zu sagen haben. Ich erlaube mir den Hinweis, dass dieses Aktienrecht kein Ergebnis des Marktes, sondern der Politik, also des Staates ist. Die Kontrolle liegt in der Hand einer Kaste von Managern, die nicht durch unternehmerische Fähigkeiten Karriere machen, sondern durch Anpassung an die Bedürfnisse ihrer Vorgesetzten und damit Vorgänger an der Unternehmensspitze. Sie steigen auf durch Loyalität und durch das Vermeiden von Fehlern. Sie steigen nicht auf durch Ideen, Versuch und Irrtum und all die anderen Dinge, die unternehmerischen Mut erfordern. Ihre Dominanz macht aus ehemals wettbewerbsfähigen Unternehmen Staatsbürokratien im Miniaturformat. Sie zeichnen sich aus durch viele Hierarchieschichten, Umläufe von Unterschriftenmappen, eine Kultur des »Cover your ass« und einen Mangel an Fähigkeiten, im freien Wettbewerb zu bestehen.

Diese Unternehmen überleben dadurch, dass sie ihre Ressourcen nicht in neue Produkte und hervorragende Dienstleistungen investieren, sondern in Lobbyarbeit. Sie bearbeiten die Politik ständig dahingehend, die Regeln zu ihren Gunsten zu verändern und neue Regulierungen zu schaffen, die einem ihrer Produkte zwar keinen Kundennutzen, dafür aber die Realisierung gesetzlicher Compliance verschaffen.

Was denken Sie, wie es kommt, dass alleine in der Bauwirtschaft in der EU seit dem Jahr 2000 über 15 000 (in Worten: fünfzehntausend!) neue Gesetze, Regulierungen und Verordnungen auf die Menschen herniedergehagelt sind?

Eine wirklich freie Marktwirtschaft muss sich von dieser unheilvollen Allianz durch zwei Dinge befreien: die Reduktion des Staates auf das absolut Notwendige, und dazu gehört die Abschaffung all dieser sinnlosen Regeln. Und die Reform des Aktienrechtes, sodass sichergestellt wird, dass die Kontrolle über die Aktiengesellschaften wieder bei den Eigentümern liegt und nicht bei den Vermögensverwaltern, ETF(börsengehandelte Indexfonds)-Verwaltern und Intermediären, die Aktien nur für Dritte verwalten.

Ja, ich weiß, Larry Fink[28] wird das nicht gerne hören.

Legende Nr. 23: »Ohne staatliche Subventionen haben wir bald keine Landwirtschaft mehr.«

(Wahlweise keine Kohleindustrie, keine Elektronik, keine Windkraft, keine Solarzellen, keine Häuser, keine Flugzeuge, keine Heizungen, keine »Qualitätsmedien«, die Liste dürfte endlos sein …)

Es ist ein grober Unfug zu behaupten, dass ein Wirtschaftszweig ohne Subventionen nicht leben könnte. Subventionen befreien ihn aber von der Notwendigkeit, seine Kostenstrukturen im Griff zu behalten und seine Produkte auf die Kundenbedürfnisse anzupassen. Eine Industrie, die man lange genug mit Subventionen gefüttert hat, kommt irgendwann natürlich zu dem Glauben, dass es ohne diese nicht ginge. Das Rauschgift hat dann seinen Zweck erfüllt, die einstmals freien Wirtschaftssubjekte in die Abhängigkeit und die Bevormundung des Staates zu überführen.

In Wahrheit sind Subventionen für überhaupt nichts gut. In Wahrheit sind sie die Belohnung für das Versagen. Natürlich gibt es Unternehmen, die ohne Subventionen nicht überleben würden. Na und? Wir sollten sie den Weg alles Irdischen gehen lassen. Sie sind nicht lebensfähig, weil sie nicht in der Lage sind, Dinge zu produzieren, die die Menschen brauchen und wollen, oder weil sie das nicht zu Kosten können, wie es ihre Wettbewerber auch hinbekommen.

Würde man die Subventionen abschaffen, so hätte dies natürlich zur Folge, dass erst mal viele Unternehmen aus dem Markt ausscheiden. Die dann Übriggebliebenen wären umso besser im Wettbewerb aufgestellt. Subventionen bewirken das Gleiche wie der Nullzins: schlechte, unwirtschaftliche, verschwenderische und Ressourcen vernichtende Strukturen auf Kosten aller zu erhalten. Subventionen schaffen keinen Wohlstand, sie vernichten ihn.

Wir sind ohne sie besser dran.

Legende Nr. 24: »Die Ressourcen auf dem Planeten sind endlich. Das hat schon der Club of Rome bewiesen. Eine zweite Erde haben wir nicht, daher muss das Wachstum endlich sein!«

Der freiheits- und marktfeindliche Ökologismus ist die jüngste einer langen Reihe von Inkarnationen, die das Tier Sozialismus im Laufe der Menschheitsgeschichte angenommen hat.

Heute reckt dieses neue Biest sein hässliches Haupt in die Höhe, und seine wirtschaftlichen und gesellschaftlichen Folgen werden nicht weniger verheerend sein als die Kosten des auf die Verelendungstheorie gegründeten Marxismus. Auch seine völkermörderische Natur wird nicht weniger ausgeprägt sein. Man kann angesichts seiner schon im theoretischen Frühstadium erkennbaren mörderischen Tendenzen sogar bereits prophezeien, dass das neue biblische Tier den Kommunismus bei der Zahl der Ermordeten und durch Nebenwirkungen zu Tode kommenden Kollateralbetroffenen nach aller Wahrscheinlichkeit noch übertreffen wird.

Dieses neue Gewand des Sozialismus, den Ökologismus, hat bereits Roland Baader treffend als Zerfallsprodukt des Sozialismus bezeichnet, bei dem die herbeifantasierte Klimakatastrophe die kommunistische Verelendungshypothese der Massen als Drohgebilde ersetzt hat.[29] Dieses Schreckensbild dient als Begründung und theoretischer Unterbau für den neuen Angriff auf die menschliche Freiheit. Das ökologische Utopia sich im Sonnenlicht grüner Landschaften drehender Windräder ist das neue kommunistische Paradies 2.0, für dessen Erreichung eine Öko-Diktatur errichtet werden muss, denn die Menschheit muss zu ihrem Glück gezwungen werden.

Das von den sich schnell zum Mainstream mausernden radikalen Rändern dieser Bewegung, zum Beispiel im Gewande der »Extinction Revolution«, verkündete Programm der Deindustrialisierung wird, falls umgesetzt, zum Tod von Milliarden Menschen führen, denn ohne moderne Industrie kann keine moderne Wirtschaft und Landwirtschaft betrieben werden, deren Produktivität unabdingbar notwendig ist für die Ernährung der gewachsenen Menschheit. Der Versuch, die Menschheit mit Bioprodukten nach dem Qualitätsgusto dieser Leute zu ernähren, erfordert eine Schrumpfung der Weltbevölkerung um achtzig Prozent.

Wer das fordert, fordert den Hungertod von mindestens fünf bis sechs Milliarden Menschen.

Daher wird der Mensch bereits jetzt von den Apologeten dieser mörderischen Sekte als Krankheit beschrieben, die den Planeten befallen habe. »Die Erde hat Homo sapiens« ist ihr Schlachtruf. Der Völkermord folgt dann als logisches planetares Antibiotikum. Es führt zu keinem gesellschaftlichen Aufschrei, wenn zwei in Deutschland erschienene Bücher fordern, die Welt solle »kinderfrei« sein, eine Wortschöpfung aus dem Lexikon des Unmenschen, als deren genozidales Echo der Begriff »judenfrei« herüberhallt[30].

Es wird achselzuckend hingenommen, wenn ein schwedischer »Professor« den Kannibalismus als Lösung des »Klimaproblems« anpreist[31] und wenige Tage später eine durchgeknallte Aktivistin auf einem Treffen der US-amerikanischen Demokraten die Leute auffordert, für den Klimaschutz *»ihre Babys zu essen«*[32], ohne dass sie jemand aus dem Saal wirft. Die anwesende demokratische Kongressabgeordnete Ocasio-Cortez, die selbst wie ihre Partei damit beschäftigt ist, die Abtreibung bis zur Stunde der Geburt zu legalisieren, fand jedenfalls nichts dabei, sie gewähren zu lassen. Daran ändert auch die hilflos nachgeschobene Erklärung nichts, es habe sich um eine Provokateurin gehandelt.

Die völkermörderischen Gene des Sozialismus haben im 19. Jahrhundert nur wenige erkannt und – wie die Geschichte des nationalen und des internationalen Sozialismus im 20. Jahrhundert bewiesen hat – viel zu spät erkannt.

Wie im 19. Jahrhundert, als die sogenannten Salonkommunisten ihre trivialen Einsichten in der »besseren Gesellschaft« am prallvoll gedeckten Tisch der Oberklasse zum Besten geben durften, um sich durch diese dümmliche Provokation sozial in Szene zu setzen, sind es auch heute wieder die verwöhnten Bratzen der Oberschicht, die sich von ihren Eltern im Oberklasse-SUV zur »Fridays for Future«-Schulschwänzparty chauffieren lassen und es schick finden, einer »neuen Ordnung« das Wort zu reden, deren Kosten vor allem die Habenichtse des Planeten werden bezahlen müssen. Das werden sie tun, nicht nur durch Armut, sondern durch den Verlust des nackten Lebens. Dafür brauchen diese Leute kein neues Wertegerüst, denn sie rennen auch jetzt schon mit Klamotten aus Kinderarbeit zur Demoparty und wollen die Kinderarbeitslosigkeit in Afrika mit Hilfe der Autobatterieproduktion noch weiter abbauen.

Der Ökologismus, bei dem die materielle Verelendungshypothese des Marxismus durch die Klimaapokalypse als propagandistisches Vehikel zur Zerstörung der Freiheit ersetzt wird, ist nur die letzte Mimikri einer freiheits- und menschenfeindlichen Idee, die – das zeigte Schafarewitsch in seinem bahnbrechenden Werk »Der Todestrieb in der Geschichte.

Erscheinungsformen des Sozialismus« – in der Menschheitsgeschichte weit zurückreicht.

Der Ökologismus als Begriff wurde erstmals von Roland Baader als solcher bezeichnet. Im Gegensatz zu ihren marxistischen Vorgängern hat sich diese Bewegung bisher keine einheitliche Selbstbeschreibung gegeben, sondern firmiert (noch?) unter einer Vielzahl von Flaggen. Ihnen gemeinsam ist die Farbe Grün.

Dieser neue »-ismus« wurde bereits seit den späten 1960er-Jahren als Rettungsboot des absehbar scheiternden Sozialismus aufgebaut und entwickelt. Zunächst experimentierten die planwirtschaftlichen Demiurgen mit unterschiedlichen moralischen Alarmismen, aus denen sie dann die für ihre Propaganda vielversprechendsten herausfilterten und weiterentwickelten. Es war bereits auf dem Höhepunkt des Kalten Krieges klar, dass die sozialistische Planwirtschaft den Wettbewerb mit dem auf Konkurrenz basierenden System der Marktwirtschaft verloren hatte. Helmut Schmidt nannte die Sowjetunion bereits in den Siebzigerjahren treffend *»Obervolta mit Raketen«*.[33] Während Westeuropa nach dem Krieg aufblühte, versank der Osten in Tristesse, einer grauen Realität mit dem allgegenwärtigen Geruch von Braunkohle, Zweitaktmotoren und einem Raubbau an Menschen und Umwelt, der in der Geschichte der Menschheit seinesgleichen sucht, aber nicht findet.

Der erste Großversuch einer propagandistischen apokalyptischen Drohung war der Bericht des »Club of Rome« mit dem Titel »Die Grenzen des Wachstums«. Die Kernbotschaft dieses scheinwissenschaftlichen Machwerks, welches Anfang der Siebzigerjahre von einem elitären Club selbstberufener Sozialingenieure unter die Menschheit gebracht wurde, ist leicht zusammengefasst: Man traf einige vereinfachende Grundannahmen hinsichtlich der Verfügbarkeit von natürlichen Ressourcen, insbesondere von Rohstoffen, und legte diese Menge am unteren Ende der damals bereits bekannten und in

Abbau befindlichen Lagerstätten fest. Dann schrieb man den Verbrauch dieser Rohstoffe auf Grundlage von Wachstumsannahmen der Weltwirtschaft fest und verpackte dieses simple Set von Inputs in einem Modell einfacher Differenzengleichungen, um den Verbrauch zu simulieren.

Wie nicht anders zu erwarten, spuckte das Modell als Ergebnis das aus, was in den Annahmen zuvor schon eingegeben worden war: Die endliche Menge der Rohstoffe, die in dem Modell nicht über die in der Realität sehr wohl existierende Exploration neuer Lagerstätten hinausging, würde bei wachsender Wirtschaft mit zunehmendem Tempo verbraucht werden. Noch vor dem Jahr 2000 sollte dann das eingetreten sein, was nun Programm und Name einer radikalen Organisation zum angeblichen Klimaschutz ist: »Ende Gelände«.

Darin steckte dann noch die (falsche) Nebenannahme, dass Wirtschaftswachstum, Ressourcenverbrauch und Umweltverbrauch fix und unveränderlich aneinandergekoppelt wären. Das Beispiel der Computerindustrie macht deutlich, warum diese Annahme Unsinn ist: In den 60er-Jahren betrieb man Computer noch ohne die Technologie der integrierten Schaltkreise, bei denen eine große Zahl von Transistoren per Fotolithografie auf einen kleinen Chip aufgebracht wird.

Würde man die heute durch Mikrochips verfügbare Rechenleistung auf Grundlage der damaligen Technik erstellen wollen, so würde der Platz des Sonnensystems vielleicht dafür ausreichen, vielleicht auch nicht. Das Beispiel zeigt die Absurdität der Annahme, das Wachstum sei an Rohstoffressourcen gebunden. Wachstum ist vielmehr an Wissen gebunden, und da unser Wissen theoretisch unendlich wachsen kann, ist auch das Wirtschaftswachstum unbegrenzt.

In einer der Gleichungen dieses Modells, das in Wahrheit bestenfalls als Demonstration dafür geeignet gewesen wäre, die Grundprinzipien von Differenzengleichungsmodellen zu erläutern, bei denen die Output-Werte einer Periode als Input-Werte der nächsten Periode herangezogen werden, war die Modellierung der Weltbevölkerung. Unter Vernachlässigung jeder demografischen Struktur und regionalen Differenzierung wurde eine Exponentialfunktion fortgeschrieben, die sich ebenfalls heute rückblickend als vollkommener Humbug erweist. Es ist erstaunlich, dass man diesem Machwerk bis heute so etwas wie wissenschaftliche Autorität zuordnet, wo sich doch jede einzelne der mit großem Trara vorgetragenen Prognosen des »Club of Rome« als vollkommen falsch erwiesen hat. Jede Gruppe von Vorschulkindern hätte beim Blick in die Zukunft mehr Treffsicherheit unter Beweis gestellt.

Menschen wie die Autoren solcher Prognosen entwickeln ihr Weltbild am Reißbrett. Sie vereinfachen und simplifizieren die Realität und erheben dieses Zerrbild dann zur unumstößlichen und unangreifbaren Wahrheit. Das ist sie nicht. Sie ist nur ein Modell, das sich als fehlerhaft und falsch erwiesen hat.

Legende Nr. 25: »Die digitale Revolution macht uns alle arbeitslos, der Staat muss daher die Arbeit verteilen.«

Das Argument, dass Maschinen uns alle ersetzen und arbeitslos machen, höre ich nun wirklich seit meiner Kindheit, und die ist nun schon bald fünfzig Jahre her. Dass an diesem Argument irgendwas faul sein musste, ist mir allerdings auch schon in der Schule aufgefallen, als im Geschichtsunterricht die Bewegung der Maschinenstürmer des 19. Jahrhunderts und die fundamentalistische Opposition gegen die Erfindung des Webstuhls Thema waren. Damals wurde auch schon gepredigt, dass die Mechanisierung den Menschen die Arbeit wegnehmen würde. Das Gegenteil war wahr. Richtig ist es natürlich, dass die Arbeit, die die Menschen bisher durchgeführt haben, mit der Erfindung neuer Produktionsmethoden in der Regel wegfällt. Wir müssen also dann etwas Neues lernen. Was soll daran schlecht sein? Seit der Mechanisierung des 18. und 19. Jahrhunderts sind viele Wellen technischen Fortschritts über die Menschheit hinweggezogen. Keine einzige dieser Wellen hatte zur Folge, dass uns die Arbeit ausging. Aber jede dieser Wellen war begleitet von der unerschütterlich vorgetragenen Behauptung vom Ende der Arbeit.

Dennoch werden sich einige nicht davon abhalten lassen, die Forderung aufzustellen, dass der Staat bei diesem Übergang helfen müsse. Mit Verlaub, aber wenn es genau eine Hilfe gibt, die wir dabei nicht brauchen, dann die einer unfähigen, korrupten und selbstverliebten Politikerklasse. Lassen Sie mich ein paar Beispiele technischer Upgrades geben, die mit dem technischen Fortschritt der Wirtschaft vergleichbar sind, und dazu eine simple Frage stellen: Wen beauftragen Sie damit?

Sie wollen Ihren VW Golf von fünfzig PS auf einen Achtzylinder-Boliden tunen inklusive Fahrwerks- und Designanpassungen. Beauftragen Sie damit eine Tuning-Firma oder einen Politiker aus Berlin?

Sie wollen Ihren alten Holzofen durch eine Gaszentralheizung ersetzen. Beauftragen Sie damit einen Heizungsbauer oder einen Politiker aus Brüssel?

Sie wollen Ihre undichten Fenster abdichten lassen. Beauftragen Sie damit einen Fensterbauer oder den Herrn Wirtschaftsminister?

Sie sehen, worauf ich hinaus will. Wir bauen etwas um. Das tun wir als Gesellschaft. Millionen von Menschen und Unternehmern, Ingenieuren, Tüftlern und Arbeitnehmern arbeiten daran mit ihrem Können mit. Wollen Sie ihnen das anvertrauen oder einer Schar Politiker, die es im Leben außerhalb ihrer parteipolitischen Sprechblasen zu nichts gebracht hat? Eben.

Und indem wir alle neu lernen, uns auf das Neue einlassen, begeben wir uns auf eine Reise zu mehr Wohlstand, zu mehr Wissen, zu mehr persönlicher Weiterentwicklung und Autonomie. Dass das nichts Neues ist, zeigt Abbildung 6[34], eine kleine Aufstellung der Sektoren in den Vereinigten Staaten von Amerika und ihre Entwicklung vom Jahr 1850 bis heute.

Abb. 6: Beschäftigung in den USA nach Sektoren 1850–2015

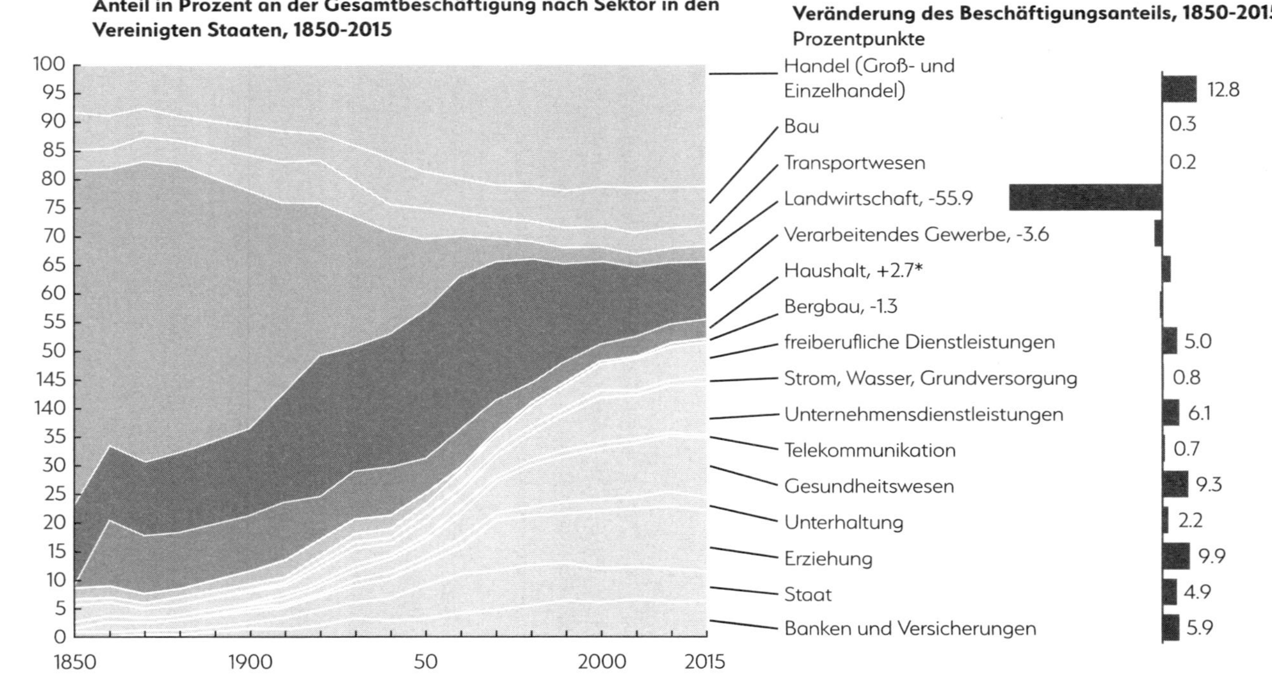

Quelle: IPUMS USA 2017; US Bureau of Labor Statistics; Analyse des McKinsey Global Institute

* Der Anstieg des Beschäftigungsanteils an der Hausarbeit von 1850 bis 1860 ist in erster Linie auf Änderungen bei der Erfassung unbezahlter Arbeit (Sklaverei) zurückzuführen.

Für jeden Rückgang der Beschäftigung in einem Sektor gab es Wachstum in einem anderen, der dieses sogar massiv überkompensierte. Denn was diese Darstellung nicht zeigt, ist, dass die Zahl der Arbeitsplätze in den USA in dem Betrachtungszeitraum von 1950 bis 2015 sich mindestens im Gleichschritt mit der Bevölkerungsentwicklung verzehnfacht haben dürfte.

Der Staat wurde dafür nicht benötigt. Hätte er sich groß eingemischt, wäre es wohl nicht so gut gelaufen.

II •
DIE FREIHEIT

4. Die fünf Säulen der Freiheit

Am Ende werden sie uns ihre Freiheit zu Füßen legen und zu uns sagen ›Macht uns zu euren Sklaven, aber füttert uns‹.

Fjodor Dostojewski, *Die Brüder Karamasow*

Wir können die Krise, ihre Folgen und ihre Entfaltung ökonomisch analysieren. Aber wir werden damit scheitern, die vollumfänglichen notwendigen Lerneffekte und Schlussfolgerungen zu gewinnen, wenn wir diese ökonomische Analyse nicht an die gesellschaftlichen Werte und Institutionen anlehnen, die die Voraussetzungen für eine freie Gesellschaftsordnung darstellen.

Wenn ich in der Öffentlichkeit über dieses notwendige Wertegerüst spreche, so wird mir oft entgegengehalten, dass es doch gerade das Wesen einer freien Gesellschaft sei, dass jeder »nach seiner Facon« glücklich werden könne, was einschließe, dass sich die Menschen die Werte, nach denen sie leben wollen, selbst aussuchen. Ein verbindliches Wertegerüst sei daher für eine freie Gesellschaft sinnlos, ja der ganze Grundgedanke sei nicht liberal, sondern konservativ, und ich würde damit einem Zirkelschluss aufsitzen. Der einzige Wert einer freien Gesellschaft sei die Werteneutralität, ein anderes Wort für Wertenihilismus.

Wer so argumentiert, der verkennt, dass es einen Unterschied gibt zwischen der Freiheit des Einzelnen, zu glauben, was er oder sie möchte, und den Werten, die eine Gesellschaft am Funktionieren halten. Die Wertepluralität findet ihre natürlichen Grenzen dann, wenn sich die Mehrheit einer Gesellschaft von den tragenden Werten der existierenden Ordnung abwendet. Es ist offenkundig, dass eine Gesellschaftsform nur dann überleben kann, wenn ihre Bürger die Werte teilen, auf denen sie ruht. Der singuläre Wert »Wertepluralismus« reicht dafür nicht aus.

Gegen die Vorstellungen der Mehrheit kann eine Ordnung auf Dauer nur durch Gewalt aufrechterhalten werden. Das war zum Beispiel in der Sowjetunion der Fall, nur dass die Werte des Staates dort freiheitsfeindlich und die des Volkes freiheitsliebend waren. Der Kollaps kam entsprechend schnell und unerwartet.

Die fünf Wertesäulen einer Gesellschaft der Freiheit wurden bereits im Prolog kursorisch erwähnt, es sind dies die Individualität, das Eigentum, Ehe und Familie, Religion sowie Kunst, Kultur und Musik.

Für unser Verständnis der Institutionen, die wir errichten müssen, um eine freie Gesellschaft zu etablieren und zu erhalten, müssen wir die Wirkungsweise dieser Werte im Detail betrachten und verstehen, wir müssen ihre vielfältigen Interaktionen studieren und wir müssen uns über den Weg zur Identifikation dieser fünf Säulen im Klaren sein. Sie sind nämlich nicht im positiven Sinne als tragend erkannt worden, sondern es war der Versuch ihrer Abschaffung und Zerstörung in früheren sozialistischen Experimenten, der ihre tragende Funktion für eine freie Zivilisation zum Vorschein gebracht hat. Sie sind das Ergebnis eines evolutorischen Prozesses, der Jahrtausende in Anspruch genommen hat, und sie sind, um es mit von Mises zu sagen, nicht das Ergebnis menschlichen Designs, sondern nur das Ergebnis menschlicher Interaktion.

Manchmal wird erst der Verlust oder die Zerstörung einer Sache uns klarmachen, dass sie kein schmückendes Beiwerk, sondern unverzichtbarer Bestandteil unseres Lebens ist.

Diskutieren wir also die fünf Säulen einer freien Zivilisation der Reihe nach und betrachten wir dann, wie sie ineinandergreifen.

Individualität

Die Individualität steht im Zentrum unserer Betrachtung, wenn wir über den Menschen als freies, ja als frei geschaffenes Wesen sprechen. Wir erleben uns selbst als ich-bewusste Wesen, wir erkennen uns beim Blick in den Spiegel, für uns gilt: Ich denke, also bin ich – cogito ergo sum. Aber dieses *»ich denke, also bin ich«* ist nur uns selbst vermittelbar. Kein anderer Mensch vermag in unsere Seele einzudringen und unser Ich zu erleben, zu erkennen oder gar, es zu extrahieren. Es ist eine Erfahrung, die nicht dupliziert werden kann. Jeder von uns erlebt sie für sich und nur für sich allein. Wir dürfen unterstellen, dass es nicht nur uns selbst so geht, sondern auch allen anderen Menschen, aber das ist nur der Erfahrung unserer Interaktion mit ihnen geschuldet, die uns nahelegt, aber nicht beweist, dass es so ist. Mit dem Solipsismus gibt es sogar eine philosophische Idee, die das Gegenteil für denkbar hält.

Diese unbedingte Abgrenzung unseres Ichs gegenüber der Außenwelt begründet, dass kein anderer den Anspruch gegen uns erheben kann, uns dieses Ichs zu entkleiden, uns nicht mehr als Individuum zu sehen, sondern als Teil einer gesellschaftlichen Maschine, die von fremder Willkür errichtet wurde. Ohne diese Autonomie, das Eigentum an unserer eigenen Person, ist Menschenwürde nicht denkbar, noch viel weniger herstellbar.

Indem der Sozialismus das Individuum in seinem Wert herabwürdigt und seine Ansprüche hinter die Forderungen einer anonymen Masse stellt, greift er also die Menschenwürde direkt an.

Nur die Philosophie der Freiheit, basierend auf dem christlichen Verständnis vom Menschen als von Gott frei geschaffenes Geschöpf, kann daher die Menschenwürde auch wirklich in ihrer Wurzel bejahen und verteidigen.

Die Feindschaft des Sozialismus gegen die Freiheit des Individuums und damit gegen die Anerkennung der Individualität als solcher hat, folgt man der historisch-empirischen Betrachtung Igor Schafarewitschs, eine spirituelle, religiöse Wurzel. Man erkennt das daran, dass alle Bewegungen in der Vergangenheit, die sich gegen das Individuum und den Individualismus gewandt haben, zugleich auch die Religion, insbesondere die christliche Religion bekämpft haben.

Dieser Antagonismus geht in der christlichen Heilsgeschichte darauf zurück, dass Satan, der Feind des Menschen, von Neid auf das göttliche Geschenk der Freiheit des Menschen erfüllt ist. Sein Streben ist letztlich darauf gerichtet, Gott zu beweisen, dass dieses Geschenk ein Irrtum war, dass der Mensch es nicht verdient hat, frei zu sein, und damit auch nicht verdient hat, ein mit Selbstbewusstsein beseeltes Wesen zu sein, dass er des göttlichen Geschenkes unwürdig ist.

Um diesen Beweis zu erbringen, dass das Individuum per se ein falsches Konzept für uns ist, versucht Satan die Freiheit des Menschen zu korrumpieren, und zwar auf zwei Ebenen: einer individuellen Ebene, die man Seele nennt, und einer Ebene der Rahmenbedingungen, die man gesellschaftliche Ordnung nennt. Die Seele korrumpiert sich durch Sünde, die Ordnung korrumpiert sich durch Unfreiheit und Unordnung. Beide stehen in korrespondierender Wechselwirkung zueinander.

Er erzeugt einen – im wahrsten Sinne – Teufelskreislauf, bei dem individuelle und gesellschaftliche Sünde sich gegenseitig bedingen und verstärken. Die individuelle Sünde untergräbt die Ordnung, die in der Lage ist, Freiheit und Individualismus zu gewährleisten, und die Ordnung der Unfreiheit schafft Bedingungen zur Förderung der Sünde, weil im Sozialismus die Bereitschaft zu Brutalität, Grausamkeit und Verbrechen ein Überlebensvorteil ist. Daher gehen gesellschaftlicher, wirtschaftlicher und moralischer Verfall immer Hand in Hand.

Daher ist es als Ausgangspunkt aller Werteüberlegungen entscheidend, dass wir uns des Wertes des Individuums, der Zelle des Humanismus, der Anerkennung des Menschen und seiner Würde als einzelnes Geschöpf Gottes bewusst sind. Wenn das Individuum nur sich selbst gehört und keinem anderen, keinem staatlichen Leviathan, keinem Diktator, keiner anonymen Masse, dann fließt aus dieser Erkenntnis die gesamte Ordnung der Freiheit in logischen Schritten wie von selbst.

Eigentum

Ich möchte diese kurze Betrachtung über das Eigentum mit einer kühn erscheinenden Hypothese einleiten: Das Eigentum an Dingen ist die logische Folge des Eigentums des Individuums an sich selbst. Gibt es keine private Eigentumsordnung, so wird das Individuum daran gehindert, die aus seiner Menschenwürde abgeleiteten Rechte praktisch auszuüben. Diese Rechte werden dann auf ein theoretisches Konstrukt reduziert, welches im realen Leben keine Wirkung mehr entfalten kann. Der Versuch, das private Eigentum abzuschaffen, ist daher nichts anderes als der Versuch, auch die Menschenwürde abzuschaffen und eine Ordnung zu installieren, die diese durch Herrschaft und Kontrolle mit Füßen tritt.

In einer Welt, in der denkende, fühlende und handelnde Wesen, dem Prozess der Evolution unterworfen, ihr Überleben sichern wollen, gibt es Eigentum an Dingen. Das ist sogar im Tierreich so. Löwen, Tiger und Raubvögel haben ein Revier, innerhalb dessen sie jagen. Übertreten sie seine Grenzen, kommt es zu oft blutigen Konflikten mit dem Inhaber des benachbarten Reviers.

Der Grund hierfür ist die Knappheit. Die Knappheit an Ressourcen zur Sicherung des eigenen Überlebens kann immer nur temporär aufgehoben werden. Kommt es in einem beliebigen Ökosystem zu einem Überfluss an Ressourcen, zum Beispiel Nahrung, so wird die es nutzende Population so lange beschleunigt wachsen, bis sich die Knappheit wieder einstellt. Der einzige Weg zur Überwindung aller Wachstumsgrenzen ist die menschliche Fähigkeit zur Innovation. Sie überwindet jedoch nicht das Prinzip der Knappheit.

Das Eigentum an einer Sache, das zeigt bereits das oben genannten Beispiel eines Jagdreviers in einem Ökosystem, ist die von der Evolution identifizierte effizienteste Methode, mit der Knappheit umzugehen. Man kann sie abschaffen, aber am Ende kommt das Eigentum immer wieder zurück, wird neu entdeckt und neu definiert. Der Grund ist einfach: Das Eigentum ist schwer zu erwerben. Wer es einmal erworben hat, wird, eingedenk des Aufwandes, es zu bekommen, und der Bedeutung für sein Überleben achtsam damit umgehen. Achtsamkeit ist hier synonym mit ressourcenschonend zu begreifen.

Schafft eine menschliche Gesellschaft das Eigentum ab oder schränkt sie die mit dem Eigentum verbundenen Rechte an einer Sache ein, so verschwinden die Dinge, an denen zuvor noch Eigentumsrechte bestanden, nicht einfach. Allerdings schrumpft ihre Menge schnell und beachtlich, was der Grund für die allgemeine Not in kommunistischen Gesellschaften ist.

Was bleibt, ist die Notwendigkeit für den Einzelnen, diese Dinge zu nutzen oder – am Beispiel von Nahrung – zu konsumieren. Hat er kein Eigentum mehr daran, so muss daher ein anderer Zuteilungs- oder Zubilligungsmechanismus geschaffen werden, um sein Überleben zu sichern. Im sozialistischen System des abgeschafften Privateigentums und allgegenwärtigen Staatseigentums ist dieser Allokationsmechanismus die Zuteilung durch die Bürokratie. Die Bürokratie hat dabei unterschiedliche Zuteilungsschlüssel zur Verfügung. Das kann die Gleichverteilung nach Köpfen sein, das Stehen in der Schlange, die Gefälligkeit des Bürokraten, die Willkür des Bürokraten als Repräsentant der verteilenden Klasse oder, und das ist oft der Fall, ein korrupter Handel zwischen dem Bittsteller Bürger und dem Bürokraten. Das ist der Grund, warum in kommunistischen Gesellschaften die Prostitution so aufblüht: Die meisten haben nichts mehr zum Tauschen anzubieten außer ihrem Körper.

Ihnen ist sicher schon aufgefallen, dass Fleiß, Arbeit, Erfindungsgeist, Unternehmertum, Selbstverwirklichung oder Kreativität des Einzelnen in dieser Liste möglicher Zuteilungsmechanismen nicht vorkommen. Es gibt sie nicht. Alles, was uns als Menschen antreibt zur Gestaltung eines selbstbestimmten Lebens, mehr zu sein als eine konsumierende Arbeitsbiene, kommt in diesem System nicht vor.

Auch hat der Einzelne in diesem System keine Möglichkeit mehr, sich seinen Mitmenschen gegenüber in irgendeiner Weise großzügig, fürsorglich oder karitativ zu zeigen, denn er verfügt über keine Mittel dafür. Er müsste sie erst bei einem Bürokraten erbetteln, der keinerlei Anreiz dafür hat, ihm das zu gewähren. Das gilt nicht nur für das Handeln gegenüber Dritten, sondern auch gegenüber denen, die einem anvertraut sind, der eigenen Familie, dem Ehepartner, den eigenen Kindern.

Die Abhängigkeit des Individuums von der Willkür wird somit total. Das totalitäre System erweist sich seines Namens als würdig. Wo es kein Eigentum an Sachen gibt, dort gibt es demzufolge auch kein Eigentum an der eigenen Person. Diesen Zustand nennt man daher Sklaverei, und er ist der Normalzustand kommunistischer Gesellschaften, für alle außer der selbsternannten kommunistischen Elite, der Nomenklatura.

Deshalb kennt dieses System auch keine Menschenwürde. Die Würde wird stattdessen der Masse zuerkannt, wo sie diffundiert und sich auflöst.

Fazit: Eigentum ist unverzichtbar, wenn wir das Individuum als Kern unserer Existenz nicht in Frage stellen, ja abschaffen wollen. Der Angriff der Sozialisten auf das Eigentum und die mit ihm verknüpften Rechte sind daher ein Angriff auf die Individualität und die Würde des Menschen.

Ehe und Familie

Ehe und Familie sind die Keimzelle der Gesellschaft und des Staates. Das erkennt sogar das an anderer Stelle von sozialistischen Tretminen nicht freie Grundgesetz an. Ehe und Familie existieren als tragende Institution menschlichen Zusammenlebens seit Anbeginn der Menschheit, ja eigentlich schon davor, wenn man vergleichbare Arrangements im Tierreich analysiert.

Es gibt noch weitere Institutionen menschlichen Zusammenhalts neben der Familie, wie Freundschaft, Stammeszugehörigkeit oder Bandenmitgliedschaft, jedoch haben sie im Leben des Menschen nicht ansatzweise die Bedeutung der Familie, weil ihr Zusammenhalt vom genetischen Egoismus, dem Willen, dem eigenen Stammbaum zum Überleben zu verhelfen, von 500 Millionen Jahren Evolution in unser Streben eingepflanzt wurde.

Sowohl im Tierreich wie auch beim Menschen gibt es auch andere Formen des Zusammenlebens, manche temporär, manche von Dauer für die an ihnen teilnehmenden Individuen. Unser Zeitalter ist stolz darauf, geradezu eine Explosion der Formen des – insbesondere durch das diverse Intimleben geprägten – Zusammenlebens hervorgebracht zu haben. Im Sinne des libertären Gedankens, dass jeder Mensch das Eigentum an seiner eigenen Person haben soll, ist es auch gut und richtig zu fordern, dass sich die Gesellschaft wie auch der Einzelne nicht in die diesbezüglichen Entscheidungen anderer einmischt, solange durch deren Wahl kein Dritter zu Schaden kommt. Das sollte selbstverständlich sein, gilt es doch ohnehin auch für die traditionelle Form der Familie aus Mann, Frau und Kindern.

Alle diese Formen sind für einen freiheitsliebenden Menschen also unter der genannten Bedingung zu tolerieren, jedoch bedeutet das nicht, dass sie die traditionelle Form der Familie ersetzen könnten. Sie sind alternative Formen, jedoch keine Familie. Nur die Paarbindung zwischen Mann und Frau begründet eine Ehe und also auch eine Familie.

Auf dieser Exklusivität zu bestehen ist keineswegs ein Zeichen von Intoleranz. Es beugt aber einem weit verbreiteten Missverständnis vor, nämlich, dass zum Beispiel gleichgeschlechtliche Partnerschaften für den Fortbestand der Gesellschaft das Gleiche leisten könnten wie die heterosexuell definierte Familie. Das ist mitnichten der Fall, auch wenn die moderne Fortpflanzungsmedizin uns dies glauben machen möchte.

Die beliebige Ausweitung des Begriffs Familie auf alle möglichen Formen des Zusammenlebens höhlt darüber hinaus nicht nur die Begrifflichkeit und die Bedeutung des Wortes aus, sondern sie definiert die Familie, wie wir sie bisher kannten, mangels einer eigenen Bezeichnung aus unserem Leben hinaus. Jeder, der Orwell gelesen hat, weiß, dass die Sprache das Denken beherrscht. Eine Sache, die nicht mehr klar definiert ist, verliert ihre gesellschaftliche Bedeutung und Existenz.

Und das ist auch genau das, was mit der Ausweitung und Anwendung der Definition von Ehe und Familie auf andere Sachverhalte gewollt und beabsichtigt ist.

Die Familie aus Mann, Frau und Kindern ist auf den Fortbestand der Generationenfolge hin angelegt. Eigene Kinder bringen in uns, auch wenn das von den Linken bestritten wird, das Beste hervor. Sie motivieren uns zu Höchstleistungen, zur Fürsorge, zur Sorge um die Zukunft unserer Gesellschaft, zum Willen, etwas zu schaffen und zu hinterlassen, zum Ziel, eine bessere Welt an die eigenen Kinder zu übergeben als die, die man vorgefunden hat.

Die intergenerationelle Großfamilie, deren Abschaffung in der modernen Gesellschaft heute praktisch eine vollendete Tatsache ist, wurde erst ersetzt durch die Zwei-Generationen-Familie, dann durch die »DINKs«, die Egoistengeneration des »double income no kids« (doppeltes Einkommen, keine Kinder), jetzt durch die Vereinzelung einer Single-Gesellschaft mit Lebensabschnittsgefährten unterschiedlicher Geschlechter und sexueller Spielarten.

Diese Entwicklung ist nicht alleine der Werteerosion unserer Gesellschaft geschuldet. Diese spielt zwar eine große Rolle, aber die Menschen sind auch unter den obwaltenden Umständen rationale Selbstoptimierer ihres Nutzens, in dem Fall ihrer Lust. Der Werteverfall ist aber nur das Schmiermittel der Entwicklung, ihr eigentlicher Motor ist die Setzung von Anreizen durch das staatliche Renten- und Umverteilungssystem. Die individuellen Kosten der Entscheidung, die traditionelle Familie gegen eine sexuelle Lustmaximierung einzutauschen, sind unter dem Aspekt der Vorsorge, der drohenden Altersarmut und der Einsamkeit im Alter eigentlich vom Individuum gar nicht zu tragen, von wenigen Ausnahmen abgesehen.

Das staatliche Sozialsystem gaukelt den Menschen jedoch vor, dass es möglich sei, diese Kosten auf »die Gesamtheit der Gesellschaft« überzuwälzen, dass es dort keine Folgen hätte, weil diese Gesellschaft ja so groß sei. Dass also andere für die Kosten unserer Entscheidung aufkämen, während wir selbst den Nutzen in Form von Lustgewinn einstreichen.

Der Generationenvertrag des Rentensystems beruht darauf, dass jeder glaubt, anderer Leute Kinder würden seine Rente zahlen. Da das mittlerweile eine Mehrheit glaubt, bekommen die Deutschen keine Kinder mehr und bilden sich ernsthaft ein, die importierten Arbeitskräfte aus aller Welt und deren Kinder wären so von Dankbarkeit erfüllt, dass sie dem vergreisenden Volk die Rente zahlen dürfen, dass sie das dann auch klaglos noch täten, wenn sie in der Mehrheit im Lande sind. Wie naiv kann man sein?

Ähnlich wie bei unserem kollektivierten Gesundheitssystem, das Anreize zum ungesunden Leben setzt, ist es auch mit unserem Rentensystem. Solche Systeme können nur von Leuten betrieben werden, die sich wirklich und ernsthaft unter der Dunstglocke des Keynesianismus einbilden, dass Wirtschaft die Wissenschaft der Töpfe sei und nicht die Wissenschaft der Anreize. Das sozialstaatliche Anreizsystem führt die Menschen in die gleiche Richtung wie das staatliche Manipulationsgeldsystem, nämlich die Vorsorge zu vernachlässigen und Kosten eigener Entscheidungen auf die Gesellschaft abzuwälzen – von wo sie aber zurückkommen, wenn das System an seine Grenzen gestoßen sein wird.

Der Preis für dieses fehlgeleitete soziale Ingenieurswesen des Staates wird hoch sein. Da das Volk nicht ausreichend vorsorgt und seine Ersparnisse durch die falsche Geldpolitik auch noch verbrannt werden, wird der Tag kommen, da nur die Familie als soziales Sicherheitsnetz überhaupt noch funktionieren wird. Das gilt für das Finanzielle wie auch für das Ideelle. Die Familie hat geringere Grenzkosten bei der Beschaffung von Wohnraum pro Person, jedenfalls in einem freien Markt. Die Familie ist, wenn sie groß genug ist, in der Lage, ein Minimum an arbeitsteiliger Wirtschaft auch in einem Zustand gesellschaftlichen Kollapses zu gewährleisten. Die Familie kann in chaotischen Zeiten ein Verteidigungsbund sein, wenn es um Leib und Leben geht. Die Familie gibt ideellen und psychischen Halt untereinander, weil ihre Mitglieder aus genetischem Egoismus füreinander einstehen.

Das leistet keine Kommune, keine Kolchose, keine Straßenbande, kein Wohnblock und keine Kaserne. Das leistet auch kein in Konkurs gegangener Sozialstaat.

Die Familie ist jedoch mehr als ein Vehikel für das physische Überleben des Individuums. Sie ist der eigentliche ökonomische Akteur in einer freien Gesellschaft und Marktwirtschaft. Sie ordnet das Leben in einen Zyklus aus Ausbildung, Beruf, Ruhestand und jeweils, um einen Abschnitt zeitversetzt, die Ausbildung der nächsten Generation und die Begleitung in das Berufsleben. Dieser Zyklus des Lebens ermöglicht es dem Individuum, über die Grenzen seiner eigenen physischen Existenz hinaus zu wirken, zu planen und auch vorzusorgen. Sie führt eine Zeitpräferenz in unser Handeln ein, welches über unsere eigene Lebenszeit hinausreicht. Das hat nicht nur Implikationen für unser individuelles Handeln, sondern auch für das politische Handeln der Führung eines Landes.

Staatschefs ohne Kinder handeln kurzfristig, Europa ist voller Beispiele. Staatschefs mit Kindern handeln langfristig. Eine Liste der europäischen Staatschefs mit und ohne Kinder nach damals aktuellem Stand findet sich schon in meinem Buch

»Wenn schwarze Schwäne Junge kriegen«[35]. Darin fanden sich ohne Kinder: Herr Macron (Frankreich), Frau May (UK), Herr Varadkar (Irland), Frau Merkel (Deutschland), Herr Rutte (Niederlande), Herr Juncker (EU), Herr Conte (Italien), Herr Kurz (Österreich).

Die Existenz der Familie ist zugleich dynamisch innerhalb der Gesellschaft, weil Familien durch Heirat untereinander verknüpft werden. Die Familie ist damit nicht weniger als die philosophische Brücke zwischen dem Individuum und der Gesellschaft. Sie motiviert uns, einen Wert im Wohlergehen der Gesellschaft als Ganzes zu sehen. Und sie tut das nicht in der sozialistischen ideologischen Weise, bei der der Staat die Familie zu substituieren und letztlich zu zerstören sucht, sondern in einer auf Freiwilligkeit begründeten Weise.

Sie ist nicht weniger als die Antwort auf die Frage, warum sich ein der individuellen Freiheit verschriebener Libertärer um das Wohlergehen seines Landes und um dessen Zukunft so große Sorgen macht, dass er bereit ist, persönliche Widrigkeiten in Kauf zu nehmen, um die langfristigen Erfolgsvoraussetzungen der Gesellschaft zu sichern: Es geht darum, der eigenen Familie, den eigenen Kindern und Kindeskindern ein Land zu hinterlassen, in dem sie frei und in Wohlstand leben können.

Die Familie ist also die Antwort der Freiheit auf den entmündigenden Sozialstaat schlechthin.

Deshalb hassen die Sozialisten sie so sehr, dass sie für die Anhänger dieser Lebensform den Begriff »Familisten« erfunden haben, die »Familismus« betreiben. Es wird den Leser nicht überraschen, aber Familismus ist natürlich »rechts« und »nazi«.

Wenn wir wollen, dass unsere Gesellschaft zu alter Stärke zurückfindet, müssen wir die Werte der Familie wiederentdecken und leben. Dafür müssen wir unseren sexuellen Hedonismus zügeln und für unsere Kinder bereit sein zum Verzicht auf Konsum. Wir müssen aufhören, andere Formen der Partnerschaft durch das Renten- und Sozialsystem zu subventionieren.

Wer sie wählt, soll die Toleranz der Gesellschaft einfordern dürfen, aber er darf nicht die ökonomischen Kosten auf andere übertragen: Jeder nach seiner Facon, aber auch jeder auf eigene Rechnung.

Religion

Die Religion, insbesondere die christliche, ist das Gerüst und das Bindemittel, welches eine auf Dauer freie Gesellschaft zusammenhält. Das hat mehrere gute Gründe. Zum einen kodifiziert und perpetuiert die christliche Religion das Wertegerüst, welches die Basis bildet für die Ordnung, in der der Mensch als freies Individuum leben kann, die Eigentumsordnung, das Familienbild und das damit korrespondierende Gottesbild eines wohlwollenden, liebenden Schöpfers, der unsere Freiheit und unser Wohlergehen wünscht.

Nicht jede Religion ist jedoch in gleicher Weise geeignet, als weltanschauliche Basis einer Ordnung der Freiheit zu dienen. Die Freiheit ist ein besonderer Ausdruck der Liebe Gottes zum Menschen, und es gibt zwei abrahamitische Religionen, die dieses Prinzip hochhalten: das Judentum und das Christentum. Beide machen dem Menschen das Angebot »entscheide dich!« für Gott und das Gute. Der Islam hingegen fordert vom Menschen »unterwirf dich!«, unter Gott und seine religiösen Vertreter auf Erden. So funktioniert Freiheit aber nicht.

Die Zehn Gebote konstituieren eine private Eigentumsordnung und Rechtsordnung, die den Menschen in den Mittelpunkt stellt, und die Bibel wie auch der Talmud geben dem Gläubigen sogar Ratschläge, wie er mit seinem Vermögen und seinen Geschäften verantwortungsbewusst umgehen soll. Die Morallehre des Christentums stellt zugleich die Familie, die Ehe und ihre Integrität in den Mittelpunkt der Schutzpflichten einer Gesellschaft. Das erschöpft sich nicht im siebten Gebot (Du sollst nicht ehebrechen) und im zehnten Gebot (Du sollst nicht begehren … deines Nächsten Weib), sondern hat sakramentalen Charakter. Die Ehe wird insbesondere im Neuen Testament als eine heilige, von Gott selbst gestiftete Institution bezeichnet. Dass die Bibel der Ehe und Familie diesen Stellenwert einräumt, hat seinen Grund wohl in ihrer unverzichtbaren Bedeutung für das Überleben des Einzelnen wie auch für das Funktionieren der Gesellschaft als Ganzer.

Die Religion ist darüber hinaus das sinnstiftende Element unseres Lebens schlechthin. Sie erlaubt es uns, unsere Handlungen und unser Denken in einen größeren, metaphysischen Rahmen einzuordnen. Die tausend kleinen Aufgaben des Lebens sind dann nichts anderes als die atomisierten Bestandteile der größeren Herausforderung, der wir uns im Leben zu stellen haben, nämlich, uns für das Gute zu entscheiden und dafür einzutreten, und zwar gerade dann, wenn es unbequem ist und die Umstände widrig werden.

Damit Religion als Tragwerk einer freiheitlichen Ordnung funktionieren kann, muss sie jedoch eine Reihe konkreter Bedingungen erfüllen, die über das geschriebene Wort, das religiöse Narrativ hinausgehen. Sie braucht einen institutionellen Rahmen. Sie muss ihre Botschaft erfolgreich an die Mehrheit der Menschen eines Landes vermitteln, damit diese Mehrheit eben dem freiheitlichen Wertegerüst folgt und das nicht aus Opportunismus, sondern aus Überzeugung tut, und sie muss es vermeiden, dass ihre Repräsentanten sie verfälschen, um ihre persönlichen Ideenwelten eines »Herz-Jesu-Sozialismus« in die Köpfe der Gläubigen zu tragen. Das ist derzeit unser Problem mit der Kirchenhierarchie vor allem in Deutschland, dem Land der Kirchensteuer und des Kardinalsmarxismus.

Religion und Glauben müssen stattdessen die einzig wahre Caritas des freiwilligen Teilens predigen. Sie steht im diametralen Gegensatz zur erzwungenen sozialistischen bürokratischen Umverteilung, die sich letztlich auf die Drohung von Gefängnis und Waffen stützt, denn das sind die ultimativen Zwangs- und Machtmittel des Steuerstaates, der diese Umverteilung organisiert.

Was wir stattdessen brauchen, ist einerseits eine Renaissance des institutionalisierten Christentums, also auch eine Stärkung der Kirchen, und zugleich ihre Abnabelung vom Staat. Dafür muss die Kirchensteuer abgeschafft werden. Bereits in meinem Buch »Die bürgerliche Revolution« habe ich ausführlich über die negativen Folgen der Kooptation der Kirchen durch den Leviathan des Sozialstaates geschrieben. Die Kirchensteuer ist das Vorhängeschloss vor diesem Gefängnis, dieser babylonischen Gefangenschaft unter der Knute der Bürokratie, in die sich die Kirche insbesondere in Deutschland freiwillig begeben hat.

Sie ist deshalb so stark, weil sie das »Sozialunternehmen Kirche« zu einem »Sozialkonzern« Kirche macht. Ihr Millionenheer an Beschäftigten macht die Kirchen zu einem Wirtschaftsfaktor, ihre Bischöfe und Kardinäle zu CEOs von Konzernen mit der gleichen Attitüde, der gleichen Eitelkeit, dem gleichen Drang in das Rampenlicht des gesellschaftlichen Lebens, in die Talkshows, die Empfänge im Bellevue und was das Hofschranzenleben einer entgleisten Ochlokratie (Pöbelherrschaft) und Oligarchie sonst noch so zu bieten hat.

Wer sich die Bilder ansieht, wie sich das vermeintliche Bodenpersonal Gottes zum Beispiel in Gestalt des EKD-CEOs Bedford-Strohm vor passender Kulisse (Meer, Berge) mit Prophetenblick in die Ferne (das neue Frömmeln) in Szene setzt, der weiß, welche Bedürfnisse dort in Wahrheit bedient werden. Das sind nicht mehr die spirituellen Bedürfnisse der Gläubigen, das sind die Eitelkeiten von Amtsträgern. Die Dienstautos werden immer fetter[36], während die Seelsorge Stück für Stück auf der Strecke bleibt.

Der gesellschaftliche Einfluss der Kirche wurde also transformiert. Bestand er früher in der Verkörperung und Verkündung der frohen Botschaft von der Erlösungstat Jesu Christi, ist er heute das Resultat von Organisationsgröße. Aus religiöser Sicht kann man nur konstatieren: Was für ein Abstieg!

Zugleich hat die Kirche es aufgegeben, dem Staat Grenzen aufzuzeigen. Das letzte Mal, als das geschah, war die Rede Papst Benedikts XVI. 2011 im Bundestag bei seinem Staatsbesuch in Deutschland, als er den heiligen Augustinus mit den Worten zitierte: *»Nimm vom Staat das Recht weg. Was bleibt dann als eine große Räuberbande?«*[37]

Die Kirchen nennen das Verbrechen der legalen Tötung ungeborener Menschen aus Gründen der Bequemlichkeit nicht mehr beim Namen. Die einzige im Bundestag vertretene Partei, die in dieser Sache noch eine christliche Position vertritt, wird von etlichen Bischöfen gar als »unwählbar« bezeichnet. Die ethische Entgleisung unseres Lebens, die totale Pornografisierung des Lebens bis hinein in die Kinderzimmer und Kindergärten, das Ausleben sexueller Spielarten in aller Öffentlichkeit statt im eigenen Schlafzimmer, die Ausbeutung der Leistungsträger, die Verfolgung von Christen in den Klassenzimmern der Nation, ausgeübt von Einwanderern aus Ländern mit entsprechender Tradition, die staatlich gewollte und geförderte Zerstörung der Ehe und der Familie, all das ist den »Oberhirten« kein Wort und keine Zeile mehr wert. Es wird politisch korrekt totgeschwiegen. Wäre Jesus so politisch korrekt gewesen wie unsere obersten »Seelsorger«, dann hätten sich weder Römer noch Pharisäer an ihm gestört. Die Erlösungstat wäre ausgefallen, die Gründung der Kirche und des Christentums auch.

Dabei müssten die Herren und Damen nur die Augen aufmachen und aufhören, sich zu weigern, die Früchte dieser Politik zu sehen. *»An ihren Früchten sollt ihr sie erkennen!«* ist der Hinweis, den die Heilige Schrift bei der Frage nach den falschen Propheten gibt. Wahrscheinlich verhindern das aber die Sonnenblenden steuerfinanzierter Dienstfahrzeuge, die dem alimentierten Leben als Scheuklappe dienstbar sind.

Was ist also die Rolle der Religion in einer wiedererrichteten freien Gesellschaft? Die Konzentration auf die Seelsorge, die Erziehung der Kinder in den Werten, Traditionen und im Glauben des buchstäblich wieder so zu nennenden christlichen Abendlandes, die Mahnung vor der Werteerosion, die Teilnahme am gesellschaftlichen Diskurs mit klarem christlichem Bekenntnis ohne Schwanken und Wanken, das Streben nach dem Titel »Verteidiger des Glaubens«, die Bereitschaft zum Zeugnis nicht auch, sondern gerade dann, wenn es zum persönlichen Nachteil gereicht.

Mit dem aktuellen Personal können wir das aber vergessen. Darum müssen wir ihm auch erlauben zu scheitern.

Kunst, Kultur und Musik

Das kulturelle Leben erscheint auf den ersten Blick als Fremdkörper neben den vier anderen Wertesäulen einer freiheitsliebenden Zivilisation. Werte sollen ja Verhalten beeinflussen, Regeln vermitteln, die als Ökosystem der Freiheit fungieren, indem sie unter anderem die Rechtsstaatlichkeit begründen.

Wie passen Kunst, Kultur und Musik da hinein?

Sie entstehen ebenso wie andere Güter in einem Spannungsfeld aus Angebot und Nachfrage. Die größten Kunstwerke der Geschichte wurden von Künstlern geschaffen, die sich zugleich als Unternehmer verstanden und ihre Kunden, Fürsten, Könige und Päpste, davon überzeugen konnten, dass sie ihnen etwas von unvergleichlich bleibendem Wert liefern können. Da Vinci, Michelangelo, Mozart, die großen Architekten der Renaissance und viele andere sind Beispiele dafür.

Sehen wir daher genauer hin. Der Mensch als Homo oeconomicus, als rational handelnder, sein wirtschaftliches Wohlergehen optimierender Teilnehmer am wirtschaftlichen und gesellschaftlichen Leben, lebt nicht vom Brot allein. Wenn der Mensch sich selbst optimiert, dann tut er das im Sinne einer subjektiven, individuellen Nutzenfunktion. Die Mikroökonomie befasst sich mit der Frage, wie die Nutzenfunktion des Menschen als Rezipient von Anreizen funktioniert. Kulturelle Güter spielen darin eine erhebliche Rolle. Wie anders sollte es zu erklären sein, dass wir bereit sind, Geld für eine CD mit der Musik unseres Geschmacks zu bezahlen oder Eintrittsgeld für ein Museum? Was wir dort bezahlen, sind in Wahrheit nicht Schallwellen und Lichtwellen von Gemälden, sondern die Emotionen, die sie vermitteln. Diese Emotionen sind ein unverzichtbarer Bestandteil unseres Menschseins, sie stehen in direkter Wechselwirkung und Korrespondenz mit unserer Selbstwahrnehmung, damit unserem Ich, dem göttlichen Funken, der die Basis unserer Freiheit ist.

Wenn uns diese Emotionen sprachlos machen, überwältigen, erfüllen, dann vermitteln sie uns etwas, das man als Korrespondenz zwischen Schöpfung und Schöpfer bezeichnen kann.

Kunst hat aus genau diesem Grunde auch eine gesellschaftliche Funktion. Sie dient, wie es die Aufklärung im 17. und 18. Jahrhundert formuliert hat, »dem Wahren, Schönen, Guten«.

Wahrheit, Schönheit und das Gute sind transzendente Begriffe, denn wenn unser Leben sie nicht als Leitbild und emotionale Leitwährung ansieht, dann rückt etwas anderes an ihren Platz, nämlich die Lüge, das Hässliche und das Böse. Man kann Wahrheit, Schönheit und das Gute nicht aus unserem Leben entfernen, ohne dass das passiert, denn das Vakuum will gefüllt werden.

Eine Kunst, die uns zu Wahrheitsliebe, Schönheitsliebe und Güte inspiriert, hat daher auch den Charakter eines Gebets. Die Korrespondenz zwischen Schöpfung und Schöpfer, die Inspiration des künstlerischen Genies durch den göttlichen Geist, die Resonanz, die wir spüren, um uns eine Sache zu sagen: Dies ist deine von Gott für dich gemachte Schöpfung, in all ihrer Großartigkeit geeignet, um dir ein freies und erfülltes Leben zu geben, wenn du das Geschenk der Freiheit in dieser Schöpfung annimmst und gebrauchst, aber nicht missbrauchst.

Dieser Kanal zwischen Schöpfung und Schöpfer ist wichtig, er ist lebensnotwendig für unsere geistige Gesundheit. Er gibt uns den Halt, welchen wir brauchen, um Schwierigkeiten und

Probleme zu überwinden, durchzuhalten, wenn es schwer wird, und zu wissen, dass nach jeder Nacht der Morgen folgt. Ohne Kunst, Kultur und Musik gibt es keine geistige Gesundheit und ohne geistig gesunde Mitglieder einer Gesellschaft keine freie, kreative, selbstbestimmte Ordnung.

Hierin liegt also eine Quelle der Kraft für das Individuum. Die gemeinsame Resonanz zwischen Menschen und Kunst, insbesondere Musik, wird von uns aber auch als ein Erlebnis von Gemeinschaft mit anderen wahrgenommen. Das gilt sowohl für das Hören als auch für das gemeinsame Produzieren von Musik. Wer mir jetzt sagt, dass Gemeinschaft ein sozialistisches Konzept sei, dem entgegne ich, dass das nicht stimmt. Wohlverstandene, freiwillige Gemeinschaft aus freien Individuen ist notwendig, um die Ordnung der Freiheit gegen äußere Feinde zu errichten und zu behaupten. Das entscheidende Wort dabei ist »freiwillig«.

Aber: Dieser Sachverhalt ist zugleich ein Einfallstor, das die Sozialisten zu nutzen wissen. Denn ihr Blick auf Kunst, Kultur und Musik ist ein anderer in mehrfacher Hinsicht. Die Sozialisten sind sich über den Gebets- und Meditationscharakter von Musik und Kunst durchaus im Klaren. Ihr Ziel ist daher zweierlei: den Kommunikationskanal zwischen Gott und Mensch zu zerstören, abzuschneiden, Gott mundtot zu machen einerseits, und das Mittel Musik für die eigenen Zwecke zu missbrauchen andererseits.

Es ist klar, dass die Sozialisten die Kunst dafür umdefinieren müssen. Sie müssen die echte Kunst als »bourgeoise«, »reaktionär« und »rechts« verteufeln, eindämmen, verflachen und degenerieren, und sie müssen echte Kunst durch falsche Kunst, durch Täuschung und Pervertierung ersetzen. So setzen sie Lüge, Hässlichkeit und das Böse an die Stelle des Wahren, Schönen, Guten und öffnen die Herzen der Menschen für einen anderen Kommunikationskanal, nämlich den zum Gegenspieler Gottes.

Daher stirbt die Kunst auch in den sozialistischen Systemen nicht ab. Der Grund dafür ist die Notwendigkeit, Kunst, insbesondere Musik, als Mittel der Gleichschaltung, Militarisierung, zum Hass und zur Gleichrichtung einzusetzen. Damit die Menschen das mit sich machen lassen, muss man sie glauben machen, dem ultimativ Guten zu dienen. Das geht nicht über Argumente, Logik (auch eine perverse Logik ist eine Logik, wenn die Menschen ihre Verkehrtheit nicht durchdringen) und Propaganda allein. Das geht vor allem über Emotionen. Musik, insbesondere gute Musik, spricht die menschlichen Emotionen in einer Tiefe an, zu der kein anderes Instrument vordringen kann. Daher benötigen die Sozialisten genau das, und es ermöglichte sogar das Phänomen, dass die klassische Musik des 20. Jahrhunderts ohne den Einfluss russischer Komponisten wie Schostakowitsch und anderer gar nicht denkbar wäre.

Julian Barnes' kleine Romanbiografie über Schostakowitsch mit dem bezeichnenden Titel »Der Lärm der Zeit« gibt einen interessanten Einblick, wie sich ein musikalisches Genie unter dem Druck der sowjetischen Gleichschaltung und des stalinistischen Terrors Freiräume für gute Musik erkämpft, wissend, dass er auf einem Drahtseil balanciert, welches ihn jederzeit das Leben kosten kann.

Sowohl die Nationalsozialisten als auch die Internationalsozialisten haben unterschiedliche Strategien entwickelt, Kunst für ihre menschenfeindlichen Zwecke einzusetzen. Die Nationalsozialisten interessierten sich nicht für gute Kunst. Sie mussten alles zerstören, was ihrem naiven Geschmack nicht entsprach, und erfanden daher das Unwort »entartete Kunst«. Mit diesem Kunstgriff (im wahrsten Sinne des Wortes) zerstörten und enteigneten sie wahre, schöne und gute Kunst. Dem stellten sie dann entgegen, was sie für die Wiederentdeckung der Klassik hielten, was aber in Wahrheit nur eine komikhafte Verflachung derselben darstellte, deren unfassbar boshafte Lächerlichkeit in der Propaganda aufblitzte.[38]

Die Sowjets erfanden den »sozialistischen Realismus«, eine Art naive Malerei mit Schwulst und Bombast, Marschmusik auf Leinwand gewissermaßen. Die Nationalsozialisten waren beim Thema Gleichschaltung durch Musik sehr ähnlich gepolt, was Albert Einstein zu der Bemerkung veranlasste: »*Wenn einer mit Vergnügen zu einer Musik in Reih und Glied marschieren kann, dann hat er sein großes Gehirn nur aus Irrtum bekommen, da für ihn das Rückenmark schon völlig genügen würde.*«[39]

In unserem System demokratischen Verfalls können wir korrespondierend einen kulturellen Verfall beobachten. Manche »Künstler« oder Theaterregisseure produzieren Dinge, bei denen man nachgerade feststellen muss, dass sie offenbar noch nicht aus bestimmten frühkindlichen Phasen herausgefunden haben.

In der Architektur läuft es nicht viel anders. In dem Gemeinschaftswerk liberal-konservativer Autoren »Renovatio Europeae« (Erneuerung Europas)[40] befasste sich ein eigenes Kapitel mit der Frage, warum das Abendland es noch wert sein sollte, verteidigt zu werden, wo es doch seit hundert Jahren durch Bausünden immer hässlicher geworden ist. Wenn Menschen in Kasernen leben, reduziert auf reine Funktionalität, ohne Schönheit und Zierde, mit schlechten Proportionen, die den goldenen Schnitt ignorieren, mit Raumhöhen, die ihnen die Decke auf den Kopf fallen lassen, eingepfercht, wenn der Blick aus ihrem Fenster grauen Beton offenbart, Fenster in Reih und Glied nach dem Muster paradierender Soldaten, wie sollen sie dann wahrnehmen, dass sie als freie Menschen zu Höherem bestimmt sind?

Dass die Grünen fordern, den Bau von Einfamilienhäusern zu verbieten, eine Forderung, die im Hamburger Norden seit einem Jahr Realität ist, passt in die linke Zwanghaftigkeit, die Menschen kasernieren zu wollen, um ihnen auch ein Lebensgefühl des Knastes zu geben, in den man sie geistig schon lange gesteckt hat. Dass die angebliche Energieeffizienz dafür herhalten muss, kann nicht überraschen. Das ist weniger Ausdruck der Realität als der Einfallslosigkeit der grünen Sozialisten.[41]

Eine Gesellschaft, die frei und bewusst sein will, muss sich daher mit der Frage auseinandersetzen, wie sie ein Kunstverständnis fördert und bildet, das die Menschen nicht gleichschaltet und in ihnen nicht das Böse, Selbstsüchtige motiviert, sondern die Menschen erhebt, zu Dankbarkeit gegen Gott, zur Pflichterfüllung gegenüber der Familie und zu sich selbst bewegt. Das zu erkennen ist nicht schwer: Wir müssen nur sehen, welche Art Kunst, Musik und Architektur der Sozialismus will, und das Gegenteil dessen tun.

5. Die sieben Todsünden wider die Freiheit

> Der Geschmack der Freiheit ist umso köstlicher, da wir uns noch an den Geschmack der Tyrannei erinnern.
>
> **Marcus Tullius Cicero**

Der bittere Vorgeschmack der aus den Tiefen aufsteigenden Tyrannei liegt uns nicht nur in Deutschland allenthalben auf der Zunge.

Es ist den Menschen in diesem Lande in ihrer überwiegenden Mehrheit aber noch nicht klar, dass der Verlust dieser Freiheit, die zu erfahren sie beginnen, nicht die Folge eines Virus ist.

Der Verlust der Freiheit ist die logische Folge ihrer sich beschleunigenden Erosion, die sich über Jahre, ja Jahrzehnte hingezogen hat und an die sich die Menschen im Namen der vermeintlichen Sicherheit gewöhnt haben.

Die Preisgabe der Freiheit geschah aber nicht allein im Namen der Sicherheit, sondern sie kristallisiert sich als Ergebnis des Appells an die niederen Instinkte einer ich-bezogenen und im Geiste des Egoismus aufgewachsenen Mehrheit in diesem Land. Unsere Vorväter hatten erkannt, dass es die Zehn Gebote Gottes gibt, deren Verletzung Sünde konstituiert. Aber sie haben auch eine Metaebene der Sünde aufgedeckt, nämlich das Ausleben von Neigungen, die unweigerlich in dem Brechen dieser Gebote münden. Sie erkannten eine ihr zugrunde liegende Geisteshaltung, ein Begehren, welches den Motor der Verführung darstellt.

Diese Geisteshaltung fassten sie zusammen in den sieben Todsünden: Wollust, Neid, Gier, Völlerei, Trägheit, Zorn und Hochmut.

Die in den sieben Todsünden zum Ausdruck kommende Geisteshaltung ist zugleich der Todfeind der Freiheit, weil sie Freiheit und Verantwortung entkoppelt, und Motor des Untergangs, denn ihre gesellschaftspolitische Realisierung mündet zwingend in eine Ordnung der Gewalt.

Diese Gewalt ist schon da, das Volk hat sich langsam und unmerklich an sie gewöhnt.

Zu Beginn ist diese Gewalt struktureller Natur, sie wird verborgen, findet hinter verschlossenen Kliniktüren statt, die es der Masse des Volkes erlauben wegzusehen. Aber das Raubtier Gewalt lässt sich nicht in einen Zwinger aus Watte und Schokolade einsperren. Es bricht vorhersehbar hervor und richtet seine Brutalität gegen die Schlafschafe, die noch Minuten zuvor ganz sicher waren, dass es nur den anderen trifft, den, welchen wir durch Mehrheitsbeschluss stigmatisiert und entmenschlicht haben.

Die Gewalt richtet sich in diesem Stadium des gesellschaftlichen Verfalls vorzugsweise gegen die Schwächsten und Wehrlosesten einer Gesellschaft, die am Beginn und am Ende des Lebens Stehenden. Die Verrohung der Masse erfolgt schleichend. Die Beseitigung von Menschen im Namen des Hedonismus funktioniert mit industrieller Effizienz. Doch täusche sich niemand: Das Raubtier richtet sich schon sehr bald auch gegen alle anderen, die sich sicher vor ihm wähnten.

Welche Wirkmechanismen sind dabei am Werk?

Man kann es zusammenfassen in dem Satz: **Die sieben Todsünden sind nichts anderes als die sieben Kardinaltugenden des Sozialismus.**

Die **Wollust** steht für die von der sozialistischen Frankfurter Schule zur Zerstörung der Familie propagierte Pornografisierung der Gesellschaft. Sie ist nicht nur in jedes Haus vorgedrungen, nein, sie hat sich in Kinderzimmern und sogar Kindergärten breitgemacht. Sie ist das Instrument der Abstumpfung gegen den Missbrauch der Wehrlosen, der Schleichpfad, auf dem die Forderungen nach Legalisierung des Kindesmissbrauchs vorgetragen und ihrer Tolerierung der Weg geebnet wird.

Der **Neid** ist der Motor der gleichmacherischen Ideologie schlechthin. Es ist dies nicht der produktive, anerkennende Neid, der in uns den Wunsch weckt, durch Leistung einen Lebensstandard zu erreichen, den andere uns vorleben. Nein, es ist dies der Neid, der es lieber hinnimmt, dass alle ärmer sind, wenn dadurch nur der Nachbar nicht mehr hat als wir selbst. Es ist die Sünde der Gesellschaft, die den Fortschritt kraft Fleiß und Arbeit ersetzt durch die bürokratische, auf Befehl und Gehorsam und damit Gewalt beruhende Gleichverteilung der Armut und des Elends.

Die **Gier** ist die am meisten missverstandene aller sozialistischen Tugenden. Die wahre Gier ist nicht der Drang nach mehr Wohlstand durch Arbeit, Fleiß, Unternehmertum und Erfindergeist. Die wahre Gier ist der Wille, sich den Reichtum, die Früchte der Arbeit anderer anzueignen. Sie ist die aus dem Neid abgeleitete Entschlossenheit zum Raub. Der Hauptkomplize dieser Gier ist der Steuerstaat.

Die **Völlerei** konkretisiert sich im sozialistisch-machtpolitischen Konzept »Brot und Spiele«. Es ist die sinn- und geistlose Konsumhaltung, der Konsumterror mit gedrucktem Helikoptergeld, der als Scheinwissenschaft verbrämte Glaube an die Nachfrage und damit den Konsum, den uns der Keynesianismus, dieses Sprungbrett aus der Marktwirtschaft in die Planwirtschaft, lehren möchte. Sein Fetisch Nachfrage ist das goldene Kalb, um das die Protagonisten des Verfalls ihren närrischen Tanz aufführen.

Niemals frisst der Mensch so haltlos in sich hinein wie am freien, scheinbar kostenlosen, weil von anderen bezahlten Büfett. Das ganz große kalte Büfett ist unser Sozialstaat, der es den Leistungsträgern wegnimmt und bei der Verteilungsorgie des Buffets die wirklich Bedürftigen übergeht.

Damit kommen wir zur **Trägheit.** Sie ist ein anderes Wort für Faulheit, und wir finden ihr sozialistisch-planwirtschaftliches Pendant im leistungslosen Einkommen, neuerdings propagiert unter dem schönen neuen Begriff vom »bedingungslosen Grundeinkommen«, einer neuartigen Bedienungsanleitung zum Nichtstun. Nicht umsonst sagte man früher: Müßiggang ist aller Laster Anfang. Die Faulen sollten sich aber nicht täuschen: Der Preis dieser ganz speziellen sozialistischen Tugend ist nach dem Kippen des weichen, im Schafspelz der Fürsorge daherkommenden und sich demokratisch gerierenden Sozialismus das stalinistische Arbeitslager.

Der **Zorn** ist das Vehikel der jakobinischen Revolution. Die Zerstörung aller Werte durch Umwertung, das Wegschlagen der emotionalen, religiösen, familiären und sinnerfüllenden tragenden Säulen eines bürgerlichen Lebens hinterlässt eine Leere in den Menschen, die nur mit Konsum und Zorn gefüllt werden kann. Der Zorn ist das schlagartige Ergebnis der auch nur verzögerten Erfüllung konsumtiver Wünsche. Für diese Frustration einer auf niedrigste Frustrationsschwellen trainierten Plebs werden dann Schuldige gesucht, gefunden und angeboten. Üblicherweise sind das die Leistungsträger, die Unternehmer, der anonyme Markt, der natürlich bei der Erfüllung unserer Wünsche versagt hat, wahlweise ein böser Mensch im Ausland, auf den wir alle Schuld der Welt projizieren können. Ein Paradebeispiel war der nahezu animalische Hass der Medien in Deutschland gegen den früheren US-Präsidenten Trump. Kein Mittel war zu grob und plump, um es nicht in diesem Sinne auszuleben.

Der Zorn ist das Vehikel der stalinistischen Machtergreifung. Er ebnet dem Mord und dem Raub den Weg.

Bleibt noch der **Hochmut.** Er kommt bekanntlich vor dem Fall. Der Hochmut ist der äußere Ausdruck der Weigerung zu lernen. Denn: Das haben wir nicht mehr nötig. Wir wissen doch schon alles. Wir haben die Druckerpresse und die Feuerkraft unserer Rechenmaschinen. Wir fühlen uns also perfekt vorbereitet auf die Anmaßung des Wissens, die wir als Begründung heranziehen müssen, um in das Leben von Millionen Menschen bürokratisch-diktatorisch einzugreifen. Wir brauchen keinen Versuch und Irrtum, wir brauchen keine schöpferische Zerstörung, wir zombifizieren uns lieber.

Diese sieben Todsünden beherrschen unsere Gesellschaft. Sie sind, wie Schafarewitsch und andere erkannt hatten, der Ausfluss des Dämonischen, das auf unseren Untergang hinarbeitet.

Es stellt sich die Frage: Wenn unser Problem so metaphysischer Natur ist, warum befassen wir uns dann so obsessiv mit den Fragen der Ökonomie?

Die Antwort ist einfach. Ausgerechnet die mit Religion ja eigentlich nichts am Hut habende Objektivistin Ayn Rand hat dafür eine Antwort von bestechender Schönheit geliefert, als sie schrieb:

»Geld ist das Barometer der Moral einer Gesellschaft. Wenn Sie sehen, dass Geschäfte nicht mehr freiwillig abgeschlossen werden, sondern unter Zwang, dass man, um produzieren zu können, die Genehmigung von Leuten braucht, die nichts produzieren, dass das Geld denen zufließt, die nicht mit Gütern, sondern mit Vergünstigungen handeln, dass Menschen durch Bestechung und Beziehungen reich werden, nicht durch Arbeit, dass die Gesetze Sie nicht vor diesen Leuten schützen, sondern diese Leute vor Ihnen, dass Korruption belohnt und Ehrlichkeit bestraft wird, dann wissen Sie, dass Ihre Gesellschaft vor dem Untergang steht.«[42]

Die Wirtschaft ist das Brennglas unserer Gesellschaft, weil wir unser Leben in Freiheit oder Knechtschaft nach ökonomischen Grundsätzen gestalten. Die wirtschaftliche Ordnung gibt die Rahmenbedingungen unseres Handelns vor. Sie oktroyiert uns auch eine Moral auf. Diese Moral ist in der freien Gesellschaft gut, in der sozialistischen Gesellschaft hingegen schlecht, und das ist sie nicht trotz, sondern wegen der hypermoralisierenden Attitüde der sozialistischen Gutmenschen.

Es ist die Motivation der oben beschriebenen sieben Todsünden, die eine Kaskade in Gang setzt, eine Kaskade, an deren Ende die Herrschaft der Gewalt wartet. Manche Gesellschaften brauchen viele Jahre, um dort anzukommen. Andere legen die Strecke im Schweinsgalopp zurück.

Die Vielzahl der Eingriffe in eine funktionsfähige Marktwirtschaft, die allein ein Leben in Freiheit garantieren kann, hat unseren Staat und unser Gemeinwesen bereits tödlich verwundet. Der Krebs ist schon diagnostiziert, nur noch nicht von den Amtsärzten in Gestalt der offiziellen »Wirtschaftsweisen«, wo man sich noch in Gesundbeterei und Schönfärberei übt. Schließlich weiß man, welche politischen Overlords das eigene Institut finanzieren, zwar mit dem Geld anderer Leute, aber sie haben es sich ja angeeignet und können es nun nach Gutsherrenart verteilen.

Was hindert uns alles am freien Tausch?

Das Fiat-Geldsystem, eine Matrix der Täuschung, die alle Preise und Informationen verzerrt und dafür sorgt, dass wir in Wahrheit nicht nur beim Brotkauf, sondern bei allen Gütern und Dienstleistungen gar nicht mehr wissen, was wir tauschen und was die Kaufkraft des Zettels ist, mit dem wir handeln.

Das Fiat-Geldsystem dient dem Zweck, die Menschen zu berauben, ohne dass sie das merken, und wenn sie es merken, dass sie dann nicht verstehen, was die Mechanismen sind, und wenn sie die Mechanismen erkennen, dass sie sie dann nicht aushebeln können oder es dafür zu spät ist.

Der Staat, der, wenn man es richtig rechnet, schon heute eine Staatsquote von siebzig Prozent durchgesetzt hat, absorbiert unser gesamtes Wirtschaftsleben. Wer heute behauptet, der

Markt habe versagt, der verkennt, dass wir gar keine Marktwirtschaft mehr haben. Wir haben eine Staatswirtschaft mit einem immer kleiner werdenden marktwirtschaftlichen Hilfsmotor. Diesen versuchen wir statt mit Benzin mit Nitroglyzerin zu betreiben, damit er auf 15 000 Umdrehungen läuft, um zu kompensieren, dass er immer kleiner wird in Relation zu unseren Umverteilungs- und Bürokratieansprüchen. Dieses Nitroglyzerin ist das Helikoptergeld der EZB und der FED.

Was wir daher vor uns haben, ist der Kolbenfresser, der Totalschaden unserer Wirtschaft, die Pleitewelle, die mindestens 25 Prozent unserer Unternehmen, Arbeitsplätze, Produktion und Wirtschaftskraft in den Abgrund reißt.

Unsere politische Klasse kombiniert dabei in klassischer Manier ihre Ignoranz, das Ergebnis ihrer Faulheit in der Schule, mit der Todsünde des Hochmuts. Die These von der adversen Selektion bestätigt sich ein ums andere Mal. Neulich erklärte uns Finanzgenie Scholz, dass die Verlängerung des Kurzarbeitergeldes um ein Jahr zehn Milliarden Euro kostet. Sieben Millionen *multipliziert* mit 1500 Euro im Monat mal zwölf Monate sind also bei dem Mann zehn und nicht 126 Milliarden.

Und kein einziges Mitglied unserer qualitätsjournalistischen Klasse fragt mal nach oder zückt den Bleistift, um das nachzurechnen. Kein einziges. Für dieses Volk von Schreiberlingen sollten wir die Liste der Todsünden um den Tatbestand der Kriecherei erweitern. Ihre Jubelarien auf die Mächtigen sind das Öl, auf dem diese Gesellschaft noch schneller in Richtung Unfreiheit und Abgrund schlittert. Keine Dusche im Regierungsviertel wird nicht von ihnen nach dem sprichwörtlichen Stück Seife abgesucht.

Wir haben in der Kaskade des freiheitlichen Verfalls schon eine riesige Wegstrecke zurückgelegt, und wir stehen jetzt vor der buchstäblichen Wahl: Freiheit oder Untergang.

Wenn wir die Freiheit wollen, dann müssen wir den sieben Todsünden abschwören. Die Alternative ist das Wertegerüst der freien Gesellschaft. Die fünf Säulen der Freiheit sind Individualität, Eigentum, Familie, Religion und Kultur.

Diese Werte sind die Funktionsvoraussetzungen einer freien Gesellschaft. Sie sind das Gegengift gegen die sieben Todsünden wider die Freiheit.

Es ist dabei eine Binsenweisheit, dass jeder auch das Recht hat, Werten zu folgen oder es zu lassen. Auch das gehört zur Individualität. Es ist jedoch, wie bereits im vorigen Kapitel ausgeführt, unsinnig zu glauben, dass eine solche Beliebigkeit der Werte auch für Gesellschaften als Ganzes gilt. Wendet sich die Mehrheit einer Gesellschaft dauerhaft von diesen Werten ab, so führt das zu ihrem Kollaps, ihrem Untergang.

Wer glaubt, dass dieser Kollaps im schlimmsten Fall nur eine tiefe, schmerzhafte und lange Wirtschaftskrise beinhaltet, der hat sich geschnitten. Der Sozialismus hat den Genozid in den Genen. Das Raubtier wird das Schafsfell ablegen und die Schafe reißen.

Die immer aggressivere Politik der Bevormundung weckt aber nunmehr auch den Widerstand. Ich hege die leise Hoffnung, dass der deutsche Michel doch nicht so schläfrig ist, wie die politische Klasse hofft und glaubt. Sollte das so sein, dann haben sich diese Herrschaften gerade beim politischen russisch Roulette verkalkuliert.

Die Bürger wollen die Freiheit, nicht den Untergang.

III •

DIE ORDNUNG

6. Prinzipien einer freiheitlichen Verfassung

Das Wichtigste aber ist bei jeder Verfassung, dass man durch die Gesetze und sonstige Einrichtungen eine solche Ordnung einführt, dass die Bekleidung der Ämter keinen Gewinn abwirft.

Aristoteles

Als die Väter des Grundgesetzes 1948 ihren Entwurf für die Grundordnung eines freiheitlich angelegten Westdeutschlands vorlegten, da lehnten sie die Vorstellung, dass dieses Grundgesetz eine Staatlichkeit begründen könne, kategorisch ab.

So führte Carlo Schmid (SPD) in seiner historisch bedeutsamen Rede vor dem Parlamentarischen Rat am 8. September 1948 unter anderem aus[43] (ich zitiere ausführlich):

»*Wenn in einem souveränen Staat das Volk eine verfassunggebende Nationalversammlung einberuft, ist deren Aufgabe klar und braucht nicht weiter diskutiert zu werden: Sie hat eine Verfassung zu schaffen.*

Was heißt aber ›Verfassung‹? Eine Verfassung ist die Gesamtentscheidung eines freien Volkes über die Formen und die Inhalte seiner politischen Existenz.

Eine solche Verfassung ist dann die Grundnorm des Staates. (…)

Eine Verfassung ist nichts anderes als die in Rechtsform gebrachte Selbstverwirklichung der Freiheit eines Volkes. Darin liegt ihr Pathos, und dafür sind die Völker auf die Barrikaden gegangen. (…)

Freilich weiß jeder von uns, dass man Ordnungsgesetze anderer Art auch schon Verfassung genannt hat, zum Beispiel die oktroyierten ›Verfassungen‹ der Restaurationszeiten. (…)

Man wird aber da nicht von Verfassungen sprechen, wenn Worte ihren Sinn behalten sollen; denn es fehlt diesen Gebilden der Charakter des keinem fremden Willen unterworfenen Selbstbestimmtseins. Es handelt sich dabei um ›Organisation‹ und nicht um ›Konstitution‹. (…)

Dies alles gilt auch von der Schaffung eines Staates. Sicher, Staaten können auf die verschiedenste Weise entstehen. Sie können sogar durch äußeren Zwang geschaffen werden. Staat ist aber dann nichts anderes als ein Ausdruck für ›Herrschaftsapparat‹.«

Schmid unterschied klar zwischen einer Verfassung als Ausdruck der Souveränität und dem Missbrauch ihrer Bezeichnung als reinen Herrschaftsapparat:

»Man muss wissen, was man will, wenn man von Staat spricht, ob den bloßen Herrschaftsapparat, der auch einem fremden Gebieter zur Verfügung stehen kann, oder eine lebendige Volkswirklichkeit, eine aus eigenem Willen in sich selber gefügte Demokratie. Ich glaube, dass man in einem demokratischen Zeitalter von einem Staat im legitimen Sinne des Wortes nur sprechen sollte, wo es sich um das Produkt eines frei erfolgten konstitutiven Gesamtaktes eines souveränen Volkes handelt. Wo das nicht der Fall ist, wo ein Volk sich unter Fremdherrschaft und unter deren Anerkennung zu organisieren hat, konstituiert es sich nicht – es sei denn gegen die Fremdherrschaft selbst –, sondern es organisiert sich lediglich, vielleicht sehr staatsähnlich, aber nicht als Staat im demokratischen Sinn. (…)

Nur wo der Wille des Volkes aus sich selber fließt, nur wo dieser Wille nicht durch Auflagen eingeengt ist durch einen fremden Willen, der Gehorsam fordert und dem Gehorsam geleistet wird, wird Staat im echten demokratischen Sinne des Wortes geboren. Wo das nicht der Fall ist, wo das Volk sich lediglich in Funktion des Willens einer fremden übergeordneten Gewalt organisiert, sogar unter dem Zwang, gewisse Direktiven dabei befolgen zu müssen, und mit der Auflage, sich sein Werk genehmigen zu lassen, entsteht lediglich ein Organismus mehr oder weniger administrativen Gepräges. Dieser Organismus mag alle normalen, ich möchte sagen, ›inneren‹ Staatsfunktionen haben; wenn ihm die Möglichkeit genommen ist, sich die Formen seiner Wirksamkeit und die Grenzen seiner Entscheidungsgewalt selber zu bestimmen, fehlt ihm, was den Staat ausmacht, nämlich die Kompetenz der Kompetenzen im tieferen Sinne des Wortes, das heißt die letzte Hoheit über sich selbst und damit die Möglichkeit zu letzter Verantwortung.«

Und er führte präzise aus, warum die Lage Deutschlands 1948 die notwendigen Bedingungen nicht erfüllte:

»Was ist nun die Lage Deutschlands heute? Am 8. Mai 1945 hat die deutsche Wehrmacht bedingungslos kapituliert. An diesen Akt werden von den verschiedensten Seiten die verschiedensten Wirkungen geknüpft. Wie steht es damit? Die bedingungslose Kapitulation hatte Rechtswirkungen ausschließlich auf militärischem Gebiet. Die Kapitulationsurkunde, die damals unterzeichnet wurde, hat nicht etwa bedeutet, dass damit das deutsche Volk durch legitimierte Vertreter zum Ausdruck bringen wollte, dass es als Staat nicht mehr existiert, sondern hatte lediglich die Bedeutung, dass den Alliierten das Recht nicht bestritten werden sollte, mit der deutschen Wehrmacht nach Gutdünken zu verfahren. Das ist der Sinn der bedingungslosen Kapitulation und kein anderer. (…)

Nach Völkerrecht wird ein Staat nicht vernichtet, wenn seine Streitkräfte und er selbst militärisch niedergeworfen sind. Die debellatio vernichtet für sich allein die Staatlichkeit nicht, sie gibt lediglich dem Sieger einen Rechtstitel auf Vernichtung der Staatlichkeit des Niedergeworfenen durch nachträgliche Akte. Der Sieger muss also von dem Zustand der debellatio Gebrauch machen, wenn die Staatlichkeit des Besiegten vernichtet werden soll. Hier gibt es nach Völkerrecht nur zwei praktische Möglichkeiten. Die eine ist die Annexion. Der Sieger muss das Gebiet des Besiegten annektieren, seinem Gebiet einstücken. Geschieht dies, dann allerdings ist die Staatlichkeit vernichtet. Oder er muss zur sogenannten Subjugation schreiten, der Verknechtung des besiegten Volkes. Aber die Sieger haben nichts von dem getan. Sie haben in Potsdam ausdrücklich erklärt, erstens, dass kein deutsches Gebiet im Wege der Annexion weggenommen werden soll, und zweitens, dass das deutsche Volk nicht versklavt werden soll. Daraus ergibt sich, dass zum Mindesten aus den Ereignissen von 1945 nicht der Schluss gezogen werden kann, dass Deutschland als staatliches Gebilde zu existieren aufgehört hat. (…)

Nunmehr hat man uns eine weitere Schicht der Volkssouveränität freigegeben. Wir müssen uns fragen: Ist das, was uns nunmehr freigegeben worden ist, der ganze verbliebene Rest der bisher gesperrten Volkssouveränität? Manche wollen die Frage bejahen; ich möchte sie energisch verneinen. Es ist nicht der ganze Rest freigegeben worden, sondern ein Teil dieses Restes.

Zuerst räumlich betrachtet: Die Volkssouveränität ist, wo man von ihrer Fülle spricht, unteilbar. Sie ist auch räumlich nicht teilbar. Sollte man sie bei uns für räumlich teilbar halten, dann würde das bedeuten, dass man hier im Westen den Zwang zur Schaffung eines separaten Staatsvolks setzt. Das will das deutsche Volk in den drei Westzonen aber nicht sein!

Es gibt kein westdeutsches Staatsvolk und wird keines geben!«

Schmid verwies auf die Zukunft und stellte lapidar fest, wann und wie diese Bedingungen erfüllt sein würden und was dann die notwendige Handlungsweise sei, um zu einer Verfassung zu kommen, die diesen Namen auch verdient hat:

»Eine gesamtdeutsche konstitutionelle Lösung wird erst möglich sein, wenn eines Tages eine deutsche Nationalversammlung in voller Freiheit wird gewählt werden können. (…)

Zu dieser räumlichen Einschränkung der Möglichkeit, Volkssouveränität auszuüben, kommt noch eine substanzielle Ein-

schränkung. Wenn man die Dokumente Nr. I und III liest, die die Militärbefehlshaber den Ministerpräsidenten übergeben haben, dann erkennt man, dass die Besatzungsmächte sich eine ganze Reihe von Sachgebieten und Befugnissen in eigener oder in konkurrierender Zuständigkeit vorbehalten haben. Es gibt fast mehr Einschränkungen der deutschen Befugnisse in diesem Dokument Nr. I als Freigaben deutscher Befugnisse!

Die erste Einschränkung ist, dass uns für das Grundgesetz bestimmte Inhalte auferlegt worden sind; weiter, dass wir das Grundgesetz, nachdem wir es hier beraten und beschlossen haben, den Besatzungsmächten zur Genehmigung werden vorlegen müssen. Dazu möchte ich sagen: Eine Verfassung, die ein anderer zu genehmigen hat, ist ein Stück Politik des Genehmigungsberechtigten, aber kein reiner Ausfluss der Volkssouveränität des Genehmigungspflichtigen! (…)

Daraus ergibt sich folgende praktische Konsequenz: Um einen Staat im Vollsinne zu organisieren, muss die Volkssouveränität sich in ihrer ganzen Fülle auswirken können. Wo nur eine fragmentarische Ausübung möglich ist, kann auch nur ein Staatsfragment organisiert werden. Mehr können wir nicht zuwege bringen, es sei denn, dass wir den Besatzungsmächten gegenüber – was aber eine ernste politische Entscheidung voraussetzen würde – Rechte geltend machen, die sie uns heute noch nicht einräumen wollen. Das müsste dann ihnen gegenüber eben durchgekämpft werden. Solange das nicht geschehen ist, können wir, wenn Worte überhaupt einen Sinn haben sollen, keine Verfassung machen, auch keine vorläufige Verfassung, wenn ›vorläufig‹ lediglich eine zeitliche Bestimmung sein soll. Sondern was wir machen können, ist ausschließlich das Grundgesetz für ein Staatsfragment. Die eigentliche Verfassung, die wir haben, ist auch heute noch das geschriebene oder ungeschriebene Besatzungsstatut.«

Er schloss mit der Anmerkung, wie Artikel 146 des GG dahingehend zu interpretieren sei:

»Damit glaube ich die Frage beantwortet zu haben, worum es sich bei unserem Tun denn eigentlich handelt. Wir haben unter Bestätigung der alliierten Vorbehalte das Grundgesetz zur Organisation der heute freigegebenen Hoheitsbefugnisse des deutschen Volkes in einem Teile Deutschlands zu beraten und zu beschließen. Wir haben nicht die Verfassung Deutschlands oder Westdeutschlands zu machen. Wir haben keinen Staat zu errichten. (...)

Die künftige Vollverfassung Deutschlands darf nicht durch Abänderung des Grundgesetzes dieses Staatsfragments entstehen müssen, sondern muss originär entstehen können. Aber das setzt voraus, dass das Grundgesetz eine Bestimmung enthält, wonach es automatisch außer Kraft tritt, wenn ein bestimmtes Ereignis eintreten wird. Nun, ich glaube, über diesen Zeitpunkt kann kein Zweifel bestehen: an dem Tage, an dem eine vom deutschen Volke in freier Selbstbestimmung beschlossene Verfassung in Kraft tritt.«

Zitat Ende.

Ganz ähnlich wie der klarsichtige Sozialdemokrat sahen dies ausweislich der Protokolle des Parlamentarischen Rates auch die meisten anderen »Väter des Grundgesetzes«. Der CDU-Abgeordnete und spätere Bundesaußenminister Clemens von Brentano sekundierte seinem Kollegen im Rat mit den Worten: *»Wir alle sind uns klar – und das kommt im letzten Artikel unseres Verfassungsentwurfs zum Ausdruck –, dass das, was wir hier beschließen, zeitlich begrenzt sein soll und muss. Und wir hoffen und wünschen, dass der Tag bald kommen möge, an dem unsere ganze Arbeit sich als überholt erweisen wird.«*[44]

Das Grundgesetz begründete keine Staatlichkeit, und weil das so ist, schrieben ihm seine Väter noch einen Textbaustein in Form des Artikels 146 hinein, der da lautete: *»Dieses Grundgesetz verliert seine Gültigkeit an dem Tage, an dem eine Verfassung in Kraft tritt, die von dem deutschen Volke in freier Entscheidung beschlossen worden ist.«* Das war kein Mindesthaltbarkeitsdatum, das war ein Maximalhaltbarkeitsdatum.

Das war ein Versprechen an das deutsche Volk, dass es am Tag seiner Wiedervereinigung in Freiheit das Recht hat, sich aus eigener Souveränität eine Verfassung zu geben, die diesen Namen im Sinne der zitierten Rede von Carlo Schmid auch verdient.

Als am 3. Oktober 1990 die Einheit Deutschlands dann kam, waren sich aber die politische Klasse in Deutschland und die alliierten Besatzungsmächte aus wahrscheinlich nicht übereinstimmenden Gründen einig, dass sie dem deutschen Volk nicht zutrauten, eine verfassungsgebende Versammlung zu berufen. Zu bequem hatten es sich die Parteien schon in dem von ihnen dominierten System eingerichtet, als dass sie es zugelassen hätten, dem Volk die Chance zu geben, sich eine Verfassung zu schneidern, die die Macht wieder mehr an den Souverän zurückgibt, als dies im Grundgesetz der Fall ist. Die Alliierten atmeten wahrscheinlich kräftig durch und dachten bei sich: »Gott sei Dank! Die Deutschen fragen nicht mal danach, also bloß nicht anfassen, was wir 1948 nach reiflicher Prüfung genehmigt haben und was jetzt schon vierzig Jahre – auch in unserem Sinne – halbwegs gut funktioniert hat!«

Was das deutsche Volk stattdessen bekam, war eine Mogelpackung, die immerhin das Türchen so weit offengelassen hat, dass es keinen Hochverratstatbestand erfüllt, über eine neue Verfassung nachzudenken, nämlich einen auf die lange Bank geschobenen neuen Artikel 146 mit nunmehr folgendem Wortlaut:

»Dieses *Grundgesetz, das nach Vollendung der Einheit und Freiheit Deutschlands für das gesamte deutsche Volk gilt,* verliert seine Gültigkeit an dem Tage, an dem eine Verfassung in Kraft tritt, die von dem deutschen Volke in freier Entscheidung beschlossen worden ist.« (Der *kursive* Text wurde in die neue Fassung eingefügt.)

Wurde der Artikel auch mit der erforderlichen Mehrheit des Bundestages beschlossen und im Rahmen des Zwei-plus-vier-

Vertrages durch die Alliierten implizit genehmigt, ist er zwar kein Bruch des Grundgesetzes, jedoch definitiv ein Bruch des Versprechens seiner Väter durch deren Enkelgeneration deutscher Politiker. Und ganz sicher wird dem deutschen Volk das darin immer noch formulierte Recht, das ihm ganz ohne Zweifel zusteht (dem Volk, nicht der Bevölkerung, wie es sich manche Linksgrüne wünschen würden), durch Obstruktion vorenthalten.

Bemerkenswerterweise war es ausgerechnet die SED-Nachfolgepartei PDS, die dieses Manko schon damals völlig richtig erkannte und den letzten und einzigen freien Wahlkampf in der untergehenden DDR mit dem Slogan »*23 – Kein Anschluss unter dieser Nummer*« führte.[45] Das bezog sich auf Artikel 23 Grundgesetz, dessen Formulierung[46] schon 1949 den Beitritt der »DDR« zum Gültigkeitsbereich des Grundgesetzes ermöglichte und so das Verfassungsversprechen des Artikels 146 vorläufig von der Tagesordnung nahm.

Das war zwar insofern zynisch, als dass die Wiedervereinigung gar nicht das Anliegen der Linken war, und es zeigt, dass sich die Kommunisten, wenn es ihnen taktisch passt, auch auf berechtigte Anliegen »aufhocken« können, aber das macht den Vorwurf und die daraus abgeleitete Forderung nicht unwahr und noch viel weniger unberechtigt.

Diese Ursünde im Zuge der Vereinigung beider nicht souveräner deutscher Teilstaaten in Verbindung mit der Nicht-Schließung eines Friedensvertrages zwischen dem wiedervereinigten Deutschland und den Alliierten sowie der nunmehr 30-jährige Fortbestand der Feindstaatenklausel der UN-Charta[47], die das angeblich souveräne Deutschland zu einem Staat zweiter Klasse in den internationalen Beziehungen macht, sind die schwärende Wunde unserer damit immer noch quasistaatlichen Ordnung.[48]

Deutschland ist damit einer der wenigen Staaten, in denen das Volk nie die Möglichkeit hatte, über eine eigene Verfassung abzustimmen. Immerhin waren die Politiker 1990 so ehrlich, das Grundgesetz nicht in Verfassung umzubenennen. Das Bundesverfassungsgericht ist damit als Name eigentlich eine Mogelpackung, weil es keine Verfassung hat, über die es wachen kann, das Gleiche gilt genau genommen für den Verfassungsschutz.

Es ist klar, dass ein derartiges verfassungs- und staatsrechtliches Niemandsland immer dazu führen muss, dass die Legitimation aus guten oder schlechten, berechtigten oder falschen Gründen mit ehrlicher oder unehrlicher Motivation in Frage gestellt werden wird, und genau das passiert auch. Ich postuliere daher: Wir brauchen eine Verfassungsdebatte. Wir haben als deutsches Volk Anspruch darauf, und weder unsere politische Klasse noch unsere von ihr ernannten obersten Richter in Karlsruhe haben das Recht, uns daran zu hindern. Interpretiert man das Grundgesetz im Lichte der Intention, der Absicht seiner Väter, was in der Rechtsprechung beispielsweise des obersten Gerichts der USA, des *Supreme Court of the United States,* als Quelle der Auslegung gang und gäbe ist, so müssten die Karlsruher Richter eigentlich zu der Überzeugung kommen, dass es ihre Aufgabe ist, diesen Auftrag schnellstmöglich zu erfüllen und die Politik dazu zu zwingen, eine verfassungsgebende Versammlung wählen zu lassen, deren Arbeitsergebnis dann dem Volk zur Abstimmung vorgelegt wird.

Dass das nicht passieren wird, jedenfalls nicht bei den aktuellen Machtverhältnissen, dürfte selbstredend sein.

Das Problem geht aber nicht durch Aussitzen weg. Dass die politische Klasse diesen Weg der verfassungsgebenden Versammlung bisher nicht gegegangen ist, hat auch sein Gutes: Die kommende Krise wird diese politische Klasse desavouieren und ihre Glaubwürdigkeit bei der Masse des Volkes vernichten. Ihr Kollaps könnte sicherstellen, dass eine mögliche künftige verfassungsgebende Versammlung nicht mit ihren dienstbaren Geistern und sozialistischen Irrlichtern gefüllt sein wird, wie das sonst der Fall gewesen wäre. So gesehen hat diese politische Klasse aus Risikoaversion die Gelegenheit verpasst, einer künftigen echten deutschen Verfassung ihre zu erwartende freiheitsfeindliche Prägung aufzuoktroyieren. Das hat auch sein Gutes.

Denn der Tag, an dem diese sich konstituiert, könnte angesichts der dramatischen wirtschaftlichen und gesellschaftlichen Entwicklung nicht mehr fern sein, und daher ist es das Gebot der Stunde, einen Entwurf vorzulegen, ein Konzept, das sicherstellt, dass das Land mit einer neuen Verfassung nicht in der Knechtschaft, sondern in einer Republik der Freiheit aufwacht.

Der Unterschied zwischen diesen beiden Alternativen beschränkt sich nicht auf ein paar Euro Einkommensunterschied, weil die Planwirtschaft nun mal keinen Wohlstand schafft. Der Unterschied ist vielmehr der zwischen Freiheit und Wohlstand auf der einen versus Unfreiheit und physischem Untergang des Landes auf der anderen Seite.

Was sollten nun die Kerngedanken einer neuen Verfassung im Sinne einer freiheitlichen Ordnung sein?

1. Sie muss auf den Grundwerten ruhen, die freie Gesellschaften definieren: Individualität, Familie, Eigentum, Religion und Kultur.
2. Sie muss das Individuum in den Mittelpunkt stellen und so der Forderung, dass die Würde des Menschen unantastbar ist, Substanz und Raum geben.
3. Sie muss das Lebensrecht aller Menschen, auch der vorgeburtlichen Menschen, anerkennen und schützen.
4. Sie muss den elementaren Baustein der Gesellschaft, die Familie, ultimativ schützen.
5. Sie muss das Recht des privaten Eigentums vor Aushöhlung schützen und in das Zentrum des Rechtsstaatsgedankens setzen.
6. Sie muss die Vertragsfreiheit garantieren.
7. Sie muss die bisherigen Schwachstellen des Grundgesetzes, welche Einfallstore für sozialistische Politik und Unfreiheit darstellen, gründlich bereinigen und die Marktwirtschaft als einzig zulässige Form der Wirtschaftsordnung etablieren.

8. Sie muss Wettbewerb in der Währungsordnung garantieren und eine staatliche Währung zum Goldstandard verpflichten, der nicht verwässert werden darf durch fraktionelle Reservehaltung. Jede Form der Geldpolitik ist zu verbieten.
9. Dafür muss sie den Staat auf seine Kernaufgaben beschränken und die Staatsquote ebenso begrenzen, damit es nicht zu einer schleichenden Wiederkehr des sozialistischen Leviathans kommt. Das bedeutet, dass die Verfassung die Subsidiarität nicht nur festschreibt, sondern auch definiert, um eine schleichende Zentralisierung von Macht zu verhindern.
10. Sie muss den Charakter und die Identität unseres Landes und Volkes als Teil des christlichen Abendlandes anerkennen und schützen.
11. Sie muss den Schutz des Bürgers durch unbedingte Rechtsstaatlichkeit und die einklagbare Unterordnung der Regierung unter das Recht gewährleisten.
12. Sie muss die Ausübung der Souveränität durch die Möglichkeit der Volksabstimmung stärken. Jedoch darf auch eine Mehrheit des Volkes die freiheitlichen Prinzipien der Verfassung nicht unterminieren.
13. Sie muss dem Abgleiten der Demokratie zur Ochlokratie durch Etablierung des meritokratischen (leistungsbezogenen) Prinzips bei aktivem und passivem Wahlrecht entgegenwirken. Daher schlage ich vor, dass sich die Ausübung des aktiven und passiven Wahlrechts und der Bezug von Geld aus den Händen des Staates in jeder Form kategorisch ausschließen.
14. Wir brauchen eine deutlich gestärkte Gewaltenteilung, bei der die klassischen drei Gewalten Legislative, Exekutive und Judikative sowie eine zusätzliche Veto- und Kontrollinstanz direkt vom Volk gewählt werden. Es muss das Band zwischen Parteien und Macht durchtrennt und das Band zwischen Souverän und Macht wiederhergestellt werden.

15. Strikte Amtszeitbegrenzungen und Haftungsregeln für politische Amtsträger werden benötigt, um dem Wiedererstarken der Korruption vorzubeugen.
16. Sie muss sicherstellen, dass die traditionelle »4. Gewalt«, die Presse, von Informations- und Meinungsvielfalt geprägt ist.
17. Sie muss dem Volk die physische Garantie geben, dass es in der Lage ist, dem Versuch der Etablierung einer Tyrannei entgegenzutreten. Dies bedeutet das Recht des freien, unbescholtenen Bürgers auf das Tragen von Waffen und die dezentrale milizartige Organisation der Streitkräfte.

Diese 17 Punkte müssen wir begründen und mit Substanz füllen. Dann sind wir in der Lage, eine freiheitliche Verfassung zu entwerfen.

Die fünf Grundwerte: Individualität, Familie, Eigentum, Religion und Kultur

Sie bilden die Grundlage einer freien Verfassung. Gewissermaßen den Nährboden, auf dem sich eine freie Gesellschaft entfalten kann. Ihre in Kapitel 5 dargestellten wesentlichen Eigenschaften und Elemente sollen hier nicht wiederholt werden. Vielmehr geht es um ihre Rolle als Interpretationshilfe einer künftigen freien Verfassung und ihre komplizierten Wechselwirkungen untereinander.

Die fünf Grundwerte müssen in der Präambel in einer Weise verankert werden, dass es künftigen Generationen von Bürgern und Amtsträgern der vier Gewalten möglich ist, Interpretationsspielräume der Verfassung im Lichte dieser Werte zu verstehen und Konsequenzen für die Rechtsfindung in verfassungsrechtlichen Streitfragen abzuleiten. Wir werden auch in Zukunft technische und gesellschaftliche Entwicklungen sehen, die die Frage der Interpretation der freiheitlichen Verfassung stets aufs Neue stellen werden. Jede dieser Entwicklungen wird von den Apologeten der sozialistischen Unfreiheit genutzt werden, um den Sinn der Verfassung zu verbiegen. Umso wichtiger ist es, denen, die nach uns kommen, eine Handreichung zu geben, wie sie dem einen Riegel vorschieben können. Die fünf Grundwerte dienen dabei der Erforschung der ursprünglichen Intention, die der freiheitlichen Verfassung zugrunde liegt.

Um dafür eine interpretative Basis zu liefern, müssen wir über die Darstellung der in Kapitel 5 einzeln dargestellten fünf tragenden Werte der freien Gesellschaft ihre verbindenden Elemente und Wechselwirkungen verstehen. Die Komplexität ihres Wechselspiels ist groß, und ich sehe mich nicht imstande, sie in ihrer ganzen Tragweite hier auszubreiten oder auch nur zu verstehen. Das liegt an ihrer evolutionären Genese. Sie sind nicht das Ergebnis menschlichen Designs. Dennoch ist es möglich, wichtige Elemente zu isolieren, einerseits durch die direkte Wechselwirkung zwischen diesen Werten, die wir beobachten können, andererseits durch unsere Kenntnis, was passiert, welche Kaskade von Ereignissen in Gang gesetzt wird, wenn einzelne tragende Säulen der freien Ordnung durch den sozialistischen Angriff zum Einsturz gebracht werden.

Es erscheint erfolgversprechend, dabei von der Funktion der Individualität auszugehen, weil die Selbsterkenntnis des Individuums in seinem Sein der Ausgangspunkt ist, dem die Wechselwirkung der Individuen bei der Schaffung gesellschaftlicher Institutionen nachfolgt. Die Reihenfolge lautet also: (1) Individuum, (2) Familie, (3) Eigentum, (4) Religion und (5) Kultur.

Was wir hier zugleich vor uns sehen, ist eine Kaskade der Entfaltung des Individuums.

In der ersten Stufe, der Definition des Individuums, das sich selbst gehört, liegt die Erfindung der Freiheit des Menschen durch den Schöpfer.

In der zweiten Stufe, der Familie, erhält das Individuum den Schutzraum in einer ihm nicht freundlich, sondern in der Tendenz erst einmal feindlich, zumindest aber kompetitiv gesinnten Welt, damit es sich entfalten kann. Zugleich perpetuiert die

Familie die Gesellschaft. Ohne Familie muss daher die Gesellschaft ihrem unweigerlichen Ende entgegenstreben.

In der dritten Stufe, dem Eigentum, kristallisiert sich die reale diesseitige Möglichkeit der Entfaltung unseres Seins als freie Wesen durch die Übung täglich verantwortungsbewussten Handelns, welches uns und unseren Familien die materielle Existenz sichert.

Die vierte Stufe, die Religion, stabilisiert diese Ordnung, indem sie die Kodifizierung der Gebote spirituell und transzendent begründet. Es sind die Gebote, deren praktische Einhaltung die Basis für die Kodifizierung von Recht und damit die Begründung des Prinzips der Rechtsstaatlichkeit bildet. Sie bringt Rechte und Pflichten in Einklang und ins Gleichgewicht.

Die fünfte Stufe, Kunst, Kultur und Musik, bringt das Wesen unserer Freiheit, die sich daraus ergebenden Pflichten und die Emotionalität des Gebets, der Korrespondenz zwischen Geschöpf und Schöpfer, welches die Kunst und die Musik materialisieren beziehungsweise realisieren, in Einklang. Dies ist notwendig, damit die Menschen auch emotional das Geschenk der Freiheit begreifen und seine Transzendenz erkennen.

Was sind die Rückkopplungen der Familie mit den anderen tragenden Elementen der freien Gesellschaft?

Neben dem Schutzraum, den sie dem Individuum bietet, ist sie zugleich die Einheit, die die zeitliche Begrenzung der Wirkmacht eines Individuums in der Gesellschaft und der Welt aufhebt. Sie motiviert das Individuum zu Höchstleistungen, um seinen Nachfahren optimale Startchancen in einer von Knappheit und Wettbewerb bestimmten Umgebung zu geben.

Das betrifft nicht so sehr das Hinterlassen eines Erbes (obwohl ich die Erbschaftssteuer als Besteuerung des Todes verachte und abschaffen würde), sondern vielmehr die Bildung des einzigen Vermögens, das der Staat nicht im Wege der Besteuerung dem Einzelnen rauben kann: der Bildung und des Könnens. Familienunternehmen sind auch deshalb so erfolgreich, weil in ihnen Wissen von Generation zu Generation weitergegeben wird. Kaum zu unterschätzen ist dabei in der traditionellen Familie die Rolle und Bedeutung der Frau bei der Weitergabe der Bildung an die nächste Generation. Es sind meist nicht die Männer, die die nächste Generation mit Geld erfolgreich machen, sondern es sind die Frauen, die dies mit der Führung zur Bildung schaffen. Dass diese Feststellung ein traditionelles Frauenbild in der Familie unterstellt, bei dem die Frau die Kinder bei den Hausaufgaben der Schule anleitet, also von unseren linken Mainstreammedien als sexistisch angesehen werden dürfte, ist mir dabei herzlich egal.

Die Familie macht auch das Eigentum relevanter und seinen Gebrauch langfristiger, damit nachhaltiger und für die Gesellschaft als Ganzes nützlicher. Das Vererben von Immobilien und Produktivkapital ist neben der Bildung ein weiterer intergenerationeller Aspekt, der hier zum Tragen kommt. Wer vererben will, konsumiert weniger, bildet mehr Kapital, hält Verschwendung (und damit übrigens auch Umweltzerstörung) klein, denkt langfristig statt kurzatmig und stellt seine egoistischen Bedürfnisse hinter die langfristigen Notwendigkeiten für das Wohl der ihm anvertrauten Menschen zurück. Menschen mit Familie vermeiden unnötige Risiken, deshalb sind sie für Banken – jedenfalls in einer marktwirtschaftlichen Ordnung – ein besseres Kreditrisiko als Singles und hedonistische DINKs.

Es ist auch die Bedeutung der Familie, die den Wert des ungeborenen Lebens unterstreicht. Die Entwertung, die Vogelfreiheit des ungeborenen Menschen in unserer Gesellschaft, ist das Haupteinfallstor für die Zerstörung der Familie als tragender Säule der freien Ordnung. Sie stellt das Individuum in einen künstlichen, gewollten und von den teuflischen Mächten konstruierten Konflikt zwischen dem Individuum und seinen eigenen Kindern. Das ist keine Erfüllung individueller Rechte und Freiheit, sondern ihre Perversion.

Dies führt uns auf direktem Wege zur Wechselwirkung zwischen Familie und Religion. Sie hat zwei Richtungen. Die Familie ist einerseits das von der Religion gewollte und gestützte Lebensmodell der Menschen in einer freien Gesellschaft. Sie ist aber auch Träger der Religion als Institution durch die Weitergabe religiöser Überzeugungen von den Eltern an die Kinder. Es gab früher einen synchronisierten Zyklus von kirchlichen Sakramenten, die das Leben der Familien begleiteten, definierten und prägten. Das reichte von Kommunion, Konfirmation und Firmung zur Hochzeit und Taufe der Kinder. Daher ist der parallele Abstieg der Familie und der institutionalisierten Religion in unserem Land kein Zufall, sondern zwingende wechselseitige Konsequenz. Eine Verfassung, die sich als Umsetzung einer freien Ordnung versteht, muss diese Interdependenz in ihrer Tragweite erfassen.

Auch Kultur und Familie stehen in unmittelbarer Resonanz und Wechselwirkung. Kultur wächst auf dem Boden musischer Bildung und Begabungsförderung. Diese kann niemals der gleichmacherische, gleichschaltende Staat sein, sondern es ist immer die Familie.

Wir sehen: Es bestehen vielfältige Wechselwirkungen zwischen diesen Tragbalken der freien Ordnung. Daher muss die Präambel der Verfassung sie in ihrer Bedeutung und gegenseitigen Abhängigkeit würdigen.

Das Individuum im Mittelpunkt

Formal stellt bereits das Grundgesetz mit Artikel eins das Individuum in den Mittelpunkt. »*Die Würde des Menschen ist unantastbar.*« Alleine die ersten 19 Artikel des Grundgesetzes befassen sich mit den Grundrechten der Bürger, die den Kern dessen schützen sollen, was die Rechte des Individuums ausmacht. Und dennoch sehen wir aktuell, wie leicht es für die Regierung ist, unter Behauptung einer vermeintlichen Seuchengefahr oder einer unbewiesenen Klimagefahr Notstandsregelungen in

Kraft zu setzen, die diese systematisch aushöhlen und außer Kraft setzen. Es genügt daher nicht, die Rechte des Individuums zu kodifizieren. Das Individuum braucht auch das Recht der Einklagbarkeit und der notfalls physischen Verteidigung dieser Rechte gegen nicht gerechtfertigte Übergriffe des Staates. Nicht das Individuum ist beweispflichtig hinsichtlich der Frage, ob beziehungsweise warum eine Grundrechtseinschränkung nicht gerechtfertigt ist, sondern der Staat und die Politiker müssen beweispflichtig sein hinsichtlich der Behauptungen, der Faktenlage und der Verhältnismäßigkeit, mit denen sie solche Einschränkungen rechtfertigen.

Zudem genügt es nicht, die Rechte des Individuums zu postulieren und zu formulieren, es ist auch erforderlich, die Rahmenbedingungen zur Entfaltung des Individuums, also private Eigentumsrechte, Rechtsstaatlichkeit, Vertragsfreiheit, freie Marktwirtschaft und Begrenzung des Staates, einklagbar und durchsetzbar zu verankern. Dann und nur dann ist Menschenwürde auf Dauer kein leerer Begriff, sondern ein Anspruch jedes Menschen. Die Grundrechte schützen den Kern unserer Individualität. Sie müssen daher nicht nur formuliert werden, es muss auch klar sein, dass der Versuch ihrer Abschaffung für einen Politiker mit der Höchststrafe geahndet wird.

Der Grundrechtskatalog muss daher erweitert und präzisiert werden (siehe Verfassungsentwurf Artikel eins bis 20b).

Die Unteilbarkeit des Lebensrechts

Menschenwürde und Menschenrechte sind nicht teilbar. Wenn ein Individuum sie nicht hat, wenn sie einem Menschen in der Gesellschaft vorenthalten werden, dann hat sie letztendlich keiner im rechtsverbrieften Sinne. Denn was dem einen genommen werden kann, das kann auch dem anderen genommen werden.

Es ist daher in einer auf Freiheit, den Rechten des Individuums und der Würde jedes Menschen angelegten Ordnung undenkbar, sie einer Gruppe von Menschen in so fundamentaler Weise vorzuenthalten, wie unsere Gesellschaft das in Bezug auf die vorgeburtlichen Menschen tut. Die Vogelfreiheit, die legale Tötung von Menschen bis zu einem bestimmten Tag, einer »logischen Sekunde«[49], und ihr Schutz als Mitglieder der menschlichen Gemeinschaft eine Sekunde später ist ein reiner Akt der Willkür. Sie ist durch keine noch so rabulistische Logik zu rechtfertigen.

Der Mensch bezieht seine Würde aus seinem Sein, seiner Existenz als Geschöpf Gottes. Er bezieht sie nicht daraus, dass andere sie ihm zubilligen. Wenn wir die Zubilligung einer Mehrheit als Voraussetzung für die Zuerkennung der Menschenrechte akzeptieren, dann stimmen wir damit automatisch dem Vorschlag zu, dass jeder Mensch die Mehrheit der anderen hinter sich bringen muss, um Würde und Rechte zu haben.

Die Freiheit des Einzelnen endet dort, wo er die Freiheit und die Rechte anderer berührt. Das gilt beim fundamentalsten Recht, nämlich dem Recht auf Leben, mehr als bei allen anderen, weil das Recht auf Leben die Voraussetzung dafür ist, alle anderen Rechte überhaupt auszuüben.

Keine Verfassungsordnung, die die Unteilbarkeit der Menschenrechte nicht anerkennt oder aufgrund von Willkür Einzelnen oder Gruppen diese sogar bewusst aberkennt, kann als Ordnung der Freiheit auf Dauer Bestand haben. Sie ist mit einer Ursünde, einer inneren Inkonsistenz infiziert, die sie langsam, aber sicher von innen aushöhlt und zerfrisst, bis ihr Kadaver nur noch die Karikatur einer freien Gesellschaftsordnung darstellt.

Das ist genau das, was sich in unserer halbfreien Gesellschaftsordnung in den letzten Jahren vollzogen hat und was jetzt mit dem Kollaps der westlichen Demokratien und Republiken einem vorläufigen Höhepunkt entgegenstrebt. Wer die ungeborenen Kinder eines Volkes auf dem satanischen Altar des Egoismus opfert, der opfert in Wahrheit auch die eigene

Freiheit. Der Weg in die Sklaverei ist der Preis und die Strafe für dieses Menschenopfer.

Daher muss eine freiheitliche Verfassung das Recht auf Leben und körperliche Unversehrtheit auch des ungeborenen Menschen festschreiben, so unbequem und missliebig dies für die vorherrschenden hedonistischen Strömungen der Gesellschaft auch sein mag (siehe Verfassungsentwurf Artikel 3).

Die Familie als Atom der Gesellschaft

Über die entscheidende Funktion der Familie zur Motivation des Einzelnen, zur Perpetuierung der Gesellschaft, ihre Wechselwirkung mit dem generationenübergreifenden Konzept des Eigentums wurde in diesem Buch bereits ausführlich gesprochen. Ohne traditionelle Familie kann kein freies Staatswesen gedeihen. Es genügt für ihren Schutz aber nicht, dies als Allgemeinplatz festzustellen, wie unser Grundgesetz dies tut. Es ist vielmehr eine zwingende Notwendigkeit, die verletzbaren Flanken zu schließen, die den sozialistisch-nihilistischen Angriff auf die Substanz der Familie so erfolgreich gemacht haben. Hierzu gehört die Abgrenzung der zur Intergenerationalität befähigten heterosexuellen Ehe von anderen zulässigen und im Sinne freier Entscheidung von Menschen gewählten Formen des Zusammenlebens, der Integrität der Familie gegenüber der Zudringlichkeit des Staates, die Klarheit der auf der Biologie gegründeten Definitionen der Familie und ihrer Bestandteile. Alle diese Elemente sind in den letzten Jahren durch die Angriffe der sozialistisch inspirierten Gender- und LBTQ-Bewegung ausgehöhlt und beschädigt worden (siehe Verfassungsentwurf Artikel 21–26a).

Privateigentum als zentraler Gedanke des Rechtsstaates und Vertragsfreiheit als Umsetzung der Eigentumsrechte

Wie ich schon ausgeführt habe, ist es ohne das Konzept privaten Eigentums schlicht unmöglich, frei zu sein, weil der Mensch sonst in Abhängigkeit von einer zuteilenden Bürokratie zum Bittsteller wird, der weder für sich noch für seine Familie sorgen kann.

Die Erfahrung mit sozialistischer Politik hat gezeigt, dass es unterschiedliche Formen der Enteignung gibt. Neben dem direkten Raub des Eigentums durch den Staat gibt es eine Vielzahl von Mitteln und Wegen, dem Bürger die Kontrolle über das Eigentum durch die Aushöhlung der Verfügungsrechte über selbiges zu entziehen. Das Eigentum wird besteuert, in den Möglichkeiten der freien Verwendung eingeschränkt, »sozialpflichtig« gemacht, der Vertragsfreiheit entzogen, in wesentlichen Teilverfügungsrechten willkürlich auf Dritte übertragen (wie zum Beispiel beim Mietrecht), in der Preisgestaltung beim Tausch beeinträchtigt und vieles mehr. Es ist daher notwendig, den Schutz des Eigentums und aller mit ihm verbundenen Rechte explizit in der Verfassung zu verankern. Das geht über die in den Grundrechten fixierten Rechte, Eigentum zu erwerben und vor Konfiskation zu schützen, deutlich hinaus (siehe Verfassungsentwurf Artikel 27–34a).

Die Marktwirtschaft als zentrales Nervensystem der freien Gesellschaft

Freiheit und Eigentumsordnung sowie Rechtsstaat sind die Grundlagen einer freien Wirtschaftsordnung, die wir Marktwirtschaft oder Kapitalismus nennen. Die hierzu bereits formulierten Artikel stellen bereits eine erhebliche Barriere gegen künftige Versuche der sozialistischen Wühlarbeiter dar, diese Ordnung zu unterminieren. Dennoch sollte die Verfassung klarstellen, dass es nur genau eine zulässige Wirtschaftsordnung in der freien Gesellschaft gibt, nämlich die Marktwirtschaft (siehe Verfassungsentwurf Artikel 35–39).

Währungswettbewerb und Goldstandard

Wenige Dinge haben sich in der Vergangenheit – und die aktuelle Entwicklung bestätigt dies einmal mehr – verheerender für den Wohlstand und den Erfolg einer Gesellschaft ausgewirkt als ein schlechtes Geldsystem.

Es gibt dabei im Grunde nur zwei Geldsysteme: den Goldstandard und das nicht nachhaltige Fiat-Geld, welches im Laufe weniger Jahrzehnte bezüglich seiner Kaufkraft seinem intrinsischen Wert entgegenstrebt, der null beträgt. Der Staat erweist sich dabei ein ums andere Mal als im besten Falle inkompetent, im regelmäßigen Falle als Trickbetrüger am Vermögen seiner Bürger.

Das Geldsystem als Grundlage des freien Tausches und damit der Preisbildung versorgt die Bürger und Unternehmen mit den Preisinformationen, die für das Funktionieren einer freien Marktwirtschaft unverzichtbar sind. Wenn das Geldsystem entgleist, so folgt ihm die gesamte Wirtschaft und im Anschluss daran die gesamte Gesellschaft.

Es ist daher imperativ, dass das Land das beste Geldsystem hat, das möglich ist. Das ist nach 5000-jähriger Erfahrung der Goldstandard. Zugleich ist es aber so, dass man auch diesen Standard unterschiedlich gut und resilient organisieren kann. Der Goldstandard des deutschen Kaiserreichs war eine Schönwetter-Institution. Bei Kriegsausbruch wurde er kassiert, weil der Staat die Macht dazu hatte. Schon zuvor war er durch die nur noch fraktionelle Deckung ausgehöhlt worden. Daher muss der Staat zum Goldstandard verpflichtet und zugleich dem kalten Wind des Wettbewerbs auch in der Frage des Geldes ausgesetzt werden. Last, not least ist es für den Schutz der Privatsphäre von größter Bedeutung, dass der Bürger auch künftig über Bargeld verfügt, dessen Verwendbarkeit nicht durch Scheinargumente wie Geldwäsche eingeschränkt werden darf (siehe Verfassungsentwurf Artikel 40–44a).

Staatsform, Bund, Länder, Begrenzung der Staatsquote und Subsidiarität

Die Gesellschaft kann nur frei und selbstbestimmt sein, wenn der Staat auf seine notwendigen Aufgaben begrenzt wird. Dort, wo der Staat benötigt wird, muss er so nah am Bürger agieren und die Entscheidungen so bürgernah treffen wie möglich. Das Prinzip der Subsidiarität darf nicht nur gefordert und in der Verfassung formuliert werden, es muss konkretisiert werden, damit nicht spätere Politikergenerationen einen Ermessensspielraum für die Zentralisierung herausschinden. Der Maßstab für diesen schlanken Staat ist das deutsche Kaiserreich, welches mit einer Staatsquote von zwölf Prozent inklusive der von Bismarck eingeführten Sozialversicherung auskam. Allerdings gab es auch im Kaiserreich bereits vom Militarismus getriebene Tendenzen, den Staat zu vergrößern und ihm essenzielle infrastrukturelle Aufgaben zu übertragen, die im Wesentlichen durch militärische Paranoia getrieben waren. Das betraf vor allem Dinge wie Kommunikation, Post- und Fernmeldewesen, Eisenbahnen und andere Elemente der Infrastruktur.

Hinzu kam, dass das Kaiserreich durch das Übergewicht Preußens im Staatenbund zum Zentralismus neigte. Der die föderale Struktur repräsentierende Bundesrat war schwach, und dieses Fehlkonstrukt trug wesentlich dazu bei, dass das Reich, geführt von Großmannssucht und Inkompetenz, in die Katastrophe des Ersten Weltkrieges schlitterte. Das war die Urkatastrophe des 20. Jahrhunderts, die dem nationalen und internationalen Sozialismus Tür und Tor öffnete und so unvorstellbares Leid über die Menschheit brachte.

Es muss also darum gehen, einerseits die Staatsaktivität insgesamt zu beschneiden und zu begrenzen, andererseits alle Entscheidungen so dezentral wie möglich zu treffen. Auch dort, wo ein Zentralstaat gebraucht wird, wie zum Beispiel beim Militär, müssen dezentrale Milizstrukturen entwickelt werden, die einen Missbrauch des Militärs zur Errichtung einer Tyrannei ausschließen.

Das bedeutet, dass nur unbedingt notwendige Aufgaben der äußeren Sicherheit und der Gesetzgebung zentral gestaltet werden dürfen, und dass alle anderen Aufgaben bei den Ländern und den Kommunen liegen. Wollen oder müssen die Kommunen und Länder Aufgaben, die nicht in der Verfassung als Zentralaufgaben definiert sind, an eine Zentralinstanz delegieren, so dürfen sie das maximal für die Dauer einer Legislaturperiode tun, danach muss die Delegation nach oben durch Volksentscheid erneuert werden, oder sie verfällt automatisch.

Alle Behörden und Institutionen, die nicht ausdrücklich mit ihrer Funktion in der neuen Verfassung benannt und definiert werden, wie die unzähligen Ministerien und Bundes- und Landesbehörden, werden ersatzlos abgeschafft. Der Bund beschränkt sich in der Exekutive auf die vier Ministerien, die von einem Kanzleramt geführt werden. Diese vier sind: Inneres, Äußeres, Verteidigung und Finanzen. Die Länder konzentrieren sich auf ihre Rolle als Wächter der Subsidiarität, auf die Bildung und die Wissenschaft. Alle anderen Aufgaben, insbesondere Infrastruktur und soziale Belange, liegen bei den Kommunen und werden dort von den Bürgern entschieden, indem die Bürgerversammlung das Budget der von ihnen gewählten Stadtverwaltung genehmigt oder ablehnt.

Jede der drei Stufen subsidiärer und zentraler Verwaltung erhält ein maximales Budget von der Verfassung zugeteilt, das sie ausschöpfen kann, aber nicht muss. Dieses Budget wird dann durch indirekte Steuern finanziert und zentral erhoben und nach einem festen Schlüssel auf die Gebietskörperschaften verteilt. Die Verteilung ergibt sich dann nach dem Schlüssel der von den Bürgern einer Gebietskörperschaft aufgebrachten Steuerlast.

Entscheidend bei dieser Form der subsidiären Zuständigkeit ist es, dass diejenigen, die die Entscheidungen treffen, auch ihre

Auswirkungen unmittelbar erfahren. Das steht ganz und gar im Gegensatz zum Status quo, wo Politiker im fernen Berlin Entscheidungen treffen, die sie nicht ausbaden müssen, die aber beim kleinen Mann umso mehr Schaden anrichten (siehe Verfassungsentwurf Artikel 45–49).

Die Gestaltung des aktiven und passiven Wahlrechts

Die Reform des Wahlrechts ist eines der Schlüsselelemente einer freien Republik, bei der nicht eine Tyrannei der Mehrheit über die Minderheit der Leistungsträger zu einem Abgleiten in die Ochlokratie, die Herrschaft des Pöbels, führt.

Unsere aktuelle Form der Demokratie läuft mittlerweile darauf hinaus, dass vier Wölfe und ein Schaf darüber abstimmen, was es zum Abendessen gibt. Das Ergebnis ist vorhersehbar. Die Freiheit, jeden über die Umverteilung mit abstimmen zu lassen, führt nur so lange nicht zu einer Zerstörung der Demokratie von innen, wie zwei Bedingungen erfüllt sind: Es darf keine Mehrheit von Leistungsempfängern geben, die sich in die Bevormundung des verteilenden Staates begeben haben, und es muss eine Elite, eine Aristokratie an der Spitze des Gemeinwesens geben, die den Dienst am Volk und Land als wichtiger ansieht als die Korruption zum eigenen Vorteil und den Stimmenkauf bei Partikularinteressen auf Kosten und zu Lasten Dritter. Ist das nicht mehr der Fall, so gleitet das aristokratische Element in eine Oligarchie ab, die Herrschaft korrupter Politiker und Superreicher. Deutschland erlebt gegenwärtig eine Kombination von Ochlokratie und Oligarchie, weil die Mächtigen die Umverteilung von den Leistungsträgern zu allen anderen dafür benutzen, das Volk im Angesicht ihres Raubzuges ruhigzustellen.

Was wir erleben, ist eine Aushöhlung der Demokratie durch die Degradierung des Stimmzettels zu einer speziellen Form von Währung für die Korruption. Politiker versprechen einzelnen Interessengruppen, die sich in Summe zu einer Mehrheit addieren, Wohltaten, die der Rest des Volkes bezahlen muss. Damit das – zumindest für eine Weile – aufgeht, ist es zwingend notwendig, dass diese ausgebeutete Minderheit aus den Leistungsträgern besteht. Wäre es anders, wäre der Umverteilungsmechanismus sehr schnell am Ende seiner Möglichkeiten angelangt. Aber auch die Taschen der Leistungsträger sind nicht unendlich tief. Für sie gilt: Der Sozialismus ist am Ende, wenn ihm das Geld anderer Leute ausgeht. Bei den Leistungsträgern ist es zu holen, und das ist der Grund, warum immer mehr von ihnen unserem Land den Rücken zukehren und auswandern in Länder, wo das Prinzip Ausbeutung unter dem Deckmantel demokratischer Mehrheiten noch nicht so weit fortgeschritten ist wie in Deutschland.

Der Autor hat viele Diskussionen darüber geführt, wie dieses Dilemma der parlamentarischen Demokratie, welches durch die Bedeutung der Parteien in unserem politischen System noch übersteigert wird, im Rahmen unseres aktuellen Wahlrechts überwunden werden kann. Die traurige und hoffentlich noch zu widerlegende Antwort ist: gar nicht. Allerdings wäre es wünschenswert, wenn die Debatte zu dieser Frage weitere Alternativen aufzeigen könnte.

Diese Schlussfolgerung und die daraus abgeleitete Forderung nach einer Reform des Wahlrechts macht den Autor in den Augen der Linken und der Mächtigen zum Staatsfeind Nummer eins, zum Demokratiefeind. Dabei sind es in Wahrheit diejenigen, die mit dem Finger auf mich zeigen, die durch ihre Politik des Stimmenkaufs mit anderer Leute Geld unser demokratisches Gemeinwesen an den Rand seiner Existenz geführt haben. Ihre Verteidigung angeblich unverletzlicher demokratischer Grundsätze ist daher eine Heuchelei und ein Betrug. Eine Alternative haben sie nicht zu bieten, außer dem immer lauteren Ruf nach noch mehr Raub und Umverteilung. Ihr Ziel ist nicht die Heilung des Gemeinwesens, sondern sein Ruin als Zwischenstation zur Errichtung ihrer sozialistischen Tyrannei.

Was ist nun der Vorschlag, wie dies zu ändern ist?

Er ist sehr einfach: Jeder Bürger, der mit Vollendung des 21. Lebensjahrs und der Absolvierung von Wehr- oder Zivildienst das Wahlalter erreicht hat, muss sich einmal am Anfang der Legislaturperiode entscheiden, ob er wählen gehen will oder ob er Staatstransfers im Empfang nehmen will. Diese Entscheidung gilt dann jeweils für die Dauer der Legislaturperiode und wird mit der neuen Periode auch neu getroffen. Da jeder Bürger diese Entscheidung in eigener Mündigkeit trifft und ihm niemand das Recht nehmen kann, sich für das Wahlrecht zu entscheiden, bleibt das Wahlrecht im Gegensatz zu den Behauptungen meiner Kritiker auch allgemein. Von einer Abschaffung des Wahlrechts kann also überhaupt nicht die Rede sein.

Wer mir deshalb Demokratiefeindlichkeit vorwirft, verkennt zudem – wohl mit Absicht –, dass die Einführung einer solchen Regelung nur durch Mehrheitsbeschluss des Volkes im Zuge der Annahme einer neuen Verfassung überhaupt durchgeführt werden kann. Dann ist sie aber nicht antidemokratisch, sondern das Ergebnis eines demokratischen Prozesses.

Ich nehme daher für diesen Vorschlag in Anspruch, dass er die Demokratie in Wahrheit verteidigt.

Konkret heißt das: Wer Geld vom Staat annimmt, egal ob in Form von Sozialhilfe, Hartz IV, Subventionen, Vergünstigungen oder Sachleistungen, der geht nicht wählen. Würde er wählen gehen, dann würde er mitentscheiden über Vorteile, die ihm selbst zugutekommen und für die andere mit ihrem sauer verdienten Geld aufkommen sollen. Das ist ein Interessenkonflikt und eine spezielle Form der Korruption. Diese Form der Korruption unterminiert die Demokratie und die Herrschaft des Rechts. Sie fördert Politiker, deren Karriere und Bestreben nicht auf das Gemeinwohl ausgerichtet sind, sondern auf die eigene Karriere und Wiederwahl. Sie erzieht alle Gruppen einer Gesellschaft, so laut wie möglich nach Transfers zu schreien, sich gegenseitig im Wettbewerb des Lobbyismus zu überbieten und so den demokratischen Prozess zu einem Hauen und Stechen am vermeintlich freien, aber in Wahrheit von den Leistungsträgern bezahlten kalten Büfett zu degenerieren.

Wenn ich in Frankfurt Plakate zur Kommunalwahl 2021 sehe, dann bieten diese ein Musterbeispiel für diesen Erosionsprozess. Dort verspricht die SPD »kostenlose Kita-Plätze für alle«. Jeder Mensch mit einem Intelligenzquotienten oberhalb der Zimmertemperatur weiß natürlich, dass sie nicht kostenlos sind, sondern im besten Falle gebührenfrei, also dass die Kosten nicht von Nutzern, sondern von jemand anderem zu tragen sind. Der Begriff »kostenlos« ist also eine bewusste Irreführung und Verdrehung, auf die die Empfänger dieser Wohltat nur zu gerne hereinfallen. Ebenso verspricht man durch die gleiche Partei, die Mieten einzufrieren oder zu deckeln, damit Wohnraum »bezahlbar« bleibt. Was in Wahrheit gemeint ist, ist natürlich nicht, die Kosten des Wohnens zu reduzieren, sondern die Rechnung anderen aufzubürden.

Es ist notwendig, die demokratische Wahl mit einem Element der Meritokratie, der Herrschaft der Verdienstvollen, anzureichern und allen Bürgern einen Anreiz zu geben, vom Staat unabhängig zu sein und so durch Teilnahme an den Wahlen zum Funktionieren einer lebendigen demokratischen Kultur beizutragen, die nicht auf Raub, sondern auf Beitragen aus ist.

Dafür müssen wir das aktive und passive Wahlrecht ändern (siehe Verfassungsentwurf Artikel 50–56).

Die vier Gewalten und das Ende der Parteien

Die Tyrannei ist immer eine maximale und absolute Zentralisierung der Macht. Freiheit und Demokratie hingegen beruhen auf einer maximalen Dezentralisierung der Macht. Für die Demokratie gilt das aber auch nur, solange sich die Mehrheit nicht entschlossen hat, die Minderheit auszubeuten. Demokratie ist daher kein Selbstzweck, sondern sie ist eine Regierungsform, die – richtig organisiert – das Ziel hat, der Zentralisierung von Macht entgegenzuwirken. Dass die Demokratie an dieser Aufgabe häufig versagt und dann ihr Selbstmord der Tyrannei den Boden bereitet, hat ihre Kritiker seit Sokrates zuweilen zu pikanten Anmerkungen motiviert. So bezeichnet der libertäre Sozialphilosoph Hans-Hermann Hoppe die Demokratie in einem Buchtitel als *»Gott, der keiner ist«*.[50]

Wenn Demokratie sich darin erschöpfen würde, dass die Mehrheit regiert und dann einfach tun und lassen kann, was sie will, dann hätte sie nur eine sehr geringe Lebensdauer und überhaupt keine Überlebenschance. Sie fällt entweder, weil sie von innen usurpiert wird und zur Tyrannei mutiert, oder sie fällt durch äußere Kräfte oder Invasoren, weil ihre Fähigkeit und ihr Wille zur Verteidigung erlahmen. Es gibt ein Zitat des türkischen Präsidenten Erdogan, bekanntermaßen kein Freund der Demokratie, aber ein Freund des Vehikels Demokratie zur Machtergreifung, um sie dann abzuschaffen: *»Demokratie ist wie ein Zug, in den wir einsteigen. Wenn wir am Ziel sind, dann steigen wir wieder aus.«*[51]

Das im vorangegangenen Abschnitt formulierte Wahlrecht der Nicht-Transferempfänger ist ein Element, welches ich vorschlagen möchte, um dem entgegenzuwirken. Denn wenn die vier Wölfe das Schaf bei der Frage, was es zum Abendessen gibt, überstimmt haben werden, ist kein Schaf mehr da, auch kein deutsches Schlafschaf, das sie dann noch auffressen könnten. Dann wenden sich die Wölfe im finalen Untergangskampf gegeneinander, und das Land ist am Ende.

Wenn Demokratie Selbstzweck wäre und die Tyrannei der Mehrheit kein Problem, dann bräuchten wir generell keine Verfassungen oder nur sehr kurze mit einem Artikel, der lautet: »Die Mehrheit sagt, wo es langgeht, das steht über jedem Recht.« Wer sich das wünscht, dem kann ich nur viel Spaß mit dem mörderischen Ergebnis wünschen.

Wir haben in den westlichen Demokratien Verfassungen, weil es eben so nicht funktioniert und weil auch die Herrschaft der Mehrheit, die Regierung durch das Volk, aus dem Volk und für das Volk (Abraham Lincoln), unter dem Recht stehen muss. Die Staatstheoretiker der Aufklärung haben sehr gut verstanden, dass der zentralisierten Macht institutionell entgegenzuwirken ist. Das Ergebnis ihrer Überlegungen ist das Prinzip der Gewaltenteilung. Es gibt drei klassische Gewalten, nämlich die Legislative, also die gesetzgebende Gewalt, die meistens bei den vom Volk gewählten Parlamenten liegt, die Exekutive, die ausführende Gewalt, die in den Händen der Regierung liegt, und die Judikative, die rechtsprechende Gewalt, die in den Händen unabhängiger Richter liegt beziehungsweise liegen sollte.

Die Bedeutung, die die Presse und die Medien für die Meinungsbildung eines Volkes haben, hat dazu geführt, sie oft als vierte Gewalt zu bezeichnen. Eine freie und unabhängige Presse ist notwendig für das Funktionieren einer Demokratie, weil rationales Wahlverhalten der Bürger vielfältige und objektive Berichterstattung voraussetzt. Die Presse hat die Aufgabe, die Regierung zu kritisieren, ihr Fehlverhalten aufzudecken und dafür zu sorgen, dass das Volk weiß, was seine Regierung so treibt. Eine angepasste Duckmäuserpresse wie die unsere beraubt das Volk der notwendigen Informationen, die für das Treffen rationaler demokratischer Wahlentscheidungen erforderlich sind. Sie ist der Totengräber der Demokratie.

Wenn diese vier Gewalten nicht mehr voneinander unabhängig, sondern gleichgeschaltet sind, dann wird die Gewaltenteilung ausgehebelt und die Macht zentralisiert. Heute haben wir in Deutschland, ja in den meisten Ländern Europas die Situation, dass das durch eine hörige Presse einseitig informierte, ja manipulierte und belogene Volk die Legislative wählt. Danach darf es für vier Jahre den Mund halten. Die Legislative wählt die Regierung, die wiederum nach Proporz gemeinsam mit ihr die Richter ernennt. Zugleich hat es die Regierung geschafft, die Medien durch die Übermacht linker Staatsmedien gleichzuschalten. Wo findet dort noch eine Gewaltenteilung statt?

Hier müssen wir ansetzen. Wir brauchen in Zukunft vier voneinander unabhängige Gewalten plus die Presse als fünfte Gewalt. Diese vier Gewalten müssen vom Wahlvolk direkt gewählt werden, sie sind nicht einander, sondern dem Volk rechenschaftspflichtig und stehen unter dem Recht, können also für Verstöße gegen das Gesetz zur persönlichen Verantwortung gezogen werden. Diese vier Gewalten sind das Parlament des Bundes als Legislative, die Regierung mit dem Kanzler an der Spitze als Exekutive, die obersten Richter als Judikative und ein Wahlmonarch als Verteidiger der Freiheit und letzte, oberste Vetoinstanz und Staatsoberhaupt.

Die Wahl und die Wechselbeziehungen dieser Gewalten untereinander sind von der Verfassung festzulegen (siehe Verfassungsentwurf Artikel 57–91, in Ergänzung der Wahlartikel 54 und 55).

Geschichte und Identität

Ein Land ohne Geschichte ist kein Land. Es ist allenfalls ein Verwaltungskonstrukt. Geschichte gibt einem Land und seinen Bürgern Identität. Sie ist nicht von einer Kontinuität des Aufstiegs geprägt, sondern sie ist das Ergebnis von Höhen und Tiefen, edlen Taten und Verbrechen, Widersprüchen und Spannungen, Interessenkonflikten und Gemeinschaft, Kämpfen und Friedensschlüssen, inneren und äußeren Einflüssen und guten ebenso wie schlechten Entscheidungen. Gerade das deutsche Volk mit seiner höchst widersprüchlichen und auch zerrissenen Geschichte kann davon ein Lied singen.

Eine Verfassungsordnung darf weder die Verbrechen der Vergangenheit relativieren oder leugnen, noch darf sie das Tuch des Vergessens über die Höhen der nunmehr über tausendjährigen Geschichte dieses Landes breiten.

Die deutsche Geschichte hält viele relevante Lehren bereit, die in seine staatliche Ordnung einfließen müssen:

- Am deutschen Wesen muss nicht die Welt genesen. Der deutsche Moralimperialismus von Kaiser Wilhelms »Platz an der Sonne« über die »neue Weltordnung« der Nationalsozialisten ist leider, wie die aktuellen Ereignisse zeigen, keineswegs perdu und Vergangenheit. Deutschland sollte daher nicht vor der Tür der Anderen kehren, sondern die Freundschaft zu seinen Nachbarn ohne die Überheblichkeit des sozialistischen Moralins pflegen.
- Deutschland braucht eine freie Wirtschaft, um durch Wohlstand seine Dämonen unter Kontrolle zu halten. Es sind die Krisen als Folge sozialistischer Zerstörungs- und Wühlarbeit, die radikalen und menschenfeindlichen Kräften den Weg an die Spitze des Staates immer wieder gebahnt haben. Freiheit und Wohlstand sind die besten Gegenmittel gegen den Totalitarismus.
- Deutschland besteht aus mehr als nur zwölf Jahren Tyrannei. Es hat eine reiche Geschichte und leistete große Beiträge zu Kultur, Erfindungsgeist, Musik und Philosophie. Es hat in der Welt nicht nur Schlechtes, sondern auch viel Gutes bewirkt. Das Land muss aufrechten Hauptes seinen Nachbarn gegenübertreten, ohne die Lehren aus der Hitlerdiktatur deshalb zu vergessen oder zu leugnen.
- Der militärische Expansionismus der ersten Hälfte des 20. Jahrhunderts war die Urkatastrophe nicht nur des Landes, sondern ganz Europas. Militär muss der Verteidigung dienen und auch so angelegt sein. Das Vorbild ist nicht der Wolf, sondern der Igel. Dafür müssen wir auch weiterhin in Kategorien gemeinsamer Sicherheit mit unseren Nachbarn denken und kooperieren.
- Deutschland kann und muss nicht die Welt retten. Aber nur ein starkes Deutschland kann anderen in der Welt helfen,

wenn wirklich Not am Mann ist. Dafür müssen wir Verantwortung übernehmen, ohne zu bevormunden.

Dafür ist es notwendig, einige wenige Orientierungspunkte in die Verfassung zu integrieren (siehe Verfassungsentwurf Artikel 92–97).

Die Regierung unter dem Recht

Keine Verfassung und kein Gesetzeskodex ist für die Erhaltung der freiheitlichen Ordnung von Nutzen, wenn es der Regierung möglich ist, sich über das Recht zu erheben. Im Verhältnis von Regierung und Recht gibt es nur zwei mögliche Zustände: Entweder steht das Recht über der Regierung oder umgekehrt. Steht das Recht oben, so haben wir einen Rechtsstaat und die Freiheit ist gesichert. Das Volk kann dann mit Hilfe des Rechts die Regierung für Verfehlungen, Korruption und Verbrechen zur Verantwortung ziehen und die Regierung wird sich aus diesem Grunde hüten, es so weit kommen zu lassen. Dem Missbrauch der Macht ist ein Riegel vorgeschoben.

Steht hingegen die Regierung über dem Recht, so wie das nicht nur gefühlt bei unserer derzeitigen Berliner Junta der Fall ist, dann sind dem Missbrauch der Macht Tür und Tor geöffnet. Die Regierung macht dann, was sie will. Niemand fällt ihr in den Arm, niemand sanktioniert ihre Gesetzesverstöße mit persönlicher Haftung der handelnden Personen. Das Ergebnis ist: Das Volk hat Angst vor seiner Regierung. Niemals seit 1945 hatten wir einen Zustand der Rechtlosigkeit, wie ihn das derzeitige Corona-Regime der Bundesregierung darstellt. Die Atemlosigkeit ihres Rechtsbruches an den elementarsten Normen unserer Grundrechte ist die logische Folge einer jahrelangen Erosion der Kontrolle des Rechtsstaates über unsere Regierung, beginnend mit der illegalen Geldpolitik der EZB, dem illegalen Öffnen der Grenzen für illegale Masseneinwanderung, nun gipfelnd in einer Missachtung der unveräußerlichen Bürgerrechte.

Um diesem in Zukunft vorzubeugen, benötigen wir ein institutionelles Rahmenwerk, dass es dem Bürger erlaubt, juristisch gegen den Gesetzesbruch der Regierung vorzugehen. Hat er diese Möglichkeit nicht, besteht die substanzielle Gefahr, dass die Erosion der Grundrechte und der freiheitlich-demokratischen Grundordnung einen Punkt erreicht, wo ein Rekurs nur noch durch die Wahrnehmung des (auch bewaffneten) Widerstandsrechts nach Artikel 20, 4 des Grundgesetzes möglich ist. Analog findet sich diese Bestimmung in diesem Textvorschlag in Artikel 20a, denn wo die juristischen Mittel gegen eine tyrannische Regierung ausgeschöpft sind, bleibt dem Bürger nur noch der physische Widerstand. Die Sicherstellung der Möglichkeit dieses physischen Widerstands sind die dezentrale Organisation der Milizarmee, die Wahl der Führungsoffiziere durch die Bürger vor Ort und das Recht jedes Bürgers, der gedient hat und an der Waffe ausgebildet wurde, Waffen zu besitzen (siehe Verfassungsentwurf Artikel 67a–67e, 98).

Volksabstimmungen und die Grenzen des Souveräns

Bereits weiter oben wurde das Thema der Volksabstimmungen nach Schweizer Vorbild thematisiert. Diese sind durch das Grundgesetz übrigens in Artikel 20 auch heute schon verbrieft (*»Alle Staatsgewalt geht vom Volke aus, sie wird vom Volke in Wahlen und Abstimmungen (…) ausgeübt.«*), werden aber dem deutschen Volk von den Funktionären der Parteien grundgesetzwidrig seit siebzig Jahren vorenthalten.

Das Wahlvolk als Vertreter des Souveräns ist jedoch nicht Herr ultimativer Gewalt über den Bürger. Diese Gewalt kommt niemandem zu, auch keiner Mehrheit. Der Gesellschaftsvertrag, den das Individuum mit den anderen Bürgern schließt, indem sie sich gemeinsam eine verfassungsmäßige Ordnung geben und nach ihr leben, entrechtet den Bürger nicht und stellt seine fundamentalen Rechte als Individuum nicht in das Ermessen einer Mehrheit, egal wie groß sie auch sein mag.

Überschreitet die Mehrheit ihre aus dem Vertrag, also der Verfassung zugebilligten Kompetenzen, so macht sie den Gesellschaftsvertrag zunichte und entbindet das Individuum von seinen Treuepflichten gegenüber dem Vertragswerk. Es darf sich also wehren.

Deshalb ist es notwendig, dass auch die Ergebnisse von Volksabstimmungen nur dann Gesetzeskraft erlangen können, wenn sie mit der Verfassung im Einklang stehen. Sie müssen daher durch den Wahlmonarchen geprüft und ausgefertigt werden, um Rechtskraft zu erlangen. Stehen sie dazu im Widerspruch, so hat er die Pflicht zum Veto (siehe Verfassungsentwurf Artikel 79).

Die Brechung der Korruption durch Amtszeitenbegrenzung und Haftungsregeln

Korruption ist in der Regel eine Abmachung, die zwei Parteien treffen, deren Zeche ein Dritter bezahlen soll. In der Rechtswissenschaft nennt man das »einen Vertrag zu Lasten Dritter«. Nicht umsonst ist das verboten, denn es ist eine Form der Beraubung. Die häufigste Form der Korruption in Politik und Verwaltung ist die den Wettbewerb umgehende Erteilung von überteuerten Aufträgen an Spezis und Freunde des korrupten Politikers oder Amtsträgers. Den überhöhten Preis zahlt dann der Steuerzahler. Auch Wahlversprechen zugunsten der eigenen Klientel mit dem Geld anderer Leute erfüllen genau diese Definition der Korruption.

Die noch legale Korruption des Stimmenkaufs mit anderer Leute Geld wird mit den oben dargelegten Vorschlägen für eine Wahlrechtsreform abgestellt. Die Korruption der Verwaltung kann am besten bekämpft werden durch vier Maßnahmenbündel (siehe Verfassungsentwurf Artikel 99 und 99a):

- Transparenz der öffentlichen Ausgaben und Ausschreibungen und damit Nachvollziehbarkeit der Wettbewerbsfähigkeit des angenommenen Angebots

- Verkleinerung des Staatsapparates: Je kleiner der Staat, desto weniger Raum ist verfügbar für Korruption und Lobbyarbeit.
- Begrenzung der Amtszeiten von Politikern, denn Korruption ist ein Sumpf, bei dem sich die Komplizen vertrauen müssen. Je länger diese Zeit haben, sich gegenseitig abzutasten, kennenzulernen und korrupte Pläne zu schmieden, desto mehr Gelegenheiten für korrupte Schemata tun sich auf. Begrenzt man die Amtszeiten, trocknet man den kriminellen Sumpf zumindest teilweise aus.
- Als Viertes und Letztes benötigen wir Haftungsregeln für Politiker analog den Untreue-Tatbeständen in der freien Wirtschaft. Wer das Geld des Bürgers veruntreut oder verschwendet, der soll auch dafür haften.

Meinungsvielfalt in Presse und Medien

Keine freie Gesellschaft kann funktionieren, wenn ihre Bürger nicht wahrheitsgemäß und mit vielfältigen unterschiedlichen Meinungsperspektiven informiert werden. Dass das in unserer Gesellschaft durch das Kartell von linken Staatsmedien und linken Mainstreammedien nicht mehr der Fall ist, habe ich eingangs bereits im Detail dargelegt. Mittlerweile ist es allerdings nicht mehr nur so, dass der Bürger völlig einseitig informiert, »geframed« und manipuliert wird. Die Medienmaschine des Staates ist wieder dazu übergegangen, wie 1933–1945 und wie in der untergegangenen »DDR« missliebige Oppositionelle als Dissidenten zu behandeln, mit Rufmord zu überziehen und zu verleumden. Der Autor weiß aus eigener Erfahrung, wovon er schreibt.

Wie bereits Thomas Jefferson wusste: »*Nur die Lüge braucht die Stütze der Staatsgewalt, die Wahrheit steht von alleine aufrecht.*«

Dieses Medienkartell muss nachhaltig zerschlagen und durch Vielfalt ersetzt werden. Um das zu erreichen, brauchen wir eine Zerschlagung des linken Medienmonopols, einen

Rückzug des Staates aus den Medien und ein Ende der Subventionierung von regierungskonformen Jubelmedien der linken Presse (siehe Verfassungsentwurf Artikel 100–102).

Kontinuität und Wandelbarkeit der Verfassung

Keine Verfassung ist für die Ewigkeit. Das ist eine Binsenweisheit. Jedoch muss eine Verfassung, die die Substanz der Freiheit schützen will, gegenüber dem immer bestehenden Druck der Sozialisten und ihrer korrupten Fußtruppen ein hohes Maß an Resilienz und Widerstandskraft aufweisen.

Sie muss zwar in der Lage sein, auf sich verändernde Herausforderungen der Zukunft im Sinne einer freiheitlichen Ordnung zu reagieren, darf jedoch zu keinem Zeitpunkt der Versuchung erliegen, die Substanz der Freiheit zur Disposition zu stellen. Sie hat daher einen Kernbereich unveräußerlicher Regelungen, die durch keine noch so große Mehrheit geändert werden dürfen. Es ist daher zu definieren, was der Kernbereich der freiheitlichen Ordnung ist und was nicht. Für den Nicht-Kernbereich kann dann ein Prozess der Reform definiert werden, der sicherstellt, dass nicht kurzfristig und kurzatmig wesentliche Elemente, die ein Bollwerk gegen die Feinde der Freiheit darstellen, geschleift werden können (siehe Verfassungsentwurf Artikel 103–106).

7. Entwurf einer freiheitlichen Verfassung

> Die Verfassung ist ein Mittel, das sicherstellen soll, dass die Herrschenden ihre Macht nicht missbrauchen.
>
> **John Stuart Mill**

Auf Grundlage der in Kapitel 6 zusammengefassten Überlegungen mache ich folgenden Textvorschlag für eine freiheitliche Verfassung, die die dort definierten Anforderungen erfüllen soll:

Präambel:
Im Bewusstsein unserer Pflicht zur Errichtung einer Ordnung, die das Wesen des Menschen als freies Individuum nach dem Willen Gottes anerkennt und seine Entfaltung und sein Streben nach Glück in den Mittelpunkt ihres Bemühens stellt, anerkennt diese Verfassung die Lehren der Geschichte als eine Auseinandersetzung zwischen Freiheit und Unfreiheit. Sie stellt die Werte und Institutionen in den Mittelpunkt des Schutzes der Gesellschaft, des Staates und des Gesetzes, die die dauerhafte Etablierung einer freien und damit menschengerechten Ordnung garantieren. Diese Werte und Institutionen sind die Anerkennung der Rechte des Individuums und ihr Vorrang vor der Masse als Grundlage der Menschenwürde, den Schutz der traditionellen Familie als Basis und Baustein der Gesellschaft und Schutzraum des Individuums, die unbedingte Garantie der Rechte am Privateigentum als unverzichtbare Grundlage für die Realisierung einer Ordnung individueller Freiheit und Unabhängigkeit, die Definition und die Iden-

tität unseres Gemeinwesens als Glied der christlichen und abendländischen Zivilisation und daraus folgend die zentrale Bedeutung des Christentums für den Erhalt unserer Identität sowie die Funktion von Kunst, Kultur und Musik als tragende Elemente dieser Identität.

Grundrechte:

Artikel 1 – Die Würde des Menschen ist unantastbar. Sie manifestiert sich in dem Schutz der individuellen und unveräußerlichen Rechte, die durch den Schöpfer jedem Menschen vom Beginn seiner unverwechselbaren Existenz, der Zeugung, gegeben werden.

Artikel 2 – Die Grundrechte des Menschen sind nicht menschengegeben, sondern von Gott gegeben. Der Mensch hat daher nicht das Recht, sie einem anderen Menschen zu rauben.

Artikel 3 – Jeder Mensch hat von Zeugung an das Recht auf Leben und körperliche Unversehrtheit. Der Staat hat allen Menschen den gleichen Schutz des Gesetzes zu garantieren.

Artikel 3a – Es gibt kein Eigentum an einem Menschen. Der Mensch gehört nur sich selbst. Die Sklaverei ist verboten.

Artikel 3b – Der Mensch ist Mann oder Frau. Sein Geschlecht ist biologisch definiert und unveränderlich.

Artikel 3c – Niemand darf gegen seinen Willen zu einer medizinischen Behandlung gezwungen werden. Ihre Verweigerung darf auch nicht sanktioniert oder mit gesellschaftlichen, rechtlichen oder anderen Nachteilen belegt werden.

Artikel 4 – Jeder Mensch hat das Recht auf Freiheit.

Artikel 5 – Alle Menschen sind vor dem Gesetz gleich. Es ist dem Staat verboten, eine Gruppe von Menschen oder einzelne Personen sowohl positiv als auch negativ zu diskriminieren.

Artikel 6 – Jeder Mensch hat die Freiheit, seine Religion frei zu wählen. Jedoch darf die aktive Ausübung seiner Religion nicht andere Menschen in ihren Rechten beschneiden oder beschränken.

Artikel 7 – Niemand darf zu einer Handlung gezwungen werden, die im Konflikt mit seinem Gewissen steht. Der Staat hat jedoch im Zusammenhang mit der Wehrpflicht die Möglichkeit der Gewissensprüfung.

Artikel 8 – Jeder hat das Recht, seine Meinung in Wort, Bild und Schrift frei zu äußern und zu verbreiten. Die Meinungsfreiheit findet ihre Grenze nur und ausschließlich im Aufruf zu Gewalt gegen andere und in der Verleumdung Dritter.

Artikel 9 – Jeder Mensch hat das Recht zum friedlichen Protest und zur Demonstration. Der Staat darf dieses Recht nicht einschränken oder reglementieren, außer wenn Dritte in ihren Rechten unverhältnismäßig beeinträchtigt werden.

Artikel 10 – Jeder hat das Recht, sich in Vereinen zu organisieren. Die Tätigkeit von Vereinen ist ebenso wie die Tätigkeit von Individuen an das Recht gebunden.

Artikel 11 – Jeder Mensch hat das Recht auf Privatsphäre. Dies umfasst das Briefgeheimnis, das Fernmeldegeheimnis, die Unverletzlichkeit elektronischer oder anderer technischer Datenübermittlung in jeder Form, das Recht auf Verschlüsselung privater Daten, das Bankgeheimnis, das Geheimnis des im privaten Raum gesprochenen Wortes, das Geheimnis des eigenen Einkommens und Vermögens und die Unverletzlichkeit der Wohnung. Insbesondere ist es dem Staat nicht gestattet, sich Daten oder Informationen jedweder Art über die Einkommens- und Vermögensverhältnisse seiner Bürger zu verschaffen, auch und insbesondere nicht solche Daten, die als Grundlage einer Einkommens- oder Vermögensbesteuerung dienen könnten.

Die Rechte des Artikel 11 können nur im Einzelfall auf Befehl eines gewählten Richters im Falle des dringenden Verdachts einer Straftat eingeschränkt werden. Es ist dem Staat verboten, internationale Verträge zu schließen, die es anderen Staaten ermöglichen, diese Rechte seiner Bürger einzuschränken oder zu verletzen.

Artikel 12 – Jeder Bürger hat das Recht an seinen privaten Daten. Unternehmen und Personen, die im Wege ihrer Tätigkeit Daten über einen Bürger erhalten, sind verpflichtet, ihn darüber zu informieren, und müssen diese auf Verlangen löschen. Inländischen und ausländischen Unternehmen, die durch Datenverlagerung diese Rechte umgehen, ist jede Tätigkeit in Deutschland zu untersagen. Das heimliche Ausspähen privater Daten ist als Straftat zu verfolgen.

Artikel 13 – Jeder Bürger hat das Recht auf Freizügigkeit. Es darf nur im Einzelfall einer Verurteilung für eine Straftat durch einen gewählten Richter eingeschränkt werden.

Artikel 14 – Jeder Bürger hat das Recht, seinen Beruf und seine Tätigkeit zum Lebensunterhalt frei zu wählen.

Artikel 15 – Die Wohnung ist ein Kernelement der Privatsphäre des Bürgers. Sie ist unverletzlich. Dies darf nur von einem gewählten Richter bei dringendem Verdacht auf eine Straftat eingeschränkt werden.

Artikel 16 – Jeder Mensch hat das Recht auf den Erwerb von Eigentum. Eigentum darf weder konfisziert noch enteignet, zwangsbeliehen oder besteuert werden.

Artikel 17 – Jeder Mensch hat das Recht auf den Erwerb von Einkommen durch selbstständige oder nicht selbstständige Tätigkeit sowie aus Kapitalvermögen. Einkommen darf weder konfisziert noch enteignet, zwangsbeliehen oder besteuert werden.

Artikel 18 – Die Vergesellschaftung von Produktionsmitteln ist verboten.

Artikel 19 – Der Bürger hat Anrecht auf den Schutz des Staates. Er darf nicht an andere Staaten ausgeliefert werden.

Artikel 20 – Der Versuch einer Abschaffung der Grundrechte durch politische Amtsträger konstituiert den Tatbestand des Hochverrats und ist mit lebenslänglicher Haft, ohne die Möglichkeit einer vorzeitigen Entlassung oder Begnadigung, zu ahnden.

Artikel 20a – Gegen den Versuch und die Durchführung einer Abschaffung der Grundrechte hat jeder Bürger das Recht auf bewaffneten Widerstand. Kein Bürger und kein Amtsträger ist einer Regierung, die die verfassungsmäßige Ordnung abschafft, zum Gehorsam oder zur Kooperation verpflichtet.

Artikel 20b – Die Artikel 1 bis 20b dieser Verfassung sind unabänderlich.

Schutz der Familie

Artikel 21 – Die Ehe und die Familie sind der Kernbaustein der Gesellschaft und des Staates. Sie zu schützen und zu bewahren ist Aufgabe des Staates und des Rechts.

Artikel 22 – Die Ehe besteht aus einem Mann und einer Frau. Polygamie und Bigamie sind verboten.

Artikel 23 – Andere Formen des partnerschaftlichen Zusammenlebens sind zulässig, konstituieren jedoch keine Ehe und dürfen vor dem Gesetz auch nicht als Ehe behandelt werden. Der Gesetzgeber hat die Möglichkeit, solche Formen des Zusammenlebens zu institutionalisieren und ihnen eine andere Bezeichnung zuzuordnen.

Artikel 24 – Ausschließlich die Ehe begründet eine Familie und dient auch der Hervorbringung und Erziehung der nächsten Generation. Das Adoptionsrecht ist auf Ehepaare beschränkt.

Artikel 24a – Nicht eheliche Kinder sind ehelichen Kindern in jeder Beziehung rechtlich gleichzustellen und gelten im Sinne dieses Artikels als Familienmitglied des biologischen Elternteils.

Artikel 25 – Es ist dem Staat untersagt, eine Erbschaftssteuer oder eine andere Abgabe mit dem Ziel der Besteuerung im Todesfalle zu erheben und so das Vermögen einer Familie zu schmälern.

Artikel 26 – Der Staat darf die Bildung von Kindern durch das Setzen von Mindeststandards sicherstellen. Es obliegt den Eltern, die Ausbildung ihrer Kinder durch die Inanspruchnahme von öffentlichen Schulen, Privatschulen oder Heimschulung in freier Wahl sicherzustellen.

Artikel 26a – Die Artikel 21 bis 26 sind unabänderlich.

Privateigentum, Rechtsstaat und Vertragsfreiheit

Artikel 27 – Eigentum dient dem Wohl des Einzelnen und des Gemeinwesen, indem es marktwirtschaftlich und damit frei nach dem Gutdünken seines Eigentümers eingesetzt wird.

Artikel 28 – Eigentumsrechte beinhalten auch das Recht auf freie Wahl des Standorts von mobilem Eigentum, auch seine ungehinderte und mit keinerlei Abgaben- oder Steuerpflicht verbundene Verbringung ins Ausland, das Recht freier Verwendung für produktive oder konsumtive Zwecke, das Recht des freien Tausches ohne Einmischung des Staates oder Dritter, das Recht der Vermietung, des Verschenkens, des Vererbens und des Verkaufs frei von jeder Einschränkung durch den Staat.

Artikel 29 – Das Eigentumsrecht an einer Sache begründet auch das Recht seiner Zerstörung. Der Staat darf dieses Recht nur bei Kulturgütern von historischer Bedeutung einschränken.

Artikel 30 – Der Gebrauch des Eigentums darf nicht zur Schädigung Dritter in ihren Rechten führen.

Artikel 30a – Restitution: Der Staat ist verpflichtet, Eigentum, welches im Zuge der Revolution von 1919, der Machtergreifung der Nationalsozialisten, der Besatzungszeit nach dem Zweiten Weltkrieg und der Maßnahmen in der sowjetischen Besatzungszone enteignet wurde, seinen rechtmäßigen Eigentümern beziehungsweise deren Erben zurückzugeben. Verfügt er nicht mehr über dieses Eigentum, weil er es veräußert hat, so ist er schadensersatzpflichtig zum Marktwert, den ein Gericht feststellen muss.

Artikel 31 – Es herrscht Vertragsfreiheit. Es ist dem Staat insbesondere verboten, in die Freiheit der Vertragsgestaltung bei Immobilien und Mietverträgen einzugreifen. Recht ist, worauf sich Vertragsparteien in freier Entscheidung einigen.

Artikel 32 – Eigentum an der eigenen Person: Es ist dem Staat verboten, in die Vertragsgestaltung von Arbeits- und Dienstleistungsverträgen einzugreifen. Recht ist, worauf sich Vertragsparteien in freier Entscheidung einigen.

Artikel 33 – Das Aktien- und Gesellschaftsrecht muss sicherstellen, dass Eigentum und Verfügungsgewalt an Unternehmensanteilen zusammenfallen. Keinesfalls dürfen Kapitalmarktintermediäre und Treuhänder Stimmrechte aus Unternehmensanteilen ausüben. Dies ist den Anteilseignern vorbehalten.

Artikel 34 – Abgabenverbot: Eigentum darf in keiner Form mit Abgaben belegt werden. Sind Leistungen des Staates mit Bezug auf Immobilieneigentum auf kommunaler, Länder- oder Bundesebene erforderlich, so sind diese nach dem Äquivalenzprinzip Leistung gegen Geld zu bezahlen.

Artikel 34a – Das Recht auf Eigentum und seinen selbstbestimmten Gebrauch durch den Bürger im Zuge der Vertragsfreiheit und der freien wirtschaftlichen Verwendung darf nicht in seinem Wesen eingeschränkt werden. Artikel 34a dieser Verfassung ist unabänderlich.

Marktwirtschaft

Artikel 35 – Die freie Marktwirtschaft ist die einzig zulässige Wirtschaftsordnung. Der Versuch der Bildung von staatlichen Monopolen, die Etablierung von Wirtschaftsunternehmen im Staatseigentum, die Einschränkung wirtschaftlicher Freiheiten durch den Staat, jegliche Kontrolle von Preisen, Mieten oder Zinsen sowie jegliche staatliche Eingriffe in den Markt, die seine Ergebnisse verzerren, sind verboten.

Artikel 35a – Es ist dem Staat verboten, Kapitalkontrollen einzuführen oder die Ein- und Ausfuhr von Kapital durch seine Bürger zu behindern, zu regulieren oder zu erfassen.

Artikel 35b – Direkte und indirekte Subventionen jeder Art sind verboten.

Artikel 36 – Staatsquote: Der Staat darf für seine Aufgaben in all seinen Untergliederungen keinesfalls mehr als zwölf Prozent des Bruttoinlandsproduktes in Anspruch nehmen. Im Kriegsfall darf er für die Dauer der aktiven Kampfhandlungen einen zusätzlichen Verteidigungshaushalt von bis zu 15 Prozent des Bruttoinlandsproduktes verabschieden. Dieser ist zweckgebunden und darf nach Ende der Kampfhandlungen nicht prolongiert werden. Artikel 36 dieser Verfassung ist unabänderlich.

Artikel 37 – Direkte Leistungssteuern jeder Art von Einzelpersonen wie auch von Unternehmen sind verboten. Artikel 37 dieser Verfassung ist unabänderlich.

Artikel 38 – Der Staat darf seine Ausgaben durch die Erhebung indirekter Steuern auf Konsum, Energie, Alkohol, Tabak, Zucker und gesundheits- oder umweltschädliche Produkte finanzieren. Die Summe der indirekten Steuern darf nicht höher liegen als die Staatsquote. Der Staat darf keine Finanzpolster von mehr als ein Prozent des Bruttoinlandsprodukts bilden.

Artikel 39 – Es ist dem Staat und allen seinen Gliedern, Gebietskörperschaften und Institutionen verboten, sich zu verschulden. Die Verschuldungsobergrenze liegt bei null. Schuldverträge, die nach Inkrafttreten dieser Verfassung geschlossen werden, sind von Anfang an nichtig und verpflichten den Bürger oder den Staat nicht zur Rückzahlung. Kauft der Staat Waren oder Dienstleistungen ein, so hat er sie unmittelbar bei Erhalt zu bezahlen, er darf auch keinen Lieferantenkredit oder Zahlungsziele in Anspruch nehmen.

Währungsordnung und Goldstandard

Artikel 40 – Der Staat darf staatliches Geld nur im Wettbewerb mit privaten Anbietern zur Verfügung stellen.

Artikel 41 – Staatliches Geld muss zu hundert Prozent durch Gold oder Silber gedeckt sein und eine unbedingte, unwiderrufliche Umtauschberechtigung des Inhabers eines Geldscheins in das ihm unterlegte Edelmetall beinhalten. Eine nur fraktionelle Deckung ist verboten.

Artikel 41a – Es ist dem Staat unter allen Umständen untersagt, die Umtauschverpflichtung auf staatliches Geld in Gold oder Silber einzuschränken, zu verwässern, aufzuheben, zu verzögern oder in irgendeiner Weise zu behindern. Dies gilt auch im Kriegsfall.

Artikel 41b – Es ist dem Staat untersagt, den Besitz von Edelmetallen durch den Bürger zu behindern, einzuschränken oder zu verbieten. Er darf den Erwerb und Verkauf von Gold und Silber,

Fremdwährungen, Kryptowährungen, Devisen, Anleihen, Anteilsscheinen und anderen verbrieften Vermögenswerten weder direkt noch indirekt besteuern.

Artikel 41c – *Es ist dem Staat untersagt, dem Bürger vorzuschreiben, wo er sein Geld, sein Gold oder Silber oder andere Kapitalanlagen lagern will, ganz gleich ob im In- oder Ausland. Er darf auch keine künstlichen bürokratischen Hürden gegen die freie Entscheidung des Lagerorts aufrichten und er hat kein berechtigtes Informationsinteresse diesbezüglich gegenüber dem Bürger.*

Artikel 41d – *Der Bürger ist dem Staat in keinem Falle rechenschaftspflichtig über den Gebrauch, die Verwendung oder Verbringung seines Geldes, seiner Edelmetalle oder seines anderen mobilen Kapitals wie Devisen, Fremdwährungen, Anleihen, Anteilsscheine oder andere verbriefte Vermögenswerte.*

Artikel 41e – *Der Staat darf keine Kapitalverkehrskontrollen, Devisenbeschränkungen oder Maßnahmen einführen, die in ihrer Wirkung einer Behinderung des freien Kapitalflusses oder der Freiheit der Bürger, Vermögen in beliebiger Form ohne Behinderung durch den Staat grenzüberschreitend zu transferieren, gleichkommen.*

Artikel 42 – *Das staatliche Geld muss als gesetzliches Zahlungsmittel dem Bürger in jedem Fall in Form von Bargeld, also Edelmetall-Münzen und Scheinen, zur Verfügung stehen. Die Verwendung von Bargeld darf nicht gesetzlich oder durch andere Maßnahmen des Staates eingeschränkt werden, auch nicht der Höhe einer Einzeltransaktion nach.*

Artikel 43 – *Der Staat darf das Angebot privater Anbieter von Geld nicht behindern oder einschränken. Für die Anbieter von privatem Digitalgeld gilt Artikel 12.*

Artikel 44 – *Der Staat darf keinen zwischenstaatlichen oder internationalen Abkommen beitreten, welche die diesbezüglichen Rechte seiner Bürger einschränken.*

Artikel 44a – *Artikel 40 bis 44a dieser Verfassung sind unabänderlich.*

Staatsform, Bund, Länder, Begrenzung der Staatsquote und Subsidiarität

Artikel 45 – Deutschland ist ein Bundesstaat und eine demokratische, parlamentarische konstitutionelle Wahlmonarchie.

Artikel 45a – Das Land ist untergliedert in Bund, Bundesländer und Kommunen, deren Kompetenzen in dieser Verfassung geregelt sind. Eine über die Bestimmungen dieser Verfassung hinausgehende Zentralisierung von Kompetenzen ist nur für die Dauer von höchstens einer Legislaturperiode möglich und bedarf der Zustimmung der Bürger der Kompetenz abgebenden Gebietskörperschaft durch Volksabstimmung.

Artikel 45b – Die Verfassung legt die Einrichtung von vier Gewalten fest, die alle direkt durch das Wahlvolk gewählt werden müssen. Es sind dies die gesetzgebende Gewalt (Legislative), die ausführende Gewalt (Exekutive), die richterliche Gewalt (Judikative) und die Vetogewalt des gewählten Monarchen.

Artikel 45c – Die Bundesstaaten konstituieren sich durch Volksabstimmung der an ihnen teilnehmenden Kommunen.

Artikel 45d – Die territorialen Grenzen der Länder werden nicht durch das Grundgesetz der Bundesrepublik Deutschland von 1949 festgelegt. Es obliegt dem Wahlvolk, sie durch Abstimmung festzulegen.

Artikel 46 – Der Staat darf nur Aufgaben übernehmen, die der Bürger nicht privatwirtschaftlich selbst ausführen kann.

Artikel 46a – Die Aufgaben des Staates im Bund beschränken sich auf Recht Setzen und Recht Sprechen sowie die Bereitstellung von innerer und äußerer Sicherheit.

Artikel 47 – Die Aufgabe des Bundesparlaments und des Bundesrates ist die Verabschiedung und Aufhebung von Gesetzen. Sie genehmigen den Bundeshaushalt nach Vorlage des Kanzlers.

Artikel 48 – Die Aufgabe der Länder beschränkt sich auf die Entsendung von Vertretern in den Bundesrat und die Festlegung der Bildungspolitik durch die Definition von Mindeststan-

dards. Die Landtage genehmigen den Landeshaushalt nach Vorlage des Ministerpräsidenten.

Artikel 49 – Die Kommunen sind zuständig für Infrastruktur, Kultur und Sozialwesen. Ihr Haushalt wird von Bürgermeister und Stadträten vorgelegt und muss von den Bürgern in Bürgerversammlungen in direkter Abstimmung genehmigt werden. Dabei haben die Bürger das Recht, Gegenvorschläge zur Abstimmung zu stellen, wenn dies von mindestens fünf Prozent der Wahlberechtigten verlangt wird.

Ausübung der Staatsgewalt durch das Wahlvolk: Aktives und passives Wahlrecht

Artikel 50 – Die Staatsgewalt geht vom Volke aus und wird vom Volke durch Wahlen und Abstimmungen ausgeübt. Jeder Staatsbürger ist mit Vollendung des 21. Lebensjahrs und der Absolvierung von Wehr- oder Zivildienstpflicht aktiv und passiv wahlberechtigt.

Davon abweichend legen die Artikel 50a und 50b ein Mindestalter für bestimmte Ämter fest. Die Dienstpflicht gilt für Männer und Frauen gleichermaßen. Ihre Mindestdauer beträgt neun Monate.

Artikel 50a – Das passive Wahlrecht für die Ämter des Kanzlers, der Präsidenten von Parlament und Bundesrat, der Ministerpräsidenten und Bürgermeister, der obersten nationalen Richter und des Wahlmonarchen beginnt mit der Vollendung des 40. Lebensjahrs.

Artikel 50b – Das passive Wahlrecht für die Ämter der Abgeordneten des Bundestages und der Landtage sowie des Bundesrates beginnt mit Vollendung des 30. Lebensjahrs.

Artikel 51 – Das Wahlrecht beinhaltet das Recht und die Pflicht jedes Bürgers, sich zwischen der Teilnahme an Wahlen und dem Empfang von Geld oder Sachleistungen aus der Hand des Staates zu entscheiden. Diese Wahl muss der Bürger am Beginn jeder Legislaturperiode neu treffen.

Artikel 52 – Jeder Bürger ist aufgerufen, sich gegen den Empfang von Transfers in Form von Sozialhilfe, Subventionen, Fördermitteln jeder Art und gruppenbezogenen Vorteilen und für die Ausübung des Wahlrechts zu entscheiden.

Artikel 52a – Die Legislaturperiode dauert fünf Jahre. Neuwahlen dürfen nicht später als zum letzten Tag der Legislaturperiode stattfinden. Die Legislaturperiode gilt für alle Gebietskörperschaften, also Bund, Bundesländer und Kommunen,sowie für alle Gewalten, die der Amtszeitenbegrenzung unterliegen, also Parlamente, Regierung in Bund, Ländern und Kommunen sowie Richter.

Artikel 53 – Die Gruppe der Staatsbürger, die sich für eine Wahlperiode gegen den Empfang von Transfers des Staates entschieden hat, konstituiert das Wahlvolk.

Artikel 53a – Die Artikel 50 bis 56 sind unabänderlich.

Artikel 54 – Das Wahlvolk wählt in freier und direkter Wahl das Parlament des Bundes, die Parlamente der Länder, den Kanzler, die Ministerpräsidenten der Länder, die Richter und den Wahlmonarchen.

Artikel 55 – Das Wahlvolk genehmigt in freier Abstimmung die Ausgabenbudgets der gewählten Kommunalverwaltungen.

Artikel 56 – Das Wahlvolk hat das Recht, Gesetze im Wege der Volksabstimmung zu erlassen und zu streichen. Eine Abstimmung muss angesetzt werden, wenn mindestens fünf Prozent des Wahlvolks dies per Unterschrift fordern. Dies gilt nicht für Gesetzesvorlagen, die im Widerspruch zu dieser Verfassung stehen. Sie sind in jedem Fall nichtig.

Parlament/Legislative:

Artikel 57 – Das Wahlvolk wählt in freier und geheimer Wahl ein Parlament mit 201 Abgeordneten aus 201 Wahlkreisen. Die Kandidaten stellen sich in ihren Wahlkreisen dem Volk direkt zur Wahl und müssen dem Wahlvolk angehören. Sie dürfen keiner politischen Partei angehören und auch zwei Legislatur-

perioden vor ihrer Kandidatur keiner Partei angehört haben. Gewählt ist, wer die höchste Zahl der Stimmen im Wahlkreis auf sich vereinen kann.

Artikel 58 – Die Mitglieder des Parlaments dürfen nur zweimal für je eine Legislaturperiode gewählt werden, jedoch nicht für zwei aufeinanderfolgende Legislaturperioden. Die zweite Amtsperiode eines Abgeordneten darf nicht früher als fünf Jahre nach dem Ende der ersten Amtsperiode beginnen.

Artikel 59 – Die Mitglieder des Parlaments üben ihre Tätigkeit ehrenamtlich aus, sie erhalten weder Diäten noch ein Gehalt, Aufwandsentschädigungen oder andere Vergünstigungen.

Artikel 60 – Das Parlament tagt an sechzig Tagen im Jahr. Darüber hinaus tritt es nur zusammen, wenn eine Notstandssituation eingetreten ist, die Kanzler und Wahlmonarch gemeinsam feststellen müssen.

Artikel 61 – Tagungsort des Parlamentes ist die Paulskirche in Frankfurt.

Artikel 62 – Das Parlament verabschiedet Gesetze und hebt sie auf. Die gesetzgebenden Beschlüsse des Parlamentes müssen vom Bundesrat und vom Wahlmonarchen bestätigt werden. Verfassungswidrige Gesetze erlangen keine Gültigkeit.

Artikel 63 – Das Parlament wählt nicht die Regierung, es genehmigt jedoch den Regierungshaushalt. Der Regierungshaushalt muss nach Zustimmung des Parlaments vom Bundesrat und vom Wahlmonarchen bestätigt werden.

Kanzler und Regierung:

Artikel 64 – Das Wahlvolk wählt aus seiner Mitte den Kanzler in freier, geheimer und direkter Wahl. Der Kanzler darf keiner Partei angehören und auch zwei Legislaturperioden vor seiner Kandidatur keiner Partei angehört haben. Er wird taggleich mit dem Parlament gewählt.

Artikel 64a – Der Kanzler kann nur für eine Wahlperiode von fünf Jahren gewählt werden. Er bezieht ein Gehalt, das dem

Durchschnittseinkommen der letzten fünf Jahre vor seiner Wahl entspricht, jedoch nicht mehr als den Gegenwert von fünfhundert Unzen Feingold pro Jahr.

Artikel 65 – Der Kanzler ernennt vier Minister: den Minister für Finanzen, für auswärtige Beziehungen, für innere Sicherheit und für Verteidigung. Die Minister dürfen keiner Partei angehören. Die Minister beziehen ein Gehalt, das dem Durchschnittseinkommen der letzten fünf Jahre vor ihrer Wahl entspricht, jedoch nicht mehr als den Gegenwert von zweihundert Unzen Feingold pro Jahr. Die Minister müssen dem Wahlvolk angehören. Die gesamte Amtszeit, die ein Bürger als Minister verbringen kann, darf nicht die Dauer von zwei Legislaturperioden überschreiten.

Artikel 65a – Der Kanzler hat die Richtlinienkompetenz, koordiniert die Arbeit der Ministerien und vertritt die Bundesregierung gegenüber allen anderen Verfassungsorganen.

Artikel 65b – Dem Kanzler sind die Geheimdienste unterstellt. Sie werden von einem parlamentarischen Kontrollgremium, bestehend aus fünf Abgeordneten, kontrolliert.

Artikel 66 – Es ist der Regierung nicht gestattet, darüber hinaus weitere Ministerien oder Bundesbehörden zu gründen. Abteilungen der vier Ministerien müssen einen unzweifelhaften Bezug zur Aufgabe des Ministeriums vorweisen.

Artikel 67 – Der Verteidigungshaushalt darf in Friedenszeiten bis zu drei Prozent des Bruttoinlandsproduktes betragen. Die Befehlsgewalt in Friedenszeiten liegt beim Verteidigungsminister, im Kriegsfall beim Kanzler.

Artikel 67a – Die Armee ist als Milizarmee in der Weise zu organisieren, dass die Bürger in ihrem Wahlkreis den Wehrdienst leisten. Der befehlshabende Offizier in jedem Wahlkreis muss durch den Verteidigungsminister ernannt und durch die Bürger in geheimer und freier Wahl bestätigt werden. Lehnt das Wahlvolk den Vorschlag des Verteidigungsministers zweimal mit absoluter Mehrheit ab, so erfolgt eine Wahl nach dem

Muster der Abgeordnetenwahl. Kandidieren darf jeder Bürger des Wahlkreises, der den Wehrdienst absolviert hat und der mindestens vierzig Jahre alt ist.

Artikel 67b – Neben der Milizarmee darf der Staat eine Interventionsarmee unterhalten, für die er bis zu dreißig Prozent des Verteidigungshaushaltes aufwenden darf. Sie umfasst Luftwaffe, Marine, Cyberkriegsführung oder weitere Bereiche, die durch künftige neue Technologien für die Verteidigung relevant werden.

Artikel 67c – Der gesamte Personalbestand der Interventionsarmee muss sich aus der Miliz rekrutieren.

Artikel 67d – Dienst an der Waffe als Wehrpflichtiger oder als Berufssoldat dürfen nur Staatsbürger leisten.

Artikel 67e – Der Dienst an der Waffe berechtigt nach abgeschlossener Waffenausbildung zum lebenslangen Führen einer Waffe. Der Bürger hat das Recht, Waffen zu tragen. Dieses Recht darf vom Staat nicht eingeschränkt werden. Eine Straftat mit Gewaltanwendung kann jedoch im Einzelfall zum vorübergehenden oder dauerhaften Verlust des Rechts auf das Tragen von Waffen führen. Dies muss von einem gewählten Richter verfügt werden. Artikel 67e dieser Verfassung ist unabänderlich.

Artikel 67f – Die Eigentümer und Mieter von Grundstücken, Schiffen, Flugzeugen oder Fahrzeugen dürfen in Ausübung ihres Eigentumsrechts das Tragen von Waffen auf ihrem Eigentum oder Besitz einschränken. Diese Einschränkung gilt nicht für privatisierte Straßen, Wasserwege oder Schienenwege, wenn sich die Bürger mit eigenen Fahrzeugen auf diesen bewegen.

Artikel 68 – Das Ministerium des Inneren ist zuständig für den Grenzschutz. Es darf bis zu 0,5 Prozent des Bruttoinlandsprodukts als Budget erhalten, um eine Grenzpolizei und Anlagen zur Grenzsicherung zu finanzieren.

Artikel 69 – Das Finanzministerium ist zuständig für die Durchführung der Erhebung indirekter Steuern und ihre Verteilung auf den Bund, die Länder und die Kommunen nach den dafür vorgesehenen Schlüsseln. Es ist zuständig für die Monopol- und Kartellkontrolle. Es darf bis zu 0,1 Prozent des Bruttoinlandsprodukts für diese Verwaltungsaufgaben aufwenden.

Artikel 70 – Das Außenministerium ist zuständig für den diplomatischen Dienst und die Beziehungen zu anderen Staaten und internationalen Organisationen. Es schließt alle internationalen Verträge inklusive Handelsabkommen ab. Es darf bis zu 0,2 Prozent des Bruttoinlandsproduktes für diese Aufgabe aufwenden.

Der Bundesrat

Artikel 71 – Der Bundesrat besteht aus je zwei Vertretern jedes Bundeslandes. Seine Mitglieder müssen dem Wahlvolk angehören. Die Modalitäten ihrer Ernennung und Bestellung regeln die Verfassungen der Bundesländer in eigener subsidiärer Kompetenz. Sie sind nicht gebunden an die Modalitäten anderer Bundesländer hinsichtlich dieser Ernennung. Die Einrichtung von Amtszeitbegrenzungen für die Mitglieder des Bundesrates ist Ländersache. Die Mitglieder des Bundesrates dürfen keiner Partei angehören und auch zwei Legislaturperioden vor ihrer Wahl keiner Partei angehört haben.

Artikel 72 – Der Bundesrat bestätigt die Gesetze, die der Bundestag beschlossen hat, mit absoluter Mehrheit. Findet sich keine solche Mehrheit, so gilt das Gesetz als abgelehnt. Gleiches gilt für Dekrete der Regierung.

Artikel 73 – Der Bundesrat hat das Nominierungsrecht für das Amt des Wahlmonarchen. Er stellt den Kandidaten mit Zweidrittelmehrheit auf.

Artikel 73a – Der Bundesrat investiert den Wahlmonarchen in einer Weise, die seinem Amt als Staatsoberhaupt, Vertreter des Souveräns und Verteidiger der Freiheit würdig ist.

Artikel 73b – Der Bundesrat dient dem Wahlmonarchen als Ratgebergremium.

Das Richteramt

Artikel 74 – Alle Richter und Staatsanwälte werden vom Wahlvolk in freier, direkter und geheimer Wahl gewählt. Sie müssen dem Wahlvolk angehören und über eine entsprechende juristische Qualifikation verfügen. Wahlberechtigt ist jeweils das Wahlvolk innerhalb des Zuständigkeitsbereiches eines Gerichts. Die Richter dürfen keiner Partei angehören und auch zwei Legislaturperioden vor ihrer Wahl keiner Partei angehört haben.

Artikel 75 – Die Richter der obersten nationalen Gerichte werden taggleich mit dem Parlament für eine Legislaturperiode gewählt. Sie können zweimal wiedergewählt werden.

Artikel 76 – Richter und Staatsanwälte sind der Regierung nicht rechenschaftspflichtig. Regierung, Parlament und Bundesrat sowie Wahlmonarch haben keine Weisungsbefugnis gegenüber Mitgliedern der Justiz. Die Organisation des Justizapparates wird vom Apparat des Verfassungsgerichtes durchgeführt. Es darf dafür bis zu 0,2 Prozent des Bruttoinlandsproduktes verwenden. Die Kosten des laufenden Betriebes der Rechtsprechung sind auf die Parteien umzulegen.

Der Wahlmonarch

Artikel 77 – Das Wahlvolk wählt aus seiner Mitte einen Wahlmonarchen ohne exekutive, legislative oder judikative Gewalt auf Lebenszeit. Seine Aufgabe ist die Wächterfunktion über die Ordnung der Freiheit durch absolute Vetogewalt. Der Wahlmonarch darf keiner Partei angehören und auch zwei Legislaturperioden vor seiner Wahl keiner Partei angehört haben.

Artikel 77a – Der Wahlmonarch ist das Staatsoberhaupt des Landes. Er vertritt das Land nach außen und muss alle Gesetze, Dekrete der Regierung und Verträge durch seine Bestätigung und Unterschrift ausfertigen.

Artikel 78 – Der Bundesrat nominiert einen Kandidaten, dem das Wahlvolk mit absoluter Mehrheit zustimmen muss. Wird die Zustimmung durch das Wahlvolk verweigert, so muss der Bundesrat einen neuen Kandidaten vorschlagen, bis ein Kandidat die Zustimmung des Wahlvolkes erhält. Wird das Amt vakant, so muss der Bundesrat den Wahlvorschlag innerhalb von vier Wochen dem Volk zur Abstimmung vorlegen, die nicht länger als acht Wochen nach Beginn der Vakanz stattfinden muss. Dies ist auch der Turnus für allfällige Wiederholungen der Wahl.

Artikel 79 – Der Wahlmonarch hat ein absolutes Vetorecht gegen alle neuen Gesetze des Parlaments, Gesetze als Ergebnis von Volksabstimmungen und Dekrete der Regierung. Er kann das Veto begründen, muss dies jedoch ausdrücklich nicht tun.

Artikel 79a – Es ist dem Wahlmonarchen untersagt, einem Gesetz als Gegenleistung für die zeitgleiche oder nicht zeitgleiche Vorlage eines anderen, von ihm erwünschten Gesetzes seine Zustimmung zu erteilen. Er hat sich jeder Kommunikation zur Vorbereitung eines derartigen politischen Handels zu enthalten. Ein Gesetz, das im Wege der Gegenleistung vom Wahlmonarchen unterzeichnet wird, erlangt keine Gesetzeskraft. Ebenso erlangt ein Gesetz, das als solche Gegenleistung verabschiedet wird, keine Gesetzeskraft. Die Feststellung des Sachverhaltes obliegt dem Verfassungsgericht.

Artikel 80 – Der Wahlmonarch erhält kein Gehalt, jedoch ist das Parlament für das Budget seines Lebensunterhalts und die Kosten seiner Repräsentation zuständig. Er muss bis zum Tage seiner Wahl aus eigener Kraft seinen Lebensunterhalt bestritten haben und er darf nicht vorbestraft sein.

Artikel 81 – Der Wahlmonarch ist auf Lebenszeit gewählt. Er kann des Amtes nur verlustig gehen durch Rücktritt, Tod oder die Amtsenthebung. Für die Amtsenthebung muss der Bundesrat dem Wahlvolk diese Entscheidung mit Zweidrittelmehrheit vorlegen, das Wahlvolk muss sie mit Zweidrittelmehrheit der Wahlberechtigten bestätigen.

Das Verfassungsgericht

Artikel 82 – Das Verfassungsgericht besteht aus sieben Richtern, die vom Wahlvolk in direkter, freier und geheimer Wahl gewählt werden und die über die notwendige juristische Qualifikation verfügen müssen. Sie stellen sich selbst zur Wahl.

Artikel 82a – Die Richter können für maximal drei Legislaturperioden gewählt werden.

Artikel 83 – Das Verfassungsgericht ist die letzte Instanz in Streitfragen über die Verfassung. Es darf Gesetze aufheben und die Exekutive anweisen, verfassungswidrige Maßnahmen zu beenden und zu korrigieren.

Das Gericht kann jedoch keine Gesetze erlassen. Setzt sich die Exekutive über eine Anweisung des Verfassungsgerichtes hinweg, so kann das Gericht sie des Amtes entheben und Neuwahlen veranlassen, die innerhalb von drei Monaten stattfinden müssen. In der Zwischenzeit ernennt der Wahlmonarch eine provisorische Regierung, die die Amtsgeschäfte bis zum Abend des Wahltages führt.

Die Bundesländer

Artikel 84 – Das Wahlvolk der Bundesländer wählt einen Landtag in freier, geheimer und direkter Wahl. Die Regeln der Wahl zum Bundestag finden analog Anwendung.

Artikel 85 – Das Wahlvolk der Bundesländer wählt einen Ministerpräsidenten in freier, geheimer und direkter Wahl. Die Regeln zur Wahl des Kanzlers finden analog Anwendung.

Artikel 86 – Der Ministerpräsident ernennt einen Minister für Bildung und Wissenschaft, einen Minister für Kultur, Kunst und Musik und einen Minister für Infrastruktur. Ein Finanzministerium ist nicht erforderlich. Die Finanzverwaltung wird nach Zuweisung der indirekten Steueranteile im Amt des Ministerpräsidenten durchgeführt. Es gelten die Bestimmungen für ein Verbot der Ausweitung von Zuständigkeiten der Länderregierung analog denen der Bundesregierung.

Artikel 87 – Die Bundesländer dürfen für ihre Ausgaben maximal zwei Prozent des in ihrem Gebiet erwirtschafteten Bruttoinlandsproduktes aufwenden.

Artikel 88 – Ein Bundes- oder Länderfinanzausgleich ist verboten. Jedes Land muss seine Ausgaben selbst finanzieren. Eine Ausnahme hiervon ist nur der Katastrophen- oder Verteidigungsfall. Einem Finanztransfer muss das Wahlvolk der Geberländer dann in jedem Geberland in einer Volksabstimmung mit absoluter Mehrheit zustimmen.

Die Kommunen

Artikel 89 – Die Kommunen sind zuständig für Infrastruktur, Schulen, Versorgungssicherheit, Bauwesen und Soziales.

Artikel 90 – Für diese Aufgaben dürfen die Kommunen bis zu sechs Prozent des Bruttoinlandsproduktes aufwenden, das auf ihrem Gebiet erwirtschaftet wird.

Artikel 91 – Die Stadt- und Gemeinderäte der Kommunen erstellen einen Budgetplan, der von der Bürgerversammlung des Wahlvolkes in freier, offener Wahl mittels Handzeichen oder einem analogen elektronischen Prozess genehmigt oder abgelehnt wird. Wird ein Budget durch das Wahlvolk abgelehnt, so muss der Rat einen neuen Plan vorlegen und hat bis zur finalen Genehmigung maximal vier Prozent des Bruttoinlandsproduktes für laufende Ausgaben nach dem Verteilungsschlüssel des letzten genehmigten Budgetplans zur Verfügung.

Außen- und Sicherheitspolitik

Artikel 92 – Es ist die Pflicht der Regierung, anzustreben, dass Deutschland mit den Nachbarvölkern in gut nachbarschaftlichen Beziehungen lebt.

Artikel 93 – Es ist der Regierung verboten, einen Angriffskrieg zu planen, an ihm teilzunehmen oder ihn durchzuführen. Der Verstoß gegen diese Regelung konstituiert Hochverrat und ist mit lebenslanger Haft ohne Aussicht auf Begnadigung oder vorzeitige Entlassung für die Verantwortlichen zu bestrafen.

Artikel 94 – Eine militärische Intervention außerhalb des eigenen Staatsgebietes darf nur erfolgen, wenn (a) Deutschland zuvor angegriffen wurde, (b) durch Angriff auf ein anderes Land der Bündnisfall eintritt, (c) die internationale Gemeinschaft einen Angriffskrieg feststellt und Deutschland um Hilfe bittet, um das Völkerrecht wieder herzustellen, oder (d) ein Völkermord gestoppt oder verhindert werden muss. Die Sachverhalte müssen einer nachträglichen gerichtlichen Überprüfung standhalten. Unklar definierte allgemeine Sicherheitsinteressen dürfen für eine militärische Intervention im Ausland hingegen nicht herangezogen werden.

Artikel 95 – Das Land darf und soll sich in internationale Organisationen kollektiver Sicherheit und der Freiheit des Handels einbringen. Es darf jedoch keine Souveränitätsrechte an andere Länder oder supranationale Organisationen übertragen.

Artikel 96 – Das Land ist dem Freihandel verpflichtet. Das Erheben von Zöllen oder Einfuhrsteuern, die über die indirekte Besteuerung inländischer Unternehmen hinausgehen, ist verboten. Inländische und ausländische Unternehmen unterliegen den gleichen Regeln. Eine Ausnahme davon sind Ausgaben der Regierung für innere und äußere Sicherheit.

Artikel 97 – Es ist der Regierung untersagt, an gemeinsamen Ausgabenprogrammen internationaler oder supranationaler Organisationen teilzunehmen.

Die Regierung unter dem Recht

Artikel 98 – Verstößt die Regierung nach Auffassung eines Bürgers gegen die Verfassung oder stellt sich über das Recht, so kann er durch Sammlung von fünf Prozent der Unterschriften der Bürger des Wahlvolkes eine Klage vor dem Verfassungsgericht dagegen erzwingen. Es ist der Regierung bei Strafe der Amtsenthebung verboten, die Sammlung von Unterschriften für einen Volksentscheid oder eine Verfassungsklage zu behindern. Sie hat sich außerdem jeder Stellungnahme zu enthalten, bis sie vom Verfassungsgericht dazu aufgefordert wird.

Artikel 99 – Amtsträger sind Treuhänder des Eigentums der Bürger, welches dem Staat in Form von indirekten Steuern für seine Aufgaben zur Verfügung gestellt wird. Sie sind als Angestellte des Souveräns und Sachwalter seiner Interessen treuepflichtig. Die Verschwendung oder Veruntreuung von Steuergeld ist rechtlich der Verschwendung oder Veruntreuung durch Manager in Unternehmen der freien Wirtschaft gleichzustellen.

Artikel 99a – Alle Ausgaben der öffentlichen Hand, die nicht Personalkosten sind, müssen im Wege der öffentlichen und transparenten Ausschreibung für jedermann zugänglich sein. Davon sind auch Rüstungsprojekte nicht ausgenommen. Jedoch kann die Bundesregierung mit Zustimmung des Parlaments im Einzelfall entscheiden, im Interesse der äußeren Sicherheit einem inländischen Unternehmen auch dann den Vorzug zu geben, wenn sein Angebot im freien Wettbewerb nicht zum Zuge käme.

Meinungsvielfalt in Presse und Medien

Artikel 100 – Der öffentlich-rechtliche Rundfunk ist ersatzlos abgeschafft.

Artikel 101 – Es ist dem Staat in allen seinen Untergliederungen verboten, Medien und Presseorgane zu besitzen, zu unterhalten, zu subventionieren oder zu steuern. Artikel 101 dieser Verfassung ist unabänderlich.

Artikel 102 – Die Monopol- und Kartellkontrolle stellt sicher, dass sich die Bürger aus vielfältigen Quellen informieren können. Sie kann zur Erreichung dieses Ziels Geldstrafen verhängen oder Medienunternehmen zwangsweise aufteilen. Sie hat in keinem Fall das Mittel der Verstaatlichung zur Verfügung. Das Nähere regelt ein Gesetz.

Änderungen der Verfassung

Artikel 103 – Diese Verfassung gibt sich das deutsche Volk auf Vorschlag seiner verfassungsgebenden Versammlung durch Volksabstimmung aller zur Wahl berechtigten Staatsbürger mit Mehrheitsentscheidung.

Artikel 104 – Der Kernbereich der Grundrechte und der freiheitlichen Wirtschaftsordnung ist festgeschrieben und kann nicht abgeändert werden. Diese Artikel sind mit dem Text ihrer Unabänderlichkeit versehen, entweder summarisch oder im Einzelfall.

Artikel 105 – Alle übrigen Artikel können auf Vorschlag des Volkes durch Volksabstimmung geändert werden. Hierfür ist eine Zweidrittelmehrheit des wahlberechtigten Wahlvolkes (nicht der abgegebenen Stimmen) erforderlich. Die Änderung der Verfassung muss von Bundestag und Bundesrat mit Zweidrittelmehrheit bestätigt und vom Wahlmonarchen genehmigt werden. Andere Institutionen können keine Verfassungsänderung anstoßen.

Artikel 106 – Sollte die Rechtsprechung des Verfassungsgerichtes logisch unauflösbare Widersprüche aufdecken, die für die Interpretation der Verfassung jedoch gelöst werden müssen, so kann der Wahlmonarch auf Vorschlag des Verfassungsgerichts eine Verfassungsänderung dem Volk zur Abstimmung vorlegen, die dies leistet. Die weitere Vorgehensweise definiert dann Artikel 105.

8. Die ordnende Kraft der Subsidiarität

Es lebe das heilige Deutschland.

Claus Schenk Graf von Stauffenberg[52]

Wer aus der Kraft der Freiheit eine Ordnung erschaffen will, die zugleich die Rechte des Individuums schützt und für lange Zeit stabil ist, kommt an der Frage aller Fragen der gesellschaftlichen Gestaltung nicht vorbei: Wie hältst du es mit dem Staat? Was ist der Staat für eine Ordnung der Freiheit? Brauchen wir ihn überhaupt? Ist er ein gezähmter Wolf, der zum Hund mutiert unser Haus bewacht, oder ist er ein Wolf, der als Hund verkleidet darauf wartet, uns beißen zu können?

Der Staat, den sich die Bürger als Diener zulegen, wird zum Leviathan, wenn er seine Fesseln abstreift, und tauscht mit seinem Subjekt die Rollen. Die Metamorphose vom dienenden zum herrschenden Staat basiert auf der erzwungenen oder freiwilligen Metamorphose des Bürgers vom Herrn und Souverän zum Diener. Dass beide Möglichkeiten bestehen, nämlich die Errichtung der Gewaltherrschaft gegen oder durch den Bürgerwillen, macht deutlich, dass die Einbruchsicherung eines Hauses namens freie Gesellschaft in beide Richtungen wirken muss, nach innen und nach außen.

Dieses Spannungsfeld zwischen Bürger und Staat wird definiert durch die epochale, geschichtliche, ja kosmische Auseinandersetzung zwischen den Grundideen der Freiheit und des Sozialismus. Da der Mensch als freies Wesen mit der Fähigkeit der Selbsterkenntnis, dem Cogito ergo sum des Individuums geschaffen ist, entspricht eine Verfassung der Freiheit der natürlichen oder noch klarer: göttlichen Ordnung der Dinge. Der Mensch ist zur Freiheit geboren, nicht zur Knechtschaft.

Es ist daher die primäre Aufgabe staatlicher Ordnung, die Freiheit zu schützen. Ihre Institutionen müssen dabei nicht nur den Bürger vor dem Staat schützen, sondern auch den Bürger vor der eigenen Bequemlichkeit, die darin liegt, die Freiheit als Selbstverständlichkeit zu betrachten oder gar zu opfern in Zeiten der Krise. Die Krise verführt den Bürger zu einem faustischen Pakt, dem Tausch Freiheit gegen Sicherheit mit dem Ergebnis, dass er beides verliert. Das merkt er aber in aller Regel erst, wenn es zu spät ist.

Wenn also der Staat überhaupt einen Sinn hat, dann den, die Freiheit des Individuums zu beschützen, ihr einen Rahmen zu geben, der sie erst dort begrenzt, wo sie die Rechte und die Freiheit Dritter berührt, und dies nicht als Schönwetterinstitut zu tun, sondern gerade auch dann, wenn die Stürme der Geschichte, der Veränderung, der Krise, des Krieges, der Pandemie oder der vier apokalyptischen Reiter das Land erschüttern. Das Rahmenwerk, das einem Staat diese Fähigkeiten gibt – oder eben auch nicht –, ist seine Verfassung.

In der Krise erst zeigt sich, was eine Verfassung wert ist.

Der Verfassungskreislauf des Polybios[53] demonstriert uns eine gewisse Unvermeidlichkeit der Erosion von Freiheit, ihren Verlust als Resultat einer demokratischen Sklerose, wurzelnd in einer degenerativen Erkrankung des Wertesystems einer Gesellschaft. Diese Erkrankung des Wertesystems besteht aus einem Zuviel an Freiheit, welches sich die aggressivsten Egoisten eines Volkes selbst herausnehmen und genehmigen. Sie macht nicht mehr vor den Rechten und Freiheiten Dritter halt, ihr hedonistisches Prinzip ist die Sünde. So wird die Freiheit Einzelner maximiert, aber es erfolgt keine Maximierung der Freiheit aller. Die Regelbindung, die im Respekt vor der Gleichheit aller vor dem Recht ihren charakterlichen Ausdruck findet, stirbt ab. Das sich entfaltende Hauen und Stechen um die korrupten Früchte einer Gesellschaft im Zerfall wird dann mit der Freiheit verwechselt, desavouiert sie und bereitet die Masse darauf vor, sich mit Leichtigkeit von ihr zu verabschieden.

Erst in der Sklaverei lernt der Mensch dann die Freiheit neu zu schätzen. Cicero schrieb: *»Der Geschmack der Freiheit ist um so köstlicher, da wir uns noch an den Geschmack der Tyrannei erinnern können.«*

Die Rückeroberung der Freiheit folgt dann dem Diktum Jeffersons: *»Der Baum der Freiheit muss von Zeit zu Zeit mit dem Blut der Patrioten und der Tyrannen begossen werden. Dies ist sein natürlicher Dünger.«*

Ist der Verfassungskreislauf, der ewige Kampf zwischen Gut und Böse in Form seiner irdischen Protagonisten Freiheit und Sozialismus und das abwechselnde Obsiegen der beiden Seiten ein Naturgesetz? Müssen wir uns zynisch dem Unvermeidlichen ergeben, kapitulieren wir vor dem scheinbaren gesellschaftlichen Karma? Oder können wir einen Weg finden, eine freie Gesellschaft zu entwerfen und zu entwickeln, deren Verfassung ihr die Möglichkeit gibt, eine sehr viel langlebigere Periode der Freiheit und der Prosperität zu entfalten als nur die üblichen ein oder zwei Generationen?

Kann eine freie und damit automatisch prosperierende Gesellschaft ihrer nachrückenden Generation vermitteln, dass ihr Wohlstand keine Selbstverständlichkeit ist, sondern unter Opfern erkämpft wurde, und dass sein Erhalt voraussetzt, dass man Freiheit in Verantwortung lebt? Kann eine Generation von reichen Erben dem Hedonismus widerstehen? Kann eine Demokratie der Selbstkorruption entkommen durch den Verkauf des Wahlrechts als Linsengericht, durch sein Brandopfer auf dem Altar des bürokratischen Umverteilungs-Leviathans?

Kann der sich über ein bis zwei Generationen erstreckende Zyklus des Aufstiegs und Abstiegs der freiheitlichen Ordnung so gestaltet werden, dass das Wissen um Wert und Kraft der

Freiheit nicht jedes Mal von Grund auf neu erlernt werden muss? Und wenn ja, wie müsste eine solche Durchbrechung eines jahrtausendealten zivilisatorischen Rhythmus aussehen? Ist das nicht utopisch?

Utopia war bisher immer die Domäne der Sozialisten. Ihr Idealstaat entstand immer auf dem Reißbrett. Deswegen hatte er in allen seinen großen und kleinen, kurz- wie langlebigen Ausprägungen den Charakter einer Kaserne. Quadratisch, praktisch, gut. Der Mensch in Reih und Glied, reduziert auf ein Zahnrad. Nicht der Kapitalismus, nein: Der Sozialismus hat den Taylorismus, die Abzählung der Sekunden, die Normierung des Tagesablaufs, die Unterwerfung unter ein »gemeinsames«, in Wahrheit aber von wenigen dekretiertes Ziel zur Kunstform erhoben.

Wer die mannigfaltigen Ausprägungen dieser Hölle auf Erden in ihren über 4000 Jahre Menschheitsgeschichte immer nur grauen, mörderischen und öden Varianten studieren möchte, wird bei Igor Schafarewitsch fündig.

Der freiheitlich denkende Mensch hingegen sieht die Gesellschaft in einem ewigen, freien, die spontane Ordnung gebärenden Suchprozess. Darin liegt ja gerade die Größe der Freiheit als Gesellschaftssystem. Sie ersetzt das Wissen, das Können, die Fantasie, die Kreativität eines nur Einzelnen durch das Wissen und Können, die Fantasie und die Kreativität von Millionen. Wenn wir dennoch eine Utopie der Freiheit denken wollen, so müssen wir uns daher beschränken. Wir wollen den Rückfall in die Knechtschaft verhindern, aber wir wollen nicht den gesellschaftlichen Suchprozess nach immer neuen und besseren Lösungen behindern.

Das Grundprinzip einer solchen Ordnung ist die Begrenzung von Macht. Das betrifft nicht nur die Macht des Einzelnen als Inhaber politischer Ämter. Es betrifft auch die Macht der Mehrheit. Das Schreiben von Verfassungen dient seit Beginn der Staatstheoretiker Griechenlands nur diesem einen Zweck:

der Beschränkung und Selbstbeschränkung jedes Einzelnen in seiner Fähigkeit, Macht über andere auszuüben.

Die Mittel der Wahl waren in der Vergangenheit: Wahlrecht, Gewaltenteilung und Rechtsstaat. Das Recht bindet jeden, auch die Regierung. So sollte es jedenfalls sein.

Roland Baader definierte eine freiheitliche Ordnung einmal als vor allem durch das Recht charakterisiert, in Ruhe gelassen zu werden. Nicht die Masse, sondern das Individuum ist die Keimzelle und der Baustein einer freien Gesellschaft. Das bedeutet, dass jede Entscheidung möglichst nahe am Individuum zu fallen hat. Nur was der Einzelne nicht in freier Selbstbestimmung und im direkten Austausch mit anderen selbst regeln kann, sollte an eine zunächst kleine, überschaubare Gemeinschaft, nämlich die Kommunen, übertragen werden. Nur was die Kommunen nicht können, sollte Ländersache sein, nur was die Länder nicht können, sollte Bundessache sein.

Ayn Rand formulierte: *»Die kleinste Minderheit der Welt ist das Individuum. Jene, die Individualrechte ablehnen, können nicht von sich behaupten, Verteidiger von Minderheiten zu sein.«*[54] Die Individualität und die Subsidiarität sind eineiige Zwillinge.

Betrachten wir die Einfallstore, durch die die sozialistischen Belagerer in die Zitadelle der Burg Freiheit eindringen, so stellen wir fest, dass die Väter unseres Grundgesetzes, wie auch die vieler Verfassungen anderer Länder, an diesen Prinzipien nicht mit ausreichender Gründlichkeit gearbeitet haben. Ihre Gewaltenteilung ist durchlöchert, die Herrschaft des Rechts durch die Mechanismen einer korrupten Macht ständig in Frage gestellt, die Rechte des Individuums vernachlässigt, das Wahlrecht darauf reduziert, dass vier Wölfe und ein Schaf darüber abstimmen, was es zum Abendessen gibt. Mit der »Gemeinwohl-Pflichtigkeit« des Eigentums und der Möglichkeit der Enteignung haben die Sozialisten im parlamentarischen Rat genau die Sprengsätze an den tragenden Säulen des ganzen

Konstrukts installiert, deren destruktive Kraft nun das gesamte System krachend zum Einsturz bringt.

Was hat sie dazu motiviert? Ich behaupte, es war der mangelnde Wille und die fehlende Bereitschaft zur Selbstbeschränkung der Politiker in den verfassungsgebenden Versammlungen, die künftig für sich selbst erwarteten beziehungsweise erhofften Ämter dem gebotenen Maß an Machtbeschränkung zu unterwerfen. Jeder dachte bei sich: »Ja, wir müssen die Macht begrenzen, aber wenn ich Kanzler, Minister oder Staatssekretär bin, dann will ich schon eine gewisse Gestaltungsmöglichkeit haben.« Genau darum geht es: Diese Gestaltungsmöglichkeit muss weg!

Der Erfolg des sozialistischen Utopia beruht auf einem Trugbild, einer Fata Morgana. Die wasser- und lebensspendende Oase im Auge des Betrachters wird, je näher man dem Ziel kommt, immer mehr zur Todesfalle durch Verdursten, löst sich auf und wird ersetzt durch ein neues Trugbild am Horizont. Aber offenbar brauchen die Menschen eine Utopie, eine große Vision, ein Zielbild, das sie in der tatsächlichen oder nur empfundenen Tristesse des Lebenskampfes aufrechterhält.

Die Vertreter der freiheitlichen Ordnung verweigern sich dem unter Hinweis auf die intellektuelle Überlegenheit ihres Systems. Für den, der es verstanden hat, erklärt es sich von selbst, ebenso wie es offensichtlich ist, dass die zerstörerische Kraft der sozialistischen Unfreiheit die Menschen eigentlich abschrecken sollte. Als Libertäre müssen wir endlich einsehen, dass der betriebswirtschaftliche Glaube, ein gutes Produkt verkaufe sich von alleine, in der Politik nicht wahr ist. Der Umkehrschluss, dass ein schlechtes Produkt umso mehr Marketing und Werbung, ja Gehirnwäsche braucht, um sich zu verkaufen, ist zwar auch in der Politik wahr, aber so viel Marktwirtschaft immerhin haben die Sozialisten verstanden, dass sie diese Einsicht für sich nutzen müssen. Deshalb sind sie die besseren Propagandisten, Manipulatoren und Verführer.

Ergo: Wir brauchen ein Utopia der Freiheit. Eines, das nach Möglichkeit funktioniert und das sich auf möglichst langlebige historische Modelle stützen und berufen kann.

Dieses Utopia ist eine Zitadelle der Freiheit und ruht auf den fünf Säulen jeder freien Zivilisation: Individualität, Eigentum, Familie, Religion und Kultur.

Die Staatstheoretiker der Griechen und der Aufklärung haben die Konzepte Demokratie, Rechtsstaat und Gewaltenteilung (in den USA bekannt als »Checks and Balances«) formuliert, um einen politisch-institutionellen Rahmen zu definieren, der diesen Säulen Raum und Halt gibt:

- Demokratie: Die Demokratie ist kein Selbstzweck, sondern sie ist Vehikel zur Sicherung der Rechte des Einzelnen und zur Maximierung der Handlungsfreiheit der Gesellschaft als Ganzer. Das Ganze ist dabei keine anonyme Masse, sondern es ist die Summe der Individuen.
- Rechtsstaat: Die Rechte des Individuums gedeihen in der Restriktion der Unterwerfung unter das Recht, weil die Rechte Dritter die natürliche Grenze der individuellen Freiheit darstellen, wenn sie nicht für einen, sondern für alle maximiert werden sollen.
- Checks and Balances: Die Gewaltenteilung ist die Fessel der ewigen Versuchung des Einzelnen, durch die Akkumulation von Macht, die Spielregeln zu seinen Gunsten zu verändern.

Alle drei Komponenten kommen in den realen Demokratien und konstitutionellen Monarchien unserer historischen Phase in unterschiedlichsten Varianten daher. Keine dieser Varianten ist gefeit gegen den aktuell stattfindenden Angriff des Kulturmarxismus auf ihre freiheitliche Substanz. Die Demokratie ist zur Ochlokratie verkommen, zu einer Herrschaft des Pöbels, bei dem die Mehrheit die Minderheit ausbeutet. Trotzdem und eigentlich paradoxerweise war die Distanz zwischen dem Souverän, dem Volk und der politischen Entscheidungsmacht seit 1945 noch nie so groß wie heute. Der Föderalismus mit seinem subsidiären Streben wird von einem immer stärkeren Zentralismus verdrängt, der die Stufen Bundesländer und Bund überspringt und die der demokratischen Kontrolle entzogene Entscheidungsmacht supranational in Brüssel konzentriert.

Der Rechtsstaat ist unterhöhlt durch die Flut von Gesetzen, die ihn allgegenwärtig und zugleich schwach machen. Niemals war der Satz Winston Churchills wahrer, der formulierte: »*Wenn man 10 000 Vorschriften erlässt, vernichtet man jede Achtung für das Gesetz.*«[55] Wir übertreffen diese Zahl alleine bei den Bauvorschriften in der EU seit dem Jahr 2000 um fünfzig Prozent.

Die Gewaltenteilung ist löchrig wie ein Schweizer Käse in Parteiendemokratien, die ihre Richterbesetzungen nach Proporz praktizieren und so die höchsten Gerichte zum verlängerten Arm von Legislative und Exekutive machen.

Welche Vision, welche Utopie stellen wir dem entgegen? Wie radikal dürfen oder müssen wir denken? Wenn wir radikal im Sinne der fünf Säulen einer funktionierenden freien Zivilisation (ein weißer Schimmel, denn unfrei ist nicht die Zivilisation, sondern nur die Barbarei) denken wollen, so müssen wir viele Strukturen, an die wir uns seit 1919 gewöhnt haben, über Bord werfen.

Beginnen wir mit dem Souverän. Der Souverän ist das Volk. Es übt ein auf Ebene des Individuums angesiedeltes Wahlrecht aus, welches das Konzept der Souveränität atomisiert und zuteilt. Das Wahlrecht war aber in keiner Phase der demokratischen Entwicklung ein absolutes. Es war ein Bürgerrecht, kein Menschenrecht. Im antiken Griechenland durften nur wehrfähige Männer wählen. Das Frauenwahlrecht wurde in Europa erst im 20. Jahrhundert eingeführt. Im Deutschland von 2020 darf nicht wählen, wer kein Staatsbürger ist, wer unter 18 Jahre alt ist, wer an einer schweren psychischen Krankheit leidet, die sein Urteilsvermögen massiv mindert, oder wer eine Freiheitsstrafe verbüßt.

Das Wahlrecht zu verabsolutieren heißt seine historischen Begrenzungen zu ignorieren. Alle diese Einschränkungen waren von der Idee getragen, dass diejenigen Entscheidungen treffen sollen, die das Gemeinwesen »tragen«. »Meritokratie« ist das große Zauberwort. Dieser Gedanke kann auch zu fehlgeleiteten Konstrukten führen, wie das das meritokratische Prinzip leugnende Dreiklassenwahlrecht des 19. Jahrhunderts verdeutlicht.

Jedoch führt uns dieser Gedanke zum ersten Element eines freiheitlichen Utopia: Es wählt, wer beiträgt, nicht, wer entnimmt.

Der zweite Baustein unserer Utopie ist eine gestärkte und völlig neu formulierte Gewaltenteilung. Sie kennt künftig nicht drei, sondern vier Gewalten, von denen jede Einzelne der Kontrolle durch den Souverän unterliegt, jedoch werden in Form der vierten Gewalt, einer Form des Wahlkönigtums, auch dem Souverän Beschränkungen auferlegt.

Die erste Gewalt ist die Legislative, die zweite die Exekutive, die dritte die Judikative und die vierte Gewalt ist der Wahlmonarch, eine Kontrollinstanz ohne aktive legislative, exekutive oder judikative Macht. Seine einzige Aufgabe ist die Überprüfung neuer Gesetze und exekutiver Maßnahmen auf ihre Kompatibilität mit der freiheitlichen Verfassung des Landes und seine damit verbundene unbegrenzte Vetomacht. Er kann das Veto ausüben, wenn er nur der Meinung ist, dass ein Gesetz sich gegen die freiheitliche Ordnung richtet, er muss dies nicht begründen. Im Veto ist seine Macht absolut, in der Gestaltung ist sie nicht existent. Der Souverän hat die Möglichkeit, aber nicht die Pflicht, nach dem Vorbild anderer europäischer Länder eine konstitutionelle demokratische Monarchie einzurichten. In diesem Fall geht das passive Wahlrecht für dieses Amt auf eine Familie oder Gruppe von Familien über.

Die Bestätigung durch das Wahlvolk als moderne Variante der Kurfürsten bleibt jedoch imperativ. Wird ein Kandidat vom

Volk abgelehnt, so muss die Aristokratie einen neuen Kandidaten vorschlagen.

Warum kann eine derartige hereditäre, also erbliche Komponente in einer freien demokratischen Gesellschaft sinnvoll sein? Sie schafft beim Inhaber des Wahlkönigsamtes beziehungsweise seiner Familie ähnlich dem ewigen Wahlkampf des englischen Königshauses die permanente Notwendigkeit, den Souverän von den Vorteilen des Systems zu überzeugen. Es entsteht ein Sinn der Zugehörigkeit, eine spirituelle Bindung zwischen Souverän und Wahlmonarch, die den Drang nach Kontinuität und Tradition mit der Notwendigkeit ständiger Erneuerung in Einklang bringt.

Kommen wir zur wichtigsten Komponente einer freien Gesellschaft, dem Rechtsstaat.

Der Rechtsstaat beruht zunächst vor allem darauf, dass vor dem Gesetz alle gleich sind. Niemand steht über dem Gesetz, nicht nur auch, sondern insbesondere die Regierung nicht. Der Grund dafür ist einfach: Steht das Recht über der Regierung, so hat die Regierung Angst vor dem Volk, weil das Volk sie zur Rechenschaft ziehen kann. Man nennt das die Herrschaft des Rechts.

Steht die Regierung über dem Recht, so ist der Willkür Tür und Tor geöffnet und das Volk hat Angst vor seiner Regierung. Diesen Zustand nennt man Tyrannei.

Damit die Herrschaft des Rechts auf lange Zeit zementiert wird, ist es eine Notwendigkeit, die Privatautonomie uneingeschränkt anzuerkennen und zu schützen. Das hat direkte Implikationen für die Wirtschaftsordnung. Das private Eigentum ist sakrosankt und nicht Gegenstand staatlicher Gewalt. Der Staat darf daher das Eigentum weder besteuern noch konfiszieren noch seinen Gebrauch in irgendeiner Weise einschränken, außer wenn dies die Rechte Dritter berührt. Die Gemeinwohlbindung des Eigentums ist in einer Verfassung eine überflüssige Floskel. Eigentum schafft immer dann maximalen Wohlstand, wenn es kapitalistisch eingesetzt wird. Damit und nur damit ist dem Gemeinwohl am besten genüge getan.

Die freie Marktwirtschaft ist die einzige verfassungsgemäße Wirtschaftsordnung eines solchen Staates. Ihr das Attribut sozial voranzustellen ist nicht notwendig, weil eine freie Marktwirtschaft automatisch das sozialste System ist, wenn man sie nur wirken lässt.

Der Steuer- und Beraubungsstaat hat in einer freien Gesellschaft seinen Platz nur noch in den Geschichtsbüchern im Kapitel »dunkle Zeiten«. Um das zu erreichen muss der Staat auf seine Kernaufgaben beschränkt werden. Wenn er 1914 mit zwölf Prozent des Bruttosozialproduktes und weniger als 100 000 Staatsbediensteten auskam, dann kann er das auch 2025.

Der Träger aller ultimativen Staatsgewalt und aller damit verbundenen Rechte ist der Souverän, bestehend aus dem Volk, repräsentiert durch das Wahlvolk. Da das Volk dem Staat das Gewaltmonopol nur verleiht, hat der Staat im Umkehrschluss nicht das Recht, das Volk zu entwaffnen. Der freie, geistig gesunde und unbescholtene Bürger muss daher das Recht auf das Tragen von Waffen haben. Es ist die beste Rückversicherung gegen die Tyrannei.

Die Werte, die dieses freie Land tragen, sind die der christlich-jüdisch inspirierten Aufklärung. Sapere aude – habe den Mut, dich deines Verstandes zu bedienen. Es sind die Zehn Gebote, die ultimativ die Privatautonomie und damit die Menschenwürde schützen. Es ist die Vermittlung der Werte der Freiheit, die im Laufe der Zeit die Säulen der Freiheit stützt und ihrer Erosion durch kulturmarxistische Ideologien vorbeugt. Was in Amerika ausgesprochen wird als »Eine Nation unter Gott« und was im Kaiserreich mit der Hoffnung »Gott mit uns« formuliert wurde, muss auch das Leitbild des freien Deutschlands und eines freien Europas sein.

Es ist also die Stärkung der Gewaltenteilung, der Funktion des Volkes als Souverän, der Konzentration der Entscheidungsgewalt auf die Leistungsträger und die Kontrolle durch das in seiner freiheitlichen Überzeugung permanent gestärkte Wahlvolk, das die Ordnung der Freiheit stabil und langlebig machen wird.

Seine Subsidiarität erinnert an das Heilige Römische Reich Deutscher Nation. Sein Motto ist der Satz des Widerstandshelden von Stauffenberg: *»Es lebe das heilige Deutschland.«*

Heilig, weil es die Privatautonomie und die Rechte des Einzelnen achtet und schützt, aber auch heilig, weil es die Werte und Traditionen einer vielhundertjährigen Geschichte des Heiligen Römischen Reiches achtet. Es macht damit den fehlenden Schritt von der unverzichtbaren und kategorischen Forderung des Grundgesetzes *»Die Würde des Menschen ist unantastbar«* zu einer Umsetzung derselben.

Epilog •
Notstand im Klima- und Seuchensozialismus

> Es ist leichter, die Menschen zu täuschen, als sie davon zu überzeugen, dass sie getäuscht worden sind.
>
> **Mark Twain**

Nichts auf dieser Welt ist alternativlos. Die Welt ist insofern als Ganzes die Gegenthese zum Lebens- und Regierungsmotto der ewigen Frau Kanzler.

Auch zur Freiheit gibt es eine Alternative. Allerdings keine, die zu Wohlstand, Wohlergehen, Erhalt der Menschenwürde und der Menschenrechte geeignet wäre. Was diese Alternative zur Freiheit ist, erleben wir zurzeit live und in Farbe in Form einer völlig neuartigen Form der Diktatur. Diese Staatsform ist eine Kombination aus Klima- und Seuchensozialismus.

2018 und 2019 waren die Proponenten des neuen Sozialismus damit beschäftigt, den Versuch zu unternehmen, die Menschen mit der angedrohten Klimaapokalypse einzuschüchtern und zur Aufgabe ihrer wirtschaftlichen und politischen Freiheiten zu bewegen. Allenthalben war vom Klimanotstand die Rede, der ausgerufen werden müsse. Die meisten Menschen hielten dieses Schlagwort vom Notstand für eine etwas marktschreierische, aber im Grunde harmlose Sache. Was sollte schon passieren? Lass die doch ihren Notstand ausrufen, dann machen alle am Freitag eine Schulschwänzparty auf dem Platz vor dem Rathaus, trinken Radler mit Veggie-Burger und gehen von Technoklängen begleitet wieder nach Hause oder machen das fahrenderweise mit dem frisch gewienerten SUV.

Als die UN die Staaten in durchsichtiger Absicht dazu aufrief, endlich diesen Notstand auszurufen, hätte es einigen Hellhörigen auffallen müssen, doch außerhalb der libertären und liberal-konservativen Blasen tat es das nicht. Selbst die Teilnehmer dieser Blasen waren in ihrer Fantasie darauf beschränkt, dass dieser von der Klimabewegung geforderte Ausnahmezustand eher wirtschaftlicher Natur auf der schon bekannten Schiene der Merkel'schen Energiewende war, ökonomisch zerstörerisch, aber von einem Angriff auf die Substanz der Freiheit noch ein Stück weit entfernt.

Obwohl auch das angesichts unserer katastrophalen Wirtschaftslage und Geldpolitik schon schlimm genug war, war es für die meisten noch kein Anlass, über den drohenden Verlust unserer politischen Freiheit nachzudenken.

Das war ein Fehler.

Denn jetzt haben wir ihn, den Notstand, den Ausnahmezustand, der in der Geschichte bisher meistens, eigentlich fast immer die Vorstufe oder Begleiterscheinung zum Kriegszustand und zur Diktatur gewesen ist. Das Drohszenario »Palmen in Berlin« war halt nicht furchteinflößend genug für den größten Teil der Bevölkerung, um das Notstandsrecht zu akzeptieren. Ein größerer Knüppel musste her.

Dieser Knüppel kam daher in Form einer Pandemie, einer Seuche, die in Wahrheit keine ist.

Um sich das vor Augen zu halten, muss man eigentlich nur sehr wenige Fakten beleuchten, die jedem logisch denkenden Menschen vor Augen führen müssen, dass unsere Corona-Politik entweder von Inkompetenz, von Bösartigkeit oder von beidem im Wechselspiel geprägt ist. Die Politik hat das Virus nicht erfunden, aber sie hat sich derart in seine Möglichkeiten verliebt, dass sie mittlerweile nach der Devise lebt: »Wenn man es nicht hätte, müsste man es erfinden!«

Was bringt mich zu dieser Schlussfolgerung? Erstens: Das Fehlen der Übersterblichkeit[56]. Angeblich sterben Menschen an Corona wie die Fliegen. Manchmal mehr als tausend am Tag in Deutschland allein. An einem normalen Tag sterben in diesem Land etwa 2500 Menschen. Das liegt daran, dass Deutschland über achtzig Millionen Einwohner hat, die nicht unsterblich sind. Das ist bedauerlich, aber es ist ein normaler Vorgang. Wenn also am Tag tausend Menschen an Corona sterben, dann müsste diese Zahl doch auf 3500 am Tag ansteigen. Das passiert aber nicht. Jetzt sterben tausend an Corona und die Menschen, die an anderen Todesursachen sterben, haben sich um tausend am Tag auf 1500 reduziert. Ja, das haben Sie ganz richtig gelesen. Da frage ich mich: Heilt Corona Krebs, Herzinfarkte, Nierenversagen und Hirntumore? Anders ist es eigentlich nicht zu erklären, wenn die Behauptung stimmen soll, dass tausend Menschen an Corona sterben, aber die anderen Todesursachen alle zurückgehen. Die Alternative zu der Theorie, dass Coronaviren Krebs heilen können, ist die Aussage: Diese Menschen sterben nicht an, sondern mit Corona, so wie dreißig Prozent der Menschen nicht an, sondern mit Fußpilz sterben.

Doch die Panik war und ist politisch gewollt, wie wir heute wissen, war sie sogar bestellt. Innenminister Seehofer bezahlte eine »wissenschaftliche« Studie mit dem Ziel, ein möglichst dramatisches Drohszenario mit einer Million Toten alleine in Deutschland zu erstellen, um auf dieser Basis »Maßnahmen repressiver Natur« zu rechtfertigen.[57] Das war das Ziel, und so steht es in den Unterlagen. Wenn es nicht bewiesen wäre, müsste man von einer Verschwörungstheorie sprechen. Der Unterschied: Es ist keine Theorie, sondern Fakt.

Man braucht für Logik absolut nicht Virologe oder, wie der Chef des RKI, Tierarzt zu sein. Allerdings muss ich Sie warnen: Wenn Sie Ihren Verstand nicht sofort abschalten und sich weigern, das logisch Unvermeidliche zur Kenntnis zu nehmen, dann sind sie ein »Corona-Leugner«. Das ist so etwas Ähnliches wie ein Nazi, nur ohne Panzer, KZs und den unbändigen Willen, Österreich und die Westmark (siehe auch Frankreich) dem 5. Reich einzuverleiben. Aber wer weiß schon, was Sie noch so planen, wenn Sie ein Leugner sind.

Zweitens verhält es sich leider so, dass der vom Nobelpreisanwärter Prof. mult. Dr. mult. Bundesverdienstkreuz ins spe mult. mult. Drosten so genial erfundene PCR-Test nicht in der Lage ist, herauszufinden, ob Sie sich wirklich mit diesem Feind der Menschheit angesteckt haben, und wenn ja, ob von Ihnen irgendeine Ansteckungsgefahr ausgeht. Dieser Test wird, wenn er oft genug auch an einer Bevölkerung ohne einen einzigen Infizierten angewendet wird, eine Zahl von Infizierten »finden«, die mit der Zahl der Tests und mit der Zahl der beim Test angewandten Iterationen immer weiter ansteigt. Eine gemessene Seuche ohne Virus.

Was hier passiert, ist ungefähr so, als wenn Sie mit einem Schwangerschaftstest, der eine Fehlerquote von 0,5 Prozent hat, eine Million Männer testen. Sie werden dann feststellen, dass es unter diesen Probanden 5000 schwangere Männer geben muss. Ebenso wird der PCR-Test bei der Massenanwendung immer Infizierte aufgrund seiner Fehlerquote finden, auch wenn sie gar nicht existieren. Und mit dieser Zahl wird dann Politik gemacht, unsere Freiheit abgeschafft, und die Frau Bundeskanzler versteigt sich zu dem Satz über Menschen, die Impfangebote nicht annehmen wollen: »*… wer das nicht möchte, kann auch bestimmte Dinge nicht machen.*«[58]

Und anschließend wundert sich diese Frau, dass sie sich die Abneigung, um nicht zu sagen die Feindschaft freiheitsliebender Menschen in diesem Land zuzieht.

Und ist es auch Wahnsinn, so hat es doch Methode. Das macht aber nichts.

Denn es ist egal, ob die erfundene Klimakatastrophe oder eine aufgeblasene Grippe (die übrigens seit Anfang 2020 ausgerottet wurde, sie kommt in den Todesstatistiken erstmals seit ihrer Entdeckung nicht mehr vor) für den Notstand herhalten muss: Hauptsache, man kann Sie einsperren, mundtot machen, am Reisen hindern, Ihre Demonstrationen verbieten, Ihren Protest als Leugnung diffamieren (wofür Sie laut Kanzlerin in die Psychiatrie eingesperrt werden sollten) und so ein Staatswesen errichten, bei dem Ihre Grundrechte zu verfügbaren Privilegien degradiert und die Privilegien der Politiker zu Grundrechten erhoben werden.

Die Politiker, die sich als unfähig erwiesen haben, unsere ganz normalen wirtschaftlichen Probleme zu lösen (hätten sie den Versuch doch nur unterlassen!), schwingen sich jetzt auf zu Rettern der Welt vor einer Bedrohung, die nur in ihrer Einbildung existiert. Unsere Freiheit bleibt dabei auf der Strecke.

Der Mittelstand wird ruiniert, und während ich persönlich nach einem Jahr angeblicher Pandemie immer noch keine einzige Person kenne, die daran verstorben ist, kenne ich mittlerweile unzählige ruinierte, ja vernichtete Existenzen junger, unternehmerischer Leistungsträger, die wahrscheinlich nie mehr auf die Beine kommen, weil der Staat sie mit Berufsverbot und Geschäftsschließung in die Überschuldung getrieben hat.

Die freiheitsfeindlichen Instinkte der Hauptvertreter unserer politischen Klasse treten täglich stärker zutage. Ich wage die Hypothese: Wir werden die uns gestohlenen Freiheiten nicht zurückbekommen, wenn wir sie nicht aus ihren Ämtern werfen und idealerweise dafür sorgen, dass ihre Rechtsverstöße mit den Mitteln des Rechtsstaates hart geahndet werden.

Die Auseinandersetzung ist unvermeidlich. Daran ändern auch die erlogenen wirtschaftlichen Statistiken nichts. Alleine 5,7 Millionen Menschen in Deutschland arbeiteten bisher in den von der Politik zwangsweise weitgehend stillgelegten Branchen Hotellerie, Gastgewerbe, Schaustellerei, Flugverkehr, Einzelhandel (ohne die nicht stillgelegten Teile Lebensmittel, Tankstellen usw.), was über 13 Prozent aller Beschäftigten im Lande sind. In weiten Teilen der Industrie herrscht aus unterschiedlichen Gründen (Teilemangel, Nachfrageeinbruch) Kurzarbeit. Und dennoch will man uns weismachen, dass die Wirtschaft in 2020 nur um ca. circa fünf bis sechs Prozent geschrumpft sei. Die Lebensrealität der Menschen, ihre Erfahrung des sozialen und wirtschaftlichen Absturzes hält sich aber nicht an erlogene Statistiken. Das geht ebenso wenig, wie das Aussetzen der Insolvenzanmeldung Unternehmen, die pleite sind, zu gesunden Champions machen kann.

Die Politik glaubt, sie könnte das Problem dauerhaft mit Helikoptergeld lösen, mit der durch die Notenpresse finanzierten Gießkanne des Sozialstaates, dessen Hohepriester ihr mit der »Modern Monetary Theory« einen ökonomischen Aberglauben eingetrichtert haben.

Wenn dieser Irrtum in voller Wucht zutage tritt, dann wird das Pendel mit ebensolcher Wucht zurückschwingen, und es wird die politische Klasse unvorbereitet treffen. Dieser Aufstand der Entmündigten und Enteigneten liegt außerhalb ihrer begrenzten Vorstellungskraft.

Wenn es so weit sein wird, dann wird man sein Heil in einer alten sozialistischen Taktik suchen: der Suche nach Sündenböcken. Wenn das Virus alleine dafür nicht ausreicht, dann müssen andere her. Wer sind die Kandidaten? Es sind die »Coronaleugner«, die »Impfverweigerer«, die »Klimaleugner«, die »Krisengewinnler«, die »Verschwörungstheoretiker«, die »Rechten«. Die Sündenböcke sind das Vehikel, das die beginnende Diktatur braucht und benutzt, um sich zu verfestigen. So war es 1933, so wird es auch dieses Mal versucht werden.

Dann müssen wir den Menschen sagen, welche Politik schuld ist an ihrem Elend. Es ist die sozialistische Politik und der Wahn, eine nichtexistierende »Pandemie« unter »Kontrolle« bringen zu wollen.

Die Coronapolitik scheint der eine Tropfen zu sein, der das sprichwörtliche Fass zum Überlaufen bringt. Immer mehr Menschen begreifen das. Doch vom Begreifen zum Handeln ist es ein weiter Weg. Der Grund ist einfach: Mit nichts sind

Menschen leichter zu manipulieren und einzuschüchtern als mit Angst. Die Angst ist der Treiber des Wunsches nach Sicherheit, die die Politiker versprechen, die sie aber nicht liefern.

Den Preis für die nur vermeintliche Sicherheit stellen sie aber in Rechnung: unsere Freiheit. Bereits Benjamin Franklin, großer amerikanischer Staatsmann, Staatsphilosoph und Vordenker der Freiheit und der demokratischen Ordnung, stellte lakonisch fest:

»Diejenigen, die bereit sind, wesentliche Freiheiten aufzugeben, um zeitweilig Sicherheit zu erlangen, verdienen weder Freiheit noch Sicherheit.«[59]

Der Deal Freiheit gegen Sicherheit ist ein faustischer Pakt. Er kennt einen Betrüger und einen Betrogenen. Jedoch gilt im privaten wie im öffentlichen Leben: Es braucht immer zwei, damit einer den anderen um die Fichte führen kann. Im Augenblick sieht es nicht nur so aus, als würde die Mehrheit der Deutschen zum dritten Mal in nur hundert Jahren auf eine verlogene Staatspropaganda hereinfallen, nein, sie tun es mit Lust und Wonne. Wie anders kann man sich die Welle der Denunziation erklären, die über dieses Land schwappt?

Die Leichtigkeit, mit der die politische Klasse die Masse des Volkes erfolgreich belogen und manipuliert hat, verführt sie allerdings nunmehr auch zum Leichtsinn. Die Inkonsistenzen, inneren Widersprüche und logischen Brüche ihrer Argumente und Behauptungen werden immer unübersehbarer. Wer sie immer noch nicht sieht, würde als Schütze einen Elefanten verfehlen, auf dem er sitzt.

Der Erfolg der Medienmanipulation hat die Mächtigen hochmütig gemacht. Und sie werden immer öfter dabei ertappt:

Die Frau Bundeskanzler erklärt den Leuten, dass ihre perfekte Drei-Klima-Taft-Frisur von einer Assistentin gerichtet wird[60], denn die Friseure haben ja alle geschlossen auf ihr Betreiben. Merke: Wenn man den Friseur in Assistenten umtauft, stoppt das das Virus fast so gut wie eine FFP10-Maske.

Das darf aber nur Frau Kanzler von Virus Gnaden. Sie dürfen das nicht, Sie bekommen dafür ein 1500-Euro-Ticket, im Söderland auch mal gerne 5000 Euro[61].

Bei einem Treffen der CDU packt die »Partei der Coronaverbote« (BILD) hundert Mitglieder ohne Maske und Abstand in einen Raum.[62] Und der Bundesgesundheitsminister Jens Spahn nimmt am Tag, bevor er selbst im Oktober ein positives Testergebnis erhalten hat, an einem Abendessen mit mehreren Personen teil.[63]

Wollen die uns verarschen? Ja, das wollen die.

Während die Corona-Polizei Kindergeburtstage aushebt, als wären es konspirative Mafia-Treffen, und die Polizei 17-Jährige in lebensgefährlicher Manier mit dem Auto durch Parks verfolgt und fast überfährt, weil sie es gewagt haben, sich ohne Maske im Freien zu treffen[64], feiert das politische Berlin hinter verschlossener Türe ganz normal weiter. Das sind Bilder eines aus den Angeln gehobenen Rechtsstaats.

Die Menschen bemerken das und reiben sich verwundert die Augen. Noch ist die Angst vor Sanktionen größer als die Wut und die Frustration über »die da oben«. Aber mit jeder Pleite, mit jeder ruinierten Existenz, mit jedem zerstörten Leben, mit jeder Trennung von Familien und mit jedem Fauxpas der sichtbar werdenden Verlogenheit, mit jedem Handyvideo, das die Willkür des Staates dokumentiert, wird die Wut größer und die Angst vor Strafe kleiner.

In der ZDF-Mediathek findet sich eine Frontal21-Sendung vom Januar 2021, die durch plumpe Aneinanderreihung von nicht im Zusammenhang stehenden Behauptungen und historischen Ereignissen in Stürmer-Manier versucht, mich in die »Nazi-Ecke« zu rücken. Als Beweise legt man aus dem Zusammenhang gerissene Zitate und Aussagen eines bekannten Antifa-Propagandisten aus der linksradikalen Szene mit einem mehr als nur zweifelhaften Verhältnis zum Rechtsstaat vor.

Die Frankfurter Allgemeine Sonntagszeitung (FAS) ernannte mich wenige Tage später zum Mitglied im »Quartett des Grauens«, einer Gruppe von vier auf Twitter und Facebook aktiven Ökonomen, deren andere Mitglieder die Professoren Homburg, van Suntum und Otte sind. Man warf dem Häuflein Wirtschaftswissenschaftler vor, auf Twitter gegen die guten Sitten zu verstoßen. Zitat: *»Ihre Fans klatschen begeistert, der Rest ist empört.«*[65]

Eines der von mir zitierten und inkriminierten Twitter-Zitate in diesem Artikel lautete: *»Guten Morgen, Deutschland. Woran erkennen wir, dass es gar keine echte Pandemie gibt? An der Tatsache, dass der Staat die Angst vor dem Virus mit der Angst vor Strafe ersetzen muss, um die Leute zu angeblich ›vernünftigem‹ Verhalten zu zwingen.«*

Das Problem: Außer ein paar empörten linken Journalisten und sozialistischen Bessermenschen habe ich keinen gefunden, der sich über diese Beobachtung empört hätte.

Wieder wenige Tage später schmiert ein bereits einschlägig bekannter linker Redakteur des Handelsblatts Gerüchte über meine berufliche Arbeit in einen Artikel, den er Bilanzanalyse nennt, der aber nach allen gesetzlichen Regeln den Tatbestand der Kreditschädigung erfüllt hat. Der gleiche Schreiberling durfte sich ein Jahr zuvor von Vera Lengsfeld vorhalten lassen, dass ein früherer Artikel über meine Person sich liest wie geschrieben nach der Anweisung des Handbuchs der Stasi zum Thema Zersetzung von politischen Gegnern.

So ergeht es im besten Deutschland aller Zeiten, dem »fedidwgugl«[66], jedem, der es wagt, das zu tun, was seine grundgesetzlich verbrieften Rechte sind. Die Liste der Betroffenen ist lang.

Wir erkennen aber daran eines: Die Staatsmedien und die linken Mainstream-Medien sind von der Unterdrückung von Nachrichten erst zu Halbwahrheiten, dann zu Falschmeldungen übergegangen, wie ich in meinem Buch »Die bürgerliche

Revolution« ausführlich dargelegt habe. Jetzt gehen sie den nächsten Schritt: den zu Rufmord und Hetze nach dem Vorbild sozialistischer und nationalsozialistischer Muster.

Die Herrschenden sehen also nunmehr die Notwendigkeit, die Opposition im Lande nicht mehr nur mundtot zu machen und zu zensieren, sie müssen persönlich angegriffen und in ihrer Existenz bedroht werden, wenn nicht physisch, dann doch wenigstens beruflich und sozial. Diese Leute zensieren uns im Namen des Kampfes gegen Hass und Hetze, aber in Wahrheit sind ihnen Hass und Hetze so in Fleisch und Blut übergegangen, dass sie zu dem geworden sind, was zu bekämpfen sie vorgeben.

Hätten die HerrInnen in Berlin und Brüssel die Geschichte des Widerstands in sozialistischen Diktaturen studiert, dann wäre ihnen klar, dass das zu nichts führt, außer zu einer Härtung und Entschlossenheit, ihnen die Stirn zu bieten.

Dazu rufe ich alle freiheitsliebenden Menschen in diesem Land und auf diesem Kontinent auf: Bieten Sie diesem System sozialistischer Unterdrückung, Zensur, Manipulation und Hetze gegen Andersdenkende die Stirn.

Kündigen Sie den Deal Verzicht auf Freiheit gegen Sicherheit fristlos auf.

Warten Sie nicht darauf, dass Ihnen das jemand erlaubt. Leben Sie den Widerstand getreu dem Satz von Ayn Rand:

»Die Frage ist nicht, wer mir die Erlaubnis erteilt, die Frage ist, wer mich aufhalten kann.«[67]

Endnoten

1 https://www.matrix-architekt.de/matrix-1/kapitel-04-treffen-mit-morpheus.shtml

2 https://www.gutzitiert.de/zitat_autor_albert_camus_thema_freiheit_zitat_23782.html

3 Igor Schafarewitsch: Der Todestrieb in der Geschichte – Erscheinungsformen des Sozialismus, Lichtschlag-Verlag 2016, S. 426 f.

4 Noch vor Fertigstellung der ersten Textfassung dieses Buches im Januar 2021 war die erste Verlängerung dieser Maßnahme bis Ende April 2021 Beschlusslage der Bundesregierung.

5 https://www.mainpost.de/ueberregional/meinung/leitartikel/wie-lafontaine-beckstein-zur-weissglut-brachte-art-4523678

6 https://zitatezumnachdenken.com/morpheus/13893

7 Quelle: Geldmengendaten – EZB, Projektion Bruttosozialprodukt: eigene Schätzungen

8 Quelle: EZB, entnommen bei Tagesgeldvergleich.net https://www.tagesgeldvergleich.net/statistiken/bilanzsummen-der-zentralbanken.html

9 https://www.spiegel.de/wirtschaft/unternehmen/christine-lagarde-gericht-spricht-iwf-chefin-der-fahrlaessigkeit-schuldig-a-1126512.html

10 https://www.tichyseinblick.de/wirtschaft/der-digitale-euro-oder-niemand-hat-die-absicht-eine-mauer-zu-bauen/

11 Nach 41 500 Euro in 2019; Quelle: Destatis

12 Vom lateinischen »fiat« (»es werde«), weil die Zentralbank dieses Geld aus dem Nichts schafft. Ihm steht kein werthaltiger Vermögenswert gegenüber.

13 https://de.wikipedia.org/wiki/Sozialkredit-System

14 Ludwig von Mises: Socialism (1922); https://beruhmte-zitate.de/zitate/1927808-ludwig-von-mises-every-advocate-of-the-welfare-state-and-of-plannin/

15 https://www.bmas.de/DE/Service/Medien/Publikationen/a230-19-sozialbudget-2019.html

16 https://www.bmi.bund.de/DE/themen/oeffentlicher-dienst/zahlen-daten-fakten/zahlen-daten-fakten-node.html

17 https://de.statista.com/statistik/daten/studie/1376/umfrage/anzahl-der-erwerbstaetigen-mit-wohnort-in-deutschland/

18 Vgl. hierzu Roland Baader: Die belogene Generation, Gräfelfing 2005, S. 203 ff.

19 https://www.dpma.de/dpma/veroeffentlichungen/meilensteine/antikytera-mechanismus/index.html

20 https://www.bpb.de/nachschlagen/zahlen-und-fakten/deutschland-in-daten/220288/bruttoinlandsprodukt

21 https://de.wikipedia.org/wiki/Liste_der_Länder_nach_Gesamtvermögen

22 https://www.businessinsider.de/wirtschaft/oxfam-studie-milliardaere-besitzen-so-viel-wie-60-prozent-der-weltbevoelkerung/

23 Näheres dazu unter https://de.wikipedia.org/wiki/Index_für_wirtschaftliche_Freiheit

24 Soma ist der Name der Droge, die den Menschen in Aldous Huxleys Zukunftsvision »Brave New World« verabreicht wird, damit sie mit ihrem Los zufrieden sind.

25 https://de.wikipedia.org/wiki/25-Punkte-Programm

26 https://www.vorwaerts.de/artikel/enteignungen-steht-grundgesetz

27 So organisierte sich die deutsche Großindustrie als Teil des »Führerstaates«, der Unternehmer mutierte zum »Industrieführer«, die Verbände integrierten sich am Beispiel Deutschlands in die nationalsozialistische Herrschaftsstruktur im sog. »Reichsstand der deutschen Industrie«.

28 Laurence Douglas »Larry« Fink (*2. November 1952 in Los Angeles) ist ein US-amerikanischer Unternehmer. Fink ist Gründer, Aufsichtsratsvorsitzender und Vorstandsvorsitzender des weltgrößten Vermögensverwalters BlackRock.

29 www.roland-baader.de/tag/okologismus

30 Verena Brunschweiger: Kinderfrei statt kinderlos. Ein Manifest. Marburg 2019. Nicole Huber: Kinderfrei: oder warum Menschen ohne Nachwuchs keine Sozialschmarotzer sind. Stuttgart 2011.

31 https://www.berliner-zeitung.de/kultur-vergnuegen/nachhaltigkeit-magnus-soederlund-will-menschenfleisch-als-nahrung-ueberdenken-li.23118

32 https://www.youtube.com/watch?v=HULW-ODeqLg

33 https://www.welt.de/print/die_welt/debatte/article151662672/Obervolta-im-freien-Fall.html

34 Quelle: Slideshare LinkedIn
35 Wenn schwarze Schwäne Junge kriegen, S. 154.
36 https://www.autobild.de/bilder/die-dienstwagen-der-bischoefe-4414028.html#bild10
37 https://www.bundestag.de/parlament/geschichte/gastredner/benedict/rede-250244
38 Ein besonders treffendes Beispiel hierfür war die Titelseite des nationalsozialistischen Hetzblattes »Völkischer Beobachter« vom 4. Februar 1943 nach der Niederlage von Stalingrad: https://www.deutsche-digitale-bibliothek.de/item/XQFJ5WA2NKF465TOIDIUJD5AX452W7E6
39 »Wie ich die Welt sehe«, Living Philosophies, Bd. 13, New York 1931, in: Carl Seelig (Hrsg.): »Albert Einstein. Mein Weltbild«, Ullstein Verlag, Ulm 2005, S. 11
40 https://www.manuscriptum.de/renovatio-europae.html
41 https://www.focus.de/immobilien/finanzieren/rot-gruener-senat-setzt-zeichen-werden-neue-einfamilienhaeuser-bald-verboten_id_12914796.html
42 https://de.wikiquote.org/wiki/Ayn_Rand
43 http://artikel20gg.de/Texte/Carlo-Schmid-Grundsatzrede-zum-Grundgesetz.htm. https://www.youtube.com/watch?v=vdQ4GA_UGn4.
44 https://www.bundestag.de/dokumente/textarchiv/2014/kalenderblatt-279526
45 http://ghdi.ghi-dc.org/sub_image.cfm?image_id=133&language=german
46 Dieses Grundgesetz gilt zunächst im Gebiet der Länder Baden, Bayern, Bremen, Groß-Berlin, Hamburg, Hessen, Niedersachsen, Nordrhein-Westfalen, Rheinland-Pfalz, Schleswig-Holstein, Württemberg-Baden und Württemberg-Hohenzollern. In anderen Teilen Deutschlands ist es nach deren Beitritt in Kraft zu setzen.
47 https://www.welt.de/geschichte/article160307764/Deutschland-fuer-UN-noch-Feindstaat.html
48 Für diejenigen, denen die Feindstaatenklausel kein Begriff ist: Sie legt in der UN-Charta fest, dass es keines Beschlusses des Sicherheitsrates bedarf, Deutschland oder Japan militärisch anzugreifen, wenn eines dieser Länder »zu einer aggressiven Politik zurückkehrt«. Was damit gemeint sein könnte und wer das entscheidet, dazu sagt die Klausel aber nichts. Rechtlich gesehen macht die Klausel damit beide Länder zu Paria-Staaten. Die Politik übergeht

das natürlich mit einem nervösen Lächeln, spricht von Gewohnheitsrecht und dass sich der Passus überlebt habe. Wenn das so ist, warum beantragt Deutschland dann nicht die Streichung? Hat man Angst vor der Diskussion oder gar vor einer Niederlage oder einem Veto eines der Siegermächte?

49 Die juristische Sekunde oder logische Sekunde ist eine aus dem römischen Recht stammende Erklärungsfigur in der Rechtswissenschaft. Sie bezeichnet einen fiktiven Zeitraum, der zur Veranschaulichung zwischen zwei als aufeinanderfolgend vorgestellten Rechtswirkungen desselben physischen Ereignisses eingeschoben wird.

50 Hans-Hermann Hoppe, Demokratie. Der Gott, der keiner ist. Monarchie, Demokratie und natürliche Ordnung. Leipzig 2003.

51 https://www.focus.de/politik/videos/demokratie-ist-nur-der-zug-auf-den-wir-aufsteigen-ein-zitat-erdogans-von-1998-ist-heute-aktueller-denn-je_id_5742865.html

52 https://de.wikipedia.org/wiki/Claus_Schenk_Graf_von_Stauffenberg

53 Als Verfassungskreislauf (altgriechisch ἀνακύκλωσις anakyklosis) wird vor allem das vom Historiker Polybios im 2. Jahrhundert v. Chr. entworfene System der Verfassungslehre bezeichnet. Es baut auf der aristotelischen Klassifikation der antiken Verfassungen auf und unterstellt, dass es einen zwingenden Verfallsprozess gibt, in dessen Folge die verschiedenen Verfassungen zyklisch aufeinander folgen.

54 https://beruhmte-zitate.de/zitate/1981784-ayn-rand-die-kleinste-minderheit-auf-der-erde-ist-das-indiv/

55 https://www.zitat-des-tages.de/zitate/wenn-man-zehntausend-vorschriften-erlaesst-vernichtet-man-jede-achtung-fuer-das-gesetz-winston-churchill

56 https://www.spiegel.de/wissenschaft/mensch/corona-jahr-2020-keine-deutliche-uebersterblichkeit-in-deutschland-a-e4524a2e-cc59-44ff-b63a-86ed8bbcf81d

57 https://de.rt.com/podcast/112914-massnahmen-repressiver-natur-innenministerium-forscher/

58 https://www.rtl.de/cms/merkel-satz-zur-impfung-polarisiert-wer-das-nicht-moechte-kann-bestimmte-dinge-nicht-machen-4696452.html

59 Das Zitat wird sowohl Franklin als auch Jefferson zugeschrieben. Da sich die beiden gut gekannt haben müssen, werden wir wahrscheinlich nicht final herausfinden, wer von ihnen der tatsäch-

liche Urheber war: https://beruhmte-zitate.de/autoren/thomas-jefferson/sicherheit/

60 https://www.merkur.de/politik/angela-merkel-friseure-verbot-coronavirus-lockdown-bundeskanzlerin-frisur-politik-assistentin-90184844.html

61 https://www.nordbayern.de/politik/illegaler-schnitt-5000-euro-strafe-fur-friseurbesuch-zu-hause-1.10736015

62 https://www.bild.de/bild-plus/politik/inland/politik-inland/trotz-corona-massnahmen-cdu-tagte-mit-100-menschen-ohne-maske-75493750,view=conversionToLogin.bild.html

63 https://www.aerzteblatt.de/nachrichten/121578/Spahn-wegen-Abendessen-in-Coronakrise-unter-Beschuss

64 https://www.bild.de/video/clip/hamburg-regional/video-zeigt-irre-verfolgungs-szenen-streifenwagen-jagt-jugendlichen-durch-hambur-75541852.bild.html

65 FAS, 21.01.2021, S. 21.

66 Fedidwgugl, Wahlkampfslogan der CDU unter Frau Merkel von 2017: »Für ein Deutschland, in dem wir gut und gerne leben«

67 https://ari.aynrand.org/the-quotable-ayn-rand-who-is-going-to-stop-me/